Amy und Marc Vachon

Wirklich gemeinsam Eltern sein

Amy und Marc Vachon

Wirklich gemeinsam Eltern sein

Das Handbuch für die neue Eltern-Generation

Aus dem amerikanischen Englisch von
Maren Klostermann

KREUZ

Die amerikanische Originalausgabe ist erschienen unter dem Titel »Equally Shared Parenting. Rewriting the Rules for a New Generation of Parents«. © Marc and Amy Vachon. Published by The Berkley Group, a division of Penguin Putnam, 375 Hudson Street New York, New York 10014

FSC
www.fsc.org
MIX
Papier aus verantwortungsvollen Quellen
FSC® C106847

www.kreuz-verlag.de

Umschlaggestaltung: agentur IDee
Umschlagmotiv: © agentur IDee
Autorenfotos: © privat

Satz: de·te·pe, Aalen
Herstellung: fgb · freiburger graphische betriebe
www.fgb.de

Printed in Germany

ISBN 978-3-451-61066-0

Inhalt

Vorwort

Lisa Belkin, *New York Times*

Amy und Marc Vachon, ein entspanntes, liebevolles Elternpaar, das in einem Haus mit weißem Lattenzaun außerhalb von Boston lebt, ist gelungen, was jahrzehntelange Feminismusdebatten, Arbeitsplatzreformen, Gleichstellungsgesetze, Grabenkriege zwischen den Geschlechtern und beste Absichten von Partnern nicht hingekriegt haben: Sie sind wirklich gemeinsam Eltern und teilen sich tatsächlich alle Lebensbereiche – die Erwerbstätigkeit, die Kinder, den Haushalt und die Freizeit – als gleichgestellte Partner.

Ein anekdotischer Überblick zeigt, was für ein weiter Weg noch vor uns liegt. Gehen Sie in Gedanken die Paare in Ihrem Bekanntenkreis durch: Ich wette, dass bei den meisten automatisch die Frau für Haushalt und Kinderbetreuung zuständig ist. Werfen Sie dann einen kurzen Blick in die zahllosen Ratgeber für junge Eltern: Sie werden feststellen, dass in der Regel davon ausgegangen wird, dass nur Mütter diese Bücher lesen und dass Balance, Schlafenszeiten und Spielplatzlogistik Mamas Problem sind, wohingegen Papa, sofern er überhaupt Erwähnung findet, lediglich »helfend« in Erscheinung tritt.

Sie möchten nicht nur anekdotische, sondern einige handfeste Daten? Ganz gleich, welchen Bewertungsmaßstab man anlegt: Frauen tun etwa doppelt so viel im Haushalt wie Männer. Der *National Survey of Household and Family* zeigt, dass die durchschnittliche Hausfrau – mehr als vier Jahrzehnte nach Betty Friedan – 31 Stunden Hausarbeit pro Woche erledigt, der durchschnittliche Ehemann hingegen nur 14 – ein Verhältnis von etwas mehr als zwei zu eins. Betrachtet man nur diejenigen Ehepaare, bei denen die Frau nicht berufstätig ist und der Mann die Brötchen verdient, steigert sich die Hausarbeit für die Frauen auf 38 Stunden pro Woche, während sie bei den Männern leicht abnimmt, nämlich auf 12 Stunden, was einem Verhältnis von mehr als drei zu eins entspricht. Das ergibt Sinn, weil die Paare den häuslichen Bereich als Arbeitsgebiet eines Partners festgelegt haben.

Doch betrachtet man nur die Paare, bei denen beide Partner einer bezahlten Vollzeitbeschäftigung nachgehen, leistet die Frau 28 Stunden Hausarbeit und der Mann 16 – ein Verhältnis von fast zwei zu eins, was in diesem Fall überhaupt keinen Sinn ergibt.

Und nun zur Kinderbetreuung. Hier beträgt das Verhältnis eher fünf zu eins, und wie bei der Hausarbeit ändert sich an diesem Verhältnis auch nicht so viel, wie man denken könnte, wenn man berücksichtigt, wer das Geld nach Hause bringt. In einer Familie, in der Mama zu Hause bleibt und Papa erwerbstätig ist, verbringt sie 15 Stunden pro Woche mit der Kinderbetreuung und er zwei. In Familien, in denen beide voll erwerbstätig sind, fällt der

Anteil der Frau auf durchschnittlich 13 und der des Mannes steigt auf drei Stunden an. Wer nun meint, dies sei zumindest verglichen mit unseren Eltern und Großeltern schon eine signifikante Verbesserung, irrt: Was diese Zahlen betrifft, so hat sich seit 90 Jahren im Grunde nichts geändert.

Daran wäre natürlich überhaupt nichts auszusetzen, wenn alle Beteiligten in diesen ungleichen Partnerschaften mit der Situation zufrieden wären. Doch nach allem, was man hört, ist das eindeutig nicht der Fall, und diese Unzufriedenheit lässt sich auch mit Zahlen belegen (etwa 58 Prozent der Frauen halten die Arbeitsteilung für unfair; die Frage, wer was tut, steht ganz oben auf der Liste der Streitpunkte zwischen Partnern ...).

Vor einigen Jahren machte ich mich daran, einen Artikel für das *New York Times Magazine* zu verfassen. Darin wollte ich der Frage nachgehen, warum ein Arrangement, das so wenig Sinn ergibt, sich so hartnäckig halten kann, und was erforderlich wäre (eine Generalüberholung der Ökonomie? der Biologie?), damit sich etwas ändert. Damals lernte ich Amy und Marc kennen, die der lebende Beweis für die Tatsache sind, dass keine äußeren Reformen notwendig sind. Was wir brauchen, sind vielmehr einige Veränderungen in unseren Familien und in uns selbst.

Was Amy und Marc erkannten, war, dass der Status quo nicht nur unfair den Frauen gegenüber ist. Er ist auch den Männern gegenüber unfair. Ja, er zwängt Frauen in eine Position, in der sie als Hauptelternteil betrachtet werden, aber dadurch drängt er gleichzeitig auch die Männer in eine untergeordnete Position ab und macht sie zu einer Art Stellvertreter. Ja, er gibt Frauen das Gefühl, auf ihre

Karriere verzichten zu müssen, zwingt dadurch aber gleichzeitig Männern das Gefühl auf, dass es hauptsächlich ihre Aufgabe sei, die Brötchen zu verdienen. Er führt dazu, dass Eheleute sich eher wie Gegner statt wie Partner, wie Kombattanten statt wie Teammitglieder fühlen.

Die Lösung, so die Überzeugung von Amy und Marc, liegt darin, dass man das Familienleben als gemeinschaftliches Ganzes betrachtet, an dem beide in etwa gleich große Anteile haben – die gleiche Anzahl von Arbeitsstunden, gleich viel Zeit mit den Kindern, die gleiche Energie, die in die Hausarbeit investiert wird, die gleiche Verantwortung für mentale Checklisten (der Hund muss zum Tierarzt, das Kind braucht neue Schuhe etc.). Das bedeutet, dass auch die Vorteile gleich verteilt sind – freie Zeit für den Sportkurs oder ein Abendessen mit einem Freund/einer Freundin, eine innige Beziehung zu den Kindern und das Gefühl, einmal »von dem Ganzen« freizuhaben.

Das erfordert zweifellos eine neue Sichtweise von Arbeit – dass man die Berufstätigkeit als etwas betrachtet, das man hinter sich lassen kann, wenn man nicht arbeitet, anstatt als etwas, das jede wache Stunde in Anspruch nimmt. Es erfordert zweifellos auch eine neue Sichtweise von Familie und Haushalt. Man muss akzeptieren, dass der Partner/die Partnerin nicht alles haargenau so macht, wie man es selbst tun würde, denn wenn der andere an der Reihe ist, ist es allein seine Sache, wie er vorgeht, sonst ist es keine wirkliche Gleichstellung.

Amy und Marc werden auf den folgenden Seiten beschreiben, wie das im Einzelnen funktioniert. Vorher möchte ich Ihnen noch zwei Gedanken mit auf den Weg geben:

Erstens, dieses Modell ist kein Patentrezept für alle. Manche Paare sind vollkommen glücklich mit all den Ungleichgewichten, die sie möglicherweise in ihr Leben eingebaut haben, weil es ihrer Persönlichkeit oder ihren beruflichen Zielen entspricht. Wenn beide mit dieser Verteilung zufrieden sind, ist das auch eine Art von Balance. Aber ich könnte wetten, dass diese Paare nicht zu jenen gehören, die sich dieses Buch ausgesucht haben.

Zweitens, es geht hier nicht ums Punktezählen oder um gegenseitiges Aufrechnen. Das war die Frage, die ich am häufigsten hörte, nachdem ich über Amy und Marc geschrieben hatte: Wie können sie ein solches reglementiertes/bis ins Kleinste durchorganisierte/von Strichlisten beherrschtes Leben ertragen?

Wenn man mit den beiden zusammen ist, erkennt man, dass das genaue Gegenteil all dessen auf sie zutrifft. Sie gestalten ihr Leben so, dass sie ein einziges Mal besprechen, wer was erledigt, und manchmal stellen sie auch eine Liste auf, aber anschließend müssen sie nicht mehr darüber diskutieren, weil sie darauf vertrauen, dass der andere seinen Anteil übernimmt.

Sie lachen viel. Sie sind die meiste Zeit über bemerkenswert entspannt. Und sie halten Händchen wie Frischverliebte. Das allein reicht schon, um neugierig darauf zu machen, wie es funktioniert.

Einleitung

Als wir unser erstes Kind erwarteten, war die Vorstellung, Eltern zu werden, wunderbar und beängstigend zugleich. Einerseits erfüllte uns die Aussicht, in diese Rolle einzutauchen, mit Begeisterung, Staunen und tiefer Dankbarkeit. Doch andererseits fragte jeder sich auch stillschweigend: Was macht das mit *mir* und *meinem* Leben?

Unser gesamtes Umfeld – Kollegen, Familienangehörige und Medienexperten, die über junge Eltern sprachen und schrieben – tönte vom Elend dieses einschneidenden, alles verändernden Zustandes. Alle Eltern schienen bereitwillig zu bestätigen, dass es nach der Ankunft des Babys mit deinem eigenen glücklichen, fröhlichen, normalen, ruhigen Leben unwiderruflich vorbei ist. Von da an ist dein größtes Glück, schienen sie zu sagen, einmal unter die Dusche zu kommen oder eine Ladung Wäsche zu erledigen. Dein größter Wunsch wird es sein, einmal in Ruhe durchschlafen zu können – was für die nächsten 18 Jahre keine Selbstverständlichkeit sein wird. Wenn du bei der Arbeit bist, wirst du dich in Gedanken immer nach Hause wünschen, und umgekehrt. Und schmink dir ab, je wieder in Ruhe das Bad benutzen zu können. Ja, die Mehrzahl dieser Prophezeiungen richtete sich hauptsächlich an junge Mütter, aber auch frischgebackene Väter litten offenbar unter der Last, dass sie die alleinige Verantwortung für das materielle Wohl ihrer Familie tragen sollten, und schienen viel von der Freude des Elternseins zu verpassen. Außerdem warnten die Experten vor der Bedrohung, die Kinder gerade für die Zweierbeziehung darstellten: Sie bedeuteten quasi das Ende deines Sexuallebens und jeder vertrauten Zweisamkeit. Das apokalyptische Szenario machte einen so tiefen Eindruck auf uns, dass wir den festen Entschluss fassten, eine Möglichkeit zu finden, um ihm zu widerstehen. Wir würden den Erwartungen, die alle Welt an junge Eltern hatte, trotzen – und nicht hohläugig, cholerisch, einsam und isoliert werden.

Die Strategie, die uns in den folgenden Monaten in kurzen Momenten der Klarheit vor Augen stand, war, dass wir alles – das Gute und das Schlechte – gemeinsam erleben und teilen wollten. Wir wollten dieses große Abenteuer als echte gleichberechtigte Partner erleben, nicht nur in einem allgemeinen Sinn, sondern ganz konkret – in jedem bedeutsamen Bereich der Elternschaft: bei der Betreuung des Babys, bei der Erledigung der Hausarbeit und beim Geldverdienen. Außerdem wollten wir dafür sorgen, dass jeder von uns genügend Zeit für seine persönlichen Interessen erhielt und dass genügend Zeit für unsere Paarbeziehung blieb. Unser Ziel war, uns selbst zu bewahren und gleichzeitig Raum für ein Baby zu schaffen – genügend Abstriche an unserem bisherigen Leben zu machen, aber nicht so viele, dass einer von uns aufgeben musste, was ihm am wichtigsten war. Wir würden die Belastungen teilen, so dass keiner von uns ständig davon überfordert wäre, ebenso wie die Freuden, so dass keiner die Erfahrung der tiefen Verbundenheit mit unserem Kind – unserer Tochter, wie wir bald erfahren sollten – entbehren musste.

Ihr Zimmer einzurichten, die ganzen erforderlichen Sachen zu besorgen und zu lernen, was für ihre Versorgung getan werden musste, war relativ einfach. Schwieriger war, unsere Ehe, so gut es ein noch kinderloses Paar vermochte, auf den Wind vorzubereiten, den sie in unser Leben bringen würde. Unser wachsender Stapel an Literatur über Schwangerschaft und Kindererziehung enthielt kein Wort über wirklich gemeinsames Elternsein. Bis auf wenige Ausnahmen hatte die Stimme, die man heraushörte, einen klagenden Ton – beschwerte sich über die Belastungen und Zwänge, denen Mütter ausgesetzt sind, über saumselige Väter, die ihren Anteil schuldig bleiben, und den Mangel an familienfreundlichen Gesetzesänderungen. »Keine Sorge«, versuchten wir uns gegenseitig zu beruhigen, »wir folgen einfach unserem gesunden Menschenverstand. Wir schaffen das.«

Als unser kleines Mädchen – Maia – schließlich da war, waren wir genauso euphorisch wie alle frischgebackenen Eltern. Und in Nullkommanichts auch genauso unausgeschlafen und hohläugig. Doch im Laufe der folgenden Monate setzten wir unseren selbstgemachten Plan allmählich in die Tat um. Das mit dem Elternwerden ist schon eine irre Erfahrung: Plötzlich taucht eine winzige Fremde auf, die zu dir gehört und die auf deinen Schutz und deine Fürsorge angewiesen ist! Alles schien irgendwie unwirklich – vom Stillen über die Spaziergänge mit dem Kinderwagen bis hin zum Anblick ihres süßen Gesichts, wenn sie schlief. Wir kämpften uns mehr schlecht als recht durch Geschrei, Baden, Windeln, Schlafensroutinen, erste Gewichtschecks und elterliche Panikanfälle. Entschlossen, unsere Partnerschaft nicht durch die üblichen Schwierigkeiten entgleisen zu lassen, wechselten wir uns bei allem ab. Muttermilch wurde in Gefrierbeuteln aufbewahrt, damit wir uns die Fütterpflichten teilen konnten. Wir eigneten uns beide alle erforderlichen Fertigkeiten an – vom Fingernägelschneiden bis zur richtigen Behandlung von Windelausschlag. Wir stimmten unsere Arbeitsteilung so aufeinander ab, dass jeder von uns nachts eine gewisse Zeit durchschlafen konnte. Mit jeder geteilten Aufgabe schien sich unsere Freude zu vertiefen, während wir beide mehr Übung in unseren neuen Fertigkeiten gewannen und ein bisschen entspannter wurden.

Wir nutzten die Urlaubsregelungen, die von unseren Arbeitgebern angeboten wurden, um beide Zeit mit Maia verbringen zu können. Amy, die als klinische Pharmazeutin arbeitet, dehnte den Mutterschutzurlaub auf etwa vier Monate aus (unter Nutzung von Krankheitstagen und bezahltem und unbezahltem Urlaub), Marc hatte in seiner Stellung als IT-Berater zwei Wochen bezahlten Vaterschaftsurlaub, den er durch sorgfältig angesparte Urlaubszeit erweiterte und sich drei Monate lang jeweils den Dienstag und Donnerstag freinahm. Es war noch keine absolute Gleichverteilung, dennoch konnten wir bei diesem Arrangement mit Fug und Recht behaupten, dass wir versuchten, wirklich gemeinsam Eltern zu sein, anstatt das herkömmliche Modell – Mutter in der Hauptrolle und Vater als Zweitbesetzung – zu übernehmen. Wir hatten es geschafft, dass wir uns beide drei oder vier Tage die Woche zu Hause herumtrieben, und fingen an, uns triumphierend anzugrinsen. Keiner von uns war erschöpft oder überfordert! »So soll es sein«, versicherten wir uns.

Als es sich zu Hause so gut eingespielt hatte, dass wir zwischendurch Luft holen konnten, fingen wir an, uns umzuschauen. Gab es noch mehr Eltern, die so lebten wie wir? Wo waren sie? Wir machten uns auf die Suche. Die erste Anlaufstelle war eine Müttergruppe, der Amy sich angeschlossen hatte. In diesem Kreis junger Frauen, die ihre gut gekleideten Babys im Arm hielten, herrschte ganz bestimmt Interesse an Gesprächen über gemeinsames Elternsein.

»Mein Mann ist zu nichts gebrauchen, wenn das Baby zu schreien anfängt.«

»Meiner ist zu selten da, als dass ich das beurteilen könnte.«

»Ich würde ihn nie bitten, nachts aufzustehen – er braucht seinen Schlaf, um fit für die Arbeit zu sein.«

Das klang nicht gut. War optimale Aufmerksamkeit bei der Arbeit tatsächlich wichtiger als zu Hause – Tag um Tag? Und warum das ganze Herumgehacke auf den Männern? Fast alle Mütter in dieser Gruppe hatten ihren Beruf aufgegeben, um zu Hause bei dem Baby zu bleiben. Wir empfanden eine Mischung aus Dankbarkeit und der alten Furcht: So hätte es auch uns ergehen können, aber zum Glück war es anders gekommen.

Unbeirrt traten wir beide einer anderen Elterngruppe bei. Durch die Anwesenheit von Vätern, so dachten wir, hätten wir vielleicht mehr Glück bei unserer Suche nach gleichgesinnten Paaren. Zweiter Schlag ins Wasser. Die Leute in der Gruppe waren alle sehr nett, aber nie tauchte auch nur der Hauch eines Zweifels daran auf, dass Mama die Hauptzuständige war und dass sie wirklich ungeheuer erschöpft war. Die Väter fügten sich bei fast jeder erörterten Entscheidung in Sachen Baby ihren Ehefrauen und versuchten offenbar, sich hilfreich aus allem herauszuhalten.

Schließlich fand Amy eine Gruppe mit *berufstätigen* Müttern. Wie sich herausstellte, kamen diese Mütter unserem Modell näher. Sie reagierten sehr offen auf unsere Ideen und legten insbesondere Wert auf ein ausgewogenes Verhältnis der verschiedenen Lebensbereiche. Doch als Amy die Gruppe das erste Mal besuchte, drehte sich das Gespräch hauptsächlich darum, wie die Frauen dieses Ziel eigenständig erreichen könnten, während die Frage nach der Beteiligung der Ehemänner kaum eine Rolle spielte.

Da Marc keine Vätergruppe in unserer Gegend fand, blieb ihm nichts anderes übrig, als das Gespräch mit anderen Männern auf dem Spielplatz zu suchen. Obwohl er viele Männer traf, die die Zeit mit ihren Kindern genossen, und sogar einige, die sich als Hausmänner um den Nachwuchs kümmerten, fand er keinen, der alle Bereiche des Familienlebens als gleichgestellter Partner mit der Ehefrau teilte.

Unterdessen neigte sich unsere Eltern- und Urlaubszeit dem Ende zu. Wir rafften ein bisschen Mut und all unser Verhandlungsgeschick zusammen, verwiesen auf die Priorität von Kollegen, unser persönliches Dienstalter und frühere Leistungsbeurteilungen und baten unsere Chefs um eine dauerhafte Reduzierung der wöchentlichen Arbeitszeit. Wir hatten das unverschämte Glück, dass beide zustimmten. Unsere wöchentliche Arbeitszeit betrug jetzt 30 Stunden, mit anteilmäßigen Vergünstigungen, und überschnitt sich nur montags und mittwochs. Abgerundet wurde das Bild durch einen Platz bei einer Tagesmutter in unserer Nachbarschaft, wo Maia 18 Stunden in der Woche bleiben konnte.

Nicht jeder Tag war eitel Sonnenschein und es lief nicht immer alles glatt. Unsere Erziehungsstile kollidierten, in unseren Köpfen spukten traditionelle Bilder von Vätern und Müttern herum, mit denen wir uns auseinandersetzen mussten, und wir mussten uns einschränken, um mit unserem neuen Gehalt über die Runden zu kommen. Doch diese Dinge waren erträglich. Unser Leben schien im Gleichgewicht zu sein, anstatt bis zur Belastungsgrenze angespannt, und wir hatten jeder das Gefühl, das Beste aus allem zu machen. Unser Vertrauen in das Modell gemeinsamer Elternschaft wuchs weiter an.

Und so ging es weiter, bis Maia ins Kleinkindalter kam. Dann fing das Ganze noch einmal von vorn an. Als fast drei Jahre später unser Sohn Theo geboren wurde, begaben wir uns erneut auf die Suche nach Gleichgesinnten und Experten, nach irgendwelchen maßgeblichen Stimmen, von denen wir lernen oder mit denen wir Erfahrungen austauschen konnten. In Büchern, Blogs und Zeitschriftenartikeln war es gerade en vogue, haarklein das geheime Leben von Müttern zu beschreiben, die von dem Gewicht ihrer Angst, Plackerei und Einsamkeit erdrückt wurden – nicht nur in den ersten Lebensmonaten oder auch -jahren der Kinder, sondern über Jahrzehnte.

»Warum hat mir niemand gesagt, wie furchtbar das sein würde?«, hörte man allenthalben. Es war, als ob »das Problem ohne Namen«, das Betty Friedan 1963 in ihrem Buch *Der Weiblichkeitswahn* beschrieben hatte und das sich auf das sinnleere Leben von Frauen als unterwürfige Hausfrauen bezog, wieder aufgetaucht wäre – in Gestalt des unerträglichen Lebens der zeitgenössischen Mutter.

Bei der Lektüre dieser Geschichten (noch stärkere Varianten der Horrorstorys, die wir gelesen und gefürchtet hatten, bevor wir selbst das erste Mal Eltern wurden) wuchs unsere Frustration. Gewiss – diese Geschichten enthielten eine wichtige Botschaft. Zweifellos ist es richtig, das Thema Isolation und Überlastung zur Sprache zu bringen. Aber warum an diesem Punkt aufhören? Mussten Frauen sich tatsächlich mit dieser misslichen Situation abfinden? Und warum sprach niemand von den *Vätern*? Der Schmerz in diesen Geschichten war fast mit Händen greifbar, und doch wussten wir, dass es nicht so sein musste. Ohne Zweifel gibt es zahlreiche Familiensituationen, die das Leben extrem belasten können – wenn man alleinerziehend ist oder wenn ein Elternteil unter einer ernsthaften psychischen oder physischen Krankheit leidet. Doch in einem Zuhause mit zwei liebevollen und kompetenten Eltern hatte der Satz »Warum hat mir das niemand gesagt?« für uns eine andere Bedeutung, nämlich *Warum sprach niemand davon, dass beide Eltern die Pflichten und Freuden miteinander teilen?*

Im Laufe der folgenden Jahre fanden wir dann doch noch einige gleichgesinnte Paare. Jemand wusste von dem Bekannten eines Bekannten, der »dieses Ding mit der Gleichstellung bei der Elternrolle macht«, oder eine junge

Mutter oder ein junger Vater hörten von unserer Geschichte und erklärten: »Wir auch! Und wir dachten, wir wären die Einzigen!« Besonders aufregend war die Entdeckung des ThirdPath Institute – eine Nonprofit-Organisation, die sich der Aufgabe verschrieben hat, Menschen bei der Neugestaltung von Arbeit und Leben zu helfen, und dabei besonderen Wert auf eine gerechte Aufgabenverteilung zwischen den Partnern legt. Doch darüber hinaus gab es immer noch keine öffentliche Diskussion über diese Lebensweise. Als Theo auf feste Nahrung umstieg, war uns klar, dass wir das Thema zur Sprache bringen mussten.

2006 machten wir uns an die Aufgabe, die Grundsätze dieser Lebensweise auszuarbeiten und für andere niederzuschreiben. Wir bezeichneten unseren Ansatz als »equally shared parenting«, kurz ESP, oder »wirklich gemeinsam Eltern sein«. Geprägt wurde dieser Ausdruck von Francine Deutsch, einer Sozialpsychologin vom Mount Holyoke College, die solche Eltern wie uns erforscht (sie betreibt sogar ein eigenes »ESP-Labor«). In der soziologischen Literatur oder in Wirtschaftspublikationen gibt es verschiedene Begriffe, mit denen dieses Konzept beschrieben wird, zum Beispiel »egalitäre Ehe«, »Doppelversorgermodell«, »Peer-Eltern« oder »Modell der familialen Arbeitsteilung«, doch wir haben den Begriff gewählt, den wir aus sich heraus am aussagekräftigsten fanden. Außerdem führten wir eine Definition für dieses Familienmodell ein, die es über die Grenzen des reinen Beelterns hinaus erweitert:

> ESP oder partnerschaftliches Elternsein ist die gemeinsame, als elterliche Teamarbeit aufgefasste Kindererziehung innerhalb eines egalitären Modells und bedeutet, dass zwei Elternteile gezielt daran arbeiten, sich die vier Bereiche *Kindererziehung, Hausarbeit, Erwerbstätigkeit* und *Zeit für sich selbst* fair und gleichberechtigt zu teilen.

Noch wichtiger als diese Definition war uns, dass wir das übergreifende Ziel dieser Lebensweise umrissen:

> Ziel von ESP ist es, eine *gleichberechtigte Partnerschaft* aufzubauen und *jedem einzelnen Partner* zu ermöglichen, *die verschiedenen Lebensbereiche in ein ausgewogenes Verhältnis* zu bringen.

Später in jenem Jahr gingen wir mit EquallyShared-Parenting.com an die Öffentlichkeit. Wir sollten bald herausfinden, was die Außenwelt von dieser Lebensweise hielt. Die Kritiker, die sich im Laufe des ersten Jahres einschalteten, stellten unsere Ideen auf die Probe und gaben uns weitere Denkanstöße, die uns halfen, unseren Ansatz weiter auszufeilen. Andere Paare, die sich um wirklich gemeinsames Elternsein bemühten, machten uns ausfindig und brachten ihre Freude darüber zum Ausdruck, endlich einen Namen für ihre Lebensweise gefunden zu haben. Fachleute aus den Bereichen Soziologie, Psychologie und Vereinbarkeit von Beruf und Familie unterstützten unsere Theorien und bestätigten, dass bislang niemand die praktischen Einzelheiten eines egalitären Familienmodells beschrieben hatte. Wir nahmen Kontakt zu Eltern-Blogs im ganzen Land auf und erhielten ein reges Echo. Und dann bekamen wir eines Tages eine kleine E-Mail von Lisa Belkin, einer angesehenen Journalistin der *New York Times*, die sich mit dem Thema Balance zwischen Arbeit und Privatleben befasst. Ihre Nachricht begann mit dem simplen Betreff: Wir müssen reden.

Was so klein begann, entwickelte sich zu einer zehn Seiten umfassenden Titelgeschichte im *New York Times Sunday Magazine* am Vatertag 2008 und einem Filmbericht über unser Leben in der Sendung *The Today Show.* Über Nacht wurden wir das Vorzeige-Paar für gemeinsames Elternsein und die ganze Welt schien darüber zu sprechen. Zusammen mit Lisa und anderen, die in ihrem Beitrag beschrieben wurden, war es uns gelungen, die Diskussion in Gang zu setzen, die zu unserer Verwunderung bislang nicht stattgefunden hatte. Ein Traum war in Erfüllung gegangen. Also: Mission erfüllt?

Wir erhielten viele wunderbare Nachrichten von gleichgesinnten Eltern, die begeistert waren, dass diesem Thema so viel Raum in den Medien gewidmet wurde. Und von werdenden Eltern, die dankbar für die Hoffnung waren, dass ihr Leben sich in den kommenden Jahren nicht zwangsläufig so entwickeln musste, wie sie fürchteten. Doch wir erkannten auch bald, dass wir nicht überall verstanden wurden. Wir lasen viele Kommentare und darauf folgende Blogs und Zeitungsartikel, die unseren Ansatz missverstanden. Ein häufiger Kommentar lautete sinngemäß etwa: »Was ist so Besonderes daran?« Ein weiterer verwarf das Modell kurzerhand mit: »So etwas wie wirklich gemeinsames Elternsein gibt es nicht.« Man warf uns vor, eine geschäftsmäßige Ehe zu führen, unseren Kindern zu schaden und wegen jeder kleinen Aufgabe aneinander herumzunörgeln. Wir hatten einen Nerv getroffen, die Leute gingen in Verteidigungsstellung und die Abwehrkanonaden waren ohrenbetäubend. Uns wurde klar, dass dieser Lebensstil vieler Erklärungen bedurfte – mehr als einige Informationsbrocken auf einem Weblog oder ein Beitrag in den Nachrichten bieten konnten. Wir wussten, dass ein partnerschaftliches Elternsein weder üblich noch unmöglich war und dass diese falschen Vorstellungen weit von der Realität der Paare, die nach diesem Modell lebten, entfernt waren. Unser Lebensstil brachte seine eigenen Herausforderungen mit sich, aber diese gehörten nicht dazu. Es gab so viel mehr darüber zu sagen!

Seit der Geburt unserer Tochter sind mittlerweile sieben Jahre vergangen und was als persönliche Mission begann, um dem für junge Eltern prophezeiten Sturz ins Chaos zu entgehen, hat sich für uns zu einer zutiefst bedeutsamen Lebensweise entwickelt. Daraus erwuchs der leidenschaftliche Wunsch, allen Eltern das Modell des wirklich gemeinsamen Elternseins durch unsere Website und jetzt durch dieses Buch bewusst zu machen. Was Sie lesen, ist der Höhepunkt unseres Bestrebens, diesem Modell seinen rechtmäßigen Platz am Tisch der Lebensoptionen zu verschaffen. Es ist unsere Art, einige positive Nachrichten in die von so viel Negativität beherrschte globale Diskussion über das Elternsein einzubringen.

In dieses Buch lassen wir unsere ganzen Erfahrungen und Vorstellungen von wirklich gleichgestellter Elternschaft einfließen, ebenso wie jene von vielen anderen Paaren, die so leben und die wir befragt haben, so dass wir Ihnen praktische Schritte beschreiben können, durch die dieses Modell für *Sie* funktionieren kann. Wir bieten auch, wie wir hoffen, Ermutigung, weil wir wissen, dass man Mut braucht, wenn man vom Standardleben abweicht. Wir haben dieses Buch zu gleichen Teilen geschrieben. Unter Anwendung vieler ESP-Prinzipien haben wir manchmal gleichzeitig gearbeitet, manchmal getrennt, immer unsere individuellen Stärken genutzt und uns bei unseren Schwächen unterstützt. Wir sind abwechselnd in die Rolle von Autor, Philosoph, Interviewer, Detail-Sammler und gegenseitigem Lektor geschlüpft und wir sind beide zutiefst überzeugt von der Lebensweise, die wir öffentlich mit Ihnen teilen.

Über ein so persönliches Thema zu schreiben – wie Eltern als Team die Familienarbeit bewältigen – ruft zwangsläufig starke Gefühle auf allen Seiten wach. Wir wissen das und es lässt sich nicht vermeiden. Wir wollen weder eine Art ultimatives Rezeptbuch verfassen noch irgendein Modell von Elternschaft abwerten. Trotz der Tatsache, dass wir in mehreren Kapiteln ein partnerschaftliches Elternsein mit eher konventionelleren Familienmodellen vergleichen, versteht sich dieses Buch nicht als argumentativer Schlagabtausch, bei dem ESP »gewinnt«. Der Versuch, irgendjemanden zur Übernahme eines bestimmten Familienmodells zu überreden, ist ein fruchtloses Unterfangen: Diese Wahl ist einfach zu emotional und zu persönlich, um von logischen Argumenten bestimmt zu werden. Diese Lovestory über wirklich gemeinsames Elternsein ist also für die Anhänger dieses Modells geschrieben. Wir laden Sie ein, uns zu begleiten, wenn wir die Freuden und Herausforderungen dieses Lebens beschreiben. Und am Ende, so unsere Hoffnung, werden vielleicht auch Sie entdecken, das »Elternsein«, »glückliches Leben« und »Liebesbeziehung« vereinbare Wirklichkeiten sind.

Teil I

Das Fundament legen

Wenn zwei Menschen einander lieben, sollte es dann nicht eigentlich ganz normal für sie sein, sich die Verantwortung für alle Lebensbereiche, einschließlich der Kindererziehung, zu teilen? Das Paar stellt einfach ein paar Grundregeln für Wäsche und Wiegenlieder auf und lebt glücklich und zufrieden (und gleichgestellt) bis ans Ende seiner Tage! Doch ganz so einfach ist es nicht, wie wir alle wissen. Was in der Theorie spontan einleuchtend erscheinen mag, sieht in der Praxis meistens anders aus.

Für die meisten Menschen ist ESP kein Lebensmodell, das die Eltern uns beigebracht oder vorgelebt haben. Also, bevor man es für sich selbst in Anspruch nehmen kann (bevor man erwarten kann, profane Details zu klären, wie die Fragen, wer die schmutzige Windel wechselt, wer früher Feierabend macht, um die Kinder abzuholen, wer heute das Abendessen kocht oder wer am Samstag ausschlafen darf), ist es wichtig, zunächst zu verstehen, wie eine solche Beziehung aussehen könnte. Ihre persönlich geleitete Tour beginnt im nächsten Kapitel.

Nachdem man einmal ein klares Bild von dieser Lebensweise hat, besteht der zweite Schritt darin, zu entscheiden, ob sie mit den persönlichen Wertvorstellungen vereinbar ist oder nicht. Ist dieses Modell für Sie persönlich das Richtige? Für Ihren Partner? Diese Entscheidung können Sie treffen, indem Sie sorgfältig die beiden philosophischen Grundlagen betrachten – Gleichheit (eine gleichberechtigte Partnerschaft) und Ausgewogenheit (Balance im Leben des Einzelnen). In den folgenden beiden Kapiteln werden diese Grundlagen näher erläutert.

Wirklich gemeinsames oder partnerschaftliches Elternsein (Equally Shared Parenting, ESP) ist eine lebbare Alternative, aber es ist weder eine schnelle Patentlösung, noch ergibt sie sich ganz von allein, ohne jegliche Planung. Der erste Schritt besteht darin, dass man die Grundidee aufgreift, aus der dann die praktische Umsetzung hervorgeht. Und so wollen auch wir anfangen.

1

Eine mögliche Alternative

Es ist kein Geheimnis, dass die Erziehung eines Kindes ein wilder Ritt sein kann, der uns die größten Freuden und die größten Herausforderungen beschert. Jeder Tag und jedes Stadium ist ein neues Abenteuer. Doch lassen wir das tägliche Auf und Ab einen Moment beiseite. Denken Sie vielmehr an das größere Bild, an Ihre Rolle als Elternteil, Partner und Erwerbstätiger. An sich selbst als Person. Einmal vorausgesetzt, Sie wissen, dass nicht jeder Tag eitel Sonnenschein bringen kann: Was würden Sie sich für sich selbst wünschen?

Diese Frage haben wir im Laufe der letzten fünf Jahre in formalen Interviews und informellen Chats vielen jungen Frauen und Männern gestellt, die sich aufrichtig wünschen, Eltern zu werden. Singles, Verheiratete, ob in Erwartung des ersten Kindes oder mit Baby im Arm – ihre Antworten überschneiden und wiederholen sich. Die Wünsche und Ängste der Frauen, mit denen wir gesprochen haben, unterscheiden sich ein wenig von denen der Männer, wenn auch nicht immer.

Im Folgenden ein kleiner Ausschnitt der Antworten, die wir von vielen Frauen hörten:

- Ich möchte ein Kind haben – es lieben und beschützen. Aber ich möchte mich selbst dabei nicht verlieren. Ich mache mir Sorgen darüber, wie mein Leben aussehen wird, wenn ich Mutter bin.

- Ich möchte berufstätig bleiben – die Verbindung mit jenem Teil von mir, der eine erfolgreiche Anwältin/Krankenschwester/Grafikerin (oder was auch immer) ist, aufrechterhalten. Aber ich möchte nicht, dass mein Baby die ganze Woche über in der Krippe oder im Hort ist, während ich meinem Beruf nachgehe (manche Frauen wollten auch überhaupt keine Form von Fremdbetreuung).

- Ich möchte nicht, dass mein Mann mehr Macht in unserer Beziehung hat, nur weil man von mir als Mutter erwartet, den weniger wichtigen (oder gar keinen) Beruf auszuüben.

- Ich habe Angst davor, dass ich als Mutter für alle Zeiten irgendjemandes Dienerin werde und die Last der Kindererziehung am stärksten zu spüren bekomme – und dass ich Ressentiments entwickle, weil mein Leben sich in eine nicht abreißende Kette von Hausarbeiten verwandelt.

- Ich wünsche mir, dass mein Partner es genauso genießt, mit unserem Kind zusammenzusein wie ich.
- Ich möchte die Last der ganzen Entscheidungen über die Kindererziehung nicht allein tragen – ich will Unterstützung dabei!
- Ich möchte etwas ganz für mich allein behalten: mein eigenes spezielles Hobby oder ein leidenschaftliches Interesse, das nicht einfach unter den Tisch fällt, nur weil man kaum noch Zeit zum Luftholen hat.
- Ich wünsche mir, dass ich ausreichend Schlaf bekomme.
- Ich möchte nicht, dass ein Baby zwischen mich und meinen Partner kommt – wenn überhaupt, soll es uns näher zusammenbringen.
- Ich wünsche mir, dass ich glücklich bin – und mein Partner auch.

Die folgenden Antworten auf dieselbe Frage waren typisch für die Männer, die wir befragten:

- Ich möchte dafür sorgen, dass wir genügend Geld haben, um gut zu leben, auch wenn ein Kind dazukommt.
- Ich möchte nicht den ganzen Stress am Hals haben, dass ich für die nächsten 30 Jahre das Geld verdienen muss, rund um die Uhr arbeite, um ja die nächste Beförderung

zu kriegen und bei der nächsten Sparmaßnahme nicht vor der Tür zu stehen.

- Ich möchte ein Vater sein, der seine Kinder viel besser kennt, als mein Vater seine Kinder kannte.
- Ich möchte nicht, dass mein Sexleben den Bach runtergeht.
- Ich bin bereit für die Herausforderung der Vaterrolle. Aber ich möchte mich trotzdem weiterhin amüsieren. Ich möchte immer noch Dinge tun können, die mir Spaß machen, ohne ein schlechtes Gewissen zu haben oder eingeredet zu bekommen.
- Ich möchte eine fröhliche Partnerin, die das Leben genauso liebt wie ich. Ich möchte nicht, dass sie immer müde, wütend oder frustriert ist.
- Ich möchte nicht, dass mein Leben in der Familie darauf reduziert wird, dass ich die To-do-Listen meiner Frau abarbeite. Ich möchte mich jeden Tag darauf freuen, nach Hause zu kommen.
- Ich habe Angst, dass ich ins Abseits gedrängt werde, wenn das Baby da ist, oder dass ich herumkommandiert werde und ständig zu hören bekomme, wie ich mit dem Kind umgehen soll und was ich alles falsch mache.
- Ich wünsche mir, dass ich glücklich bin – und meine Partnerin auch.

Vielleicht haben Sie als Vater oder Mutter ähnliche Wünsche oder Befürchtungen. Auf uns traf das jedenfalls zu!

Auch Statistiken spiegeln die Antworten, die wir von Menschen in ihren Zwanzigern und Dreißigern erhielten, wider, und zwar quer durch alle Bevölkerungsschichten.[1] Aber wenn man sich umschaut, präsentiert sich für gewöhnlich ein ganz anderes Bild, das sich stark von diesen zum Ausdruck gebrachten Wünschen unterscheidet. Trotz aller Errungenschaften des Feminismus müssen viele Frauen sich immer noch zwischen Beruf und Familie entscheiden – entweder erhebliche Abstriche an der eigenen Karriere machen oder den Beruf ganz aufgeben, während Männer im Allgemeinen nie einen Gedanken an diese Frage verschwenden. Männer werden in der Familie an den Rand gedrängt und beziehen einen Großteil ihres Identitätsgefühls aus ihrer Erwerbstätigkeit. Frauen haben den überwiegenden Teil der Hausarbeit und der profanen Aufgaben der Kinderbetreuung am Hals, während Männer kurz den Spaß-Papi geben, aber auch zahllose bedeutsame Momente verpassen. Männer tragen tatsächlich die Verantwortung dafür, den Großteil des Familieneinkommens zu verdienen. Viele Paare neigen zu einem »Teile und herrsche«-Ansatz, sobald ein Baby da ist, was leicht dazu führt, dass sie auseinanderdriften. Machtunterschiede – sowohl finanzieller als auch familienbezogener Art – können die Zufriedenheit beider Partner mit der Zeit untergraben. Jeder fühlte sich am Ende möglicherweise größtenteils alleingelassen: einsam, erschöpft und häufig voller Groll. Und mindestens ein Elternteil verliert in der Regel ein geliebtes Hobby oder genügend Raum für die persönliche Entfaltung.

Wenn wir mit Eltern in traditionellen Beziehungen darüber sprechen, wie sie so geworden sind, wie sie sind – und was sie am meisten frustriert –, geben sie häufig den Umständen die Schuld. Eine Erwerbstätigkeit, die sich mit einem Kind nicht vereinbaren lässt und die man aufgeben oder auf Kosten der Familie weiter ausüben muss. Finanzielle Umstände, die einen der Partner zu einer Tätigkeit mit ausgedehnten Geschäftsreisen zwingen und dem anderen die Fulltime-Kinderbetreuung aufbürden, obwohl der Wunsch besteht, die Aufgaben partnerschaftlich zu teilen. Kulturelle Tabus, die Männer davor zurückschrecken lassen, ihre Elternzeit in Anspruch zu nehmen, und Frauen dazu veranlassen, die Kontrolle über die Kindererziehung an sich zu reißen. Die überwältigenden Verpflichtungen der Mutterrolle. Das sind einige der vielen Einflüsse, die Paare dazu bringen können, ihre ursprüngliche Vision aufzugeben. Hinzu kommen die kleinen Dinge des Alltags: Rechnungen müssen bezahlt werden, das Baby muss gefüttert und getröstet werden, jemand muss lernen, wie man es badet. Nur Frauen können stillen. Papa steht kurz vor einer Beförderung, die die Familie aus ihrer gewohnten Umgebung herausreißen wird, aber eine enorme *Chance* ist. Mama muss eine dreiviertel Stunde zu ihrem Arbeitsplatz pendeln. Das Baby hat Kolik. Mama wird wieder schwanger.

Paare, die ihr erstes Kind erwarten, zeigen genau zu dem Zeitpunkt, an dem das Leben sie auffordert, an ihren Träumen festzuhalten, die Tendenz, sich gänzlich in den Details der neuen Situation zu verlieren und in dem Versuch, einfach zu überleben. Ohne es zu merken, geben sie ihre Träume auf und opfern sie für ein Leben, das andere für sie gewählt haben. Die großartige berufliche Chance, die sich dem Vater bietet, muss man natürlich nutzen. Die

Mutter versteht sich mittlerweile eindeutig besser darauf, das Baby zu beruhigen. Mutters Gehalt reicht kaum für die Kinderbetreuung. Wie können wir auch nur daran denken, das Kind den ganzen Tag in fremde Hände zu geben? Papa weiß nicht, wie man richtig einkauft/die Wäsche macht/dem Baby ein Bäuerchen entlockt (und so weiter). Es scheint nicht nur leichter, sondern auch nobler, auf die klassische Rollenverteilung zurückzugreifen und den Traum aufzugeben – jedenfalls fürs Erste. Richtig?

Zugegeben, wir schwelgen in weit ausholenden Verallgemeinerungen. Viele Elternpaare sind (oder wirken) zufrieden mit der traditionellen Rollenverteilung. Und viele andere haben Wege gefunden, um ihre schlimmsten Befürchtungen zu zerstreuen, und sich mit einer halbtraditionellen Lösung arrangiert, die beiden Partnern vernünftig erscheint. Vielleicht erhält sie die Erlaubnis von ihrem Chef, zwei Tage die Woche von zu Hause aus zu arbeiten, anstatt zu Teilzeit zu wechseln oder ihren Job ganz aufzugeben. Vielleicht packt er tatsächlich jeden Abend und jedes Wochenende zu Hause mit an und genießt es, in seine Vaterrolle zu schlüpfen. Möglicherweise nimmt er sich zur Geburt des Babys sogar eine Extrawoche Vaterschaftsurlaub. Oder die beiden setzen einen Wochentag fest, der ausschließlich der Pflege ihrer Zweierbeziehung dient. Oder der Mann bleibt zu Hause bei den Kindern und die Frau arbeitet – was die Ängste und Vorteile jeder Rolle auf das andere Geschlecht verschiebt. Jede dieser Lösungen trägt dazu bei, den Druck zu erleichtern, wenn man Raum für ein kostbares Baby in einem bereits randvoll gefüllten Leben schaffen muss. Für einige Paare reichen diese Maßnahmen aus, um ihre Beziehung langfristig aufrechtzuerhalten. Doch viele andere empfinden diese Optionen als unbefriedigende Schritte auf dem Weg zu einem wirklich erfüllten Leben.

Was wäre erforderlich, um den ganzen Weg zu gehen und tatsächlich das Leben zu erreichen, das unsere jungen Befragten ersehnen? Wir möchten Ihnen ein Paar vorstellen, das sich gemeinsam einen neuen Weg geebnet hat.

Eine gemeinsame Vision

Marci und David verliebten sich während eines Urlaubs in Italien. Marci ist Architektin, die damals ein Bauunternehmen leitete. Sie war dem Beispiel ihres Vaters, eines Juristen, gefolgt und hatte sich für eine anstrengende, aber größtenteils selbstbestimmte berufliche Tätigkeit entschieden. David, ein Web-Designer, wusste schon seit seiner Teenagerzeit, dass er etwas *anderes* wollte als sein Vater – ein Mann, der jahrzehntelang weite Strecken gependelt war, um in stummem Elend zu arbeiten, und der wenig Kontrolle über seine Zeit hatte. Als Marci und David sich auf dieser schicksalhaften Italienreise begegneten – eine Gruppenreise, die ein gemeinsamer Freund organisiert hatte –, machte es sofort »Klick«.

Als sie eine Beziehung eingingen, ihre Hochzeit planten und David von seiner Heimat England über den Atlantik in ihr heutiges Zuhause nach Santa Fe, New Mexico, umzog, wurde ihnen bald klar, warum sie sich so gut verstanden. Keiner wollte ein Leben führen, das auf den herkömmlichen amerikanischen Traum ausgerichtet war – auf materiellen Besitz und gesellschaftlichen Status, die Symbole des Erfolgs, die so viele unserer Entscheidungen unbewusst anleiten. David beschrieb ihr Hauptanliegen folgendermaßen: »Wir wollten vor allem gleichgestellte Partner sein. Uns gegenseitig voll unterstützen – emotional, praktisch, finanziell. Uns darüber im Klaren sein, dass keiner wichtiger ist als der andere. Dass unsere beider Träume oder Leidenschaften gleichermaßen zählen.« Mit Marcis Worten: »Wir wollten beste Freunde sein.«

Dieses Paar fasste seine Grundbedürfnisse für ein gemeinsames Leben in Worte – Worte, die möglicherweise die Überzeugung vieler Menschen widerspiegeln. David sagte Marci, dass er sich ein Leben wünsche, das Raum für die Dinge ließ, die ihm am wichtigsten waren. Er wollte nicht nur für seinen Beruf leben. Marci erklärte David, dass sie zwar davon ausging, ihren Beruf weiter auszuüben, aber dass auch sie bereit sei, sich nicht ausschließlich über ihre berufliche Tätigkeit zu definieren. Sie wünschte sich jetzt ein ausgewogeneres Leben. Und sie wollte einen Partner – einen echten Partner –, mit dem sie alles teilen konnte. Indem sie ihre Erwartungen und Prioritäten in Worte fassten, erkannten Marci und David, dass sie beide eine Beziehung wollten, die auf *Gleichheit* und *Ausgewogenheit* basierte. Sie hatten noch keinen Namen für ihr Modell und keine Rollenvorbilder, denen sie hätten folgen können, aber es bestand darin, dass sie die Verantwortung für alles, was dazugehört, eine Familie zu gründen, einen Haushalt zu führen, das Geld zu verdienen und das Leben zu genießen, gemeinsam tragen wollten. Und es sollte genug Zeit für die Dinge geben, die ihnen am Herzen lagen.

Jungen Paaren gelingt es häufig recht mühelos, diesen

Traum – für eine Weile – zu leben, ohne groß zu planen. Doch bei vielen scheinen die gleichberechtigte Beziehung und die Ausgewogenheit im Leben nicht von Dauer zu sein. Vor allem nicht, nachdem sie Eltern geworden sind. Ihr Traum wird für gewöhnlich nicht in eine gegenseitige Verpflichtung übertragen. Einige sprechen nicht einmal darüber. Bei Marci und David führten die klare Vision, die gute Kommunikation und das Engagement dazu, dass dieses Paar den Weitblick entwickelte, um vorauszuplanen.

Sich auf den Weg machen und durchhalten

Als sich die Elternschaft am Horizont abzeichnete, war die erste Waffe, die Marci und David gegen die Erosion ihrer gleichberechtigten Partnerschaft einsetzten, dass Marci es David gleichtat und sich ebenfalls selbstständig machte. Sie gab die Stellung in dem Architekturbüro auf, und die beiden mieteten gemeinsam mit einem dritten selbstständigen Unternehmer einige kleine Büroräume in der Innenstadt an. Als zwei Jahre später ihre kleine Tochter Finn zur Welt kam, setzten sie den Rest ihres Plans in die Tat um. Sie trafen Vorkehrungen, um ihre berufliche Tätigkeit in den ersten Monaten beide etwa gleich stark zu reduzieren, damit sie sich zu Hause zusammen um das Kind kümmern konnten. Sie entwickelten schnell eine Routine für die gemeinsame Erfüllung von Finns Bedürfnissen, so dass sie beide genug Schlaf bekamen. Jeder erledigte ein gewisses Arbeitspensum von zu Hause aus, um den Kontakt mit den Klienten zu halten. Dann steigerten sie beide langsam wieder ihr Auftragsvolumen, bis sie beide 20 Stunden pro Woche im Büro und gegebenenfalls einige Extrastunden an den Abenden arbeiteten.

Marci pumpte ihre Milch ab, damit David Finn füttern konnte, wenn sie zur Arbeit ging; David übergab Finn wieder zum Stillen und Versorgen an Marci, wenn er ins Büro fuhr. Sie teilten ihre Tage in zwei Hälften und stellten einen Plan für die Morgen- und Nachmittagsschichten auf. Mittags trafen sie sich, um Finn an den jeweils anderen zu übergeben. Abends übernahmen sie abwechselnd das Kochen und verbrachten beide etwa gleich viel Zeit, um mit ihrer Tochter zu spielen oder sie ins Bett zu bringen. Auch die Hausarbeit teilten sie auf und obwohl es keine strikte Aufgabenverteilung gab, konnte keiner sagen, dass einer mehr tat als der andere. Im Laufe der Zeit fügte David seine liebsten Hobbys wieder in sein Leben ein – Fotografie und Fahrradfahren (häufig mit Baby Finn im Gepäck). Und Marci unterrichtete wieder einen Kurs in ihrem Sportstudio, trieb selbst wieder Sport und gönnte sich eine wöchentliche Massage. In den folgenden drei Jahren wurde Finn exklusiv von ihren Eltern betreut.

Als die Elternschaft auf dieses Paar zukam, stand es vor denselben Fragen und Möglichkeiten, die viele Menschen beschäftigen, wenn es um den Aufbau einer Familie geht. Doch statt dem traditionellen Modell zu folgen, räumten sie ihrem Wunsch, gleichgestellte Partner zu bleiben und ihr Leben gemeinsam zu genießen, Priorität ein. Das daraus resultierende gemeinsame Leben von Marci und David eröffnet die Möglichkeit, viele, wenn auch nicht alle der Wünsche, die von den Männern und Frauen zu Beginn dieses Kapitels geäußert wurden, zu erfüllen. David und

Marci mussten zwar Zeit für die ganze Arbeit schaffen, die ein Neugeborenes erfordert, aber sie gaben ihre eigenständige Identität dabei nicht auf. Nicht nur einer, sondern beide Partner schränkten ihre berufliche Arbeitszeit ein, ohne dass der Beruf seine Bedeutung für sie verlor, und die Notwendigkeit einer externen Kinderbetreuung wurde auf ein Minimum reduziert (in diesem Fall auf null). Keiner hatte am Ende mehr Macht in der Beziehung, weder in punkto Finanzen noch in punkto Haushalts- und Familienmanagement. Beide teilten die Freuden und die Routinepflichten der täglichen Kinderbetreuung und verschafften sich gegenseitig Auszeiten von dem täglichen Einerlei. Beide genossen das Zusammensein mit der Tochter und trafen alle Entscheidungen hinsichtlich ihrer Betreuung gemeinsam. Und beide bewahrten ihre liebsten Hobbys, bekamen ausreichend Schlaf und wuchsen durch die gemeinsame Elternrolle weiter zusammen. Dieses Paar hat eine Möglichkeit gefunden, um von Anfang an eine starke, innige Bindung zwischen Vater und Tochter zu begründen und um die Last der Erwerbstätigkeit für jeden Partner um mehr als die Hälfte zu reduzieren. Keiner fühlte sich schuldig, weil er sich Zeit für persönliche Interessen nahm. Gemeinsam verdienten sie genügend Geld für den Lebensunterhalt der Familie.

David und Marci hatten ihr Leben so gestaltet, dass sie wirklich gemeinsam Eltern waren.

Für den Traum einstehen

Wer erstmals von ESP oder wirklich gemeinsamem Elternsein hört, fragt sich möglicherweise, inwiefern sich dieses Modell von der Standardfamilie unterscheidet. Leistet nicht die Mehrheit der Ehemänner heutzutage ihren Anteil an der Haus- und Familienarbeit? Sind nicht die meisten Ehefrauen berufstätig? Ja, die Lasten werden heute in vielen Familien geteilt, aber immer noch in ungleicher Form und häufig nicht mit dem Ergebnis eines ausgewogenen Lebens. Frauen sind typischerweise immer noch die Familienmanagerinnen und erledigen weit mehr Hausarbeit und Routinepflichten in der Kinderbetreuung als Männer. Männer definieren sich im Allgemeinen immer noch als Hauptversorger, auch wenn beide Partner Vollzeit arbeiten, und nehmen bei der Geburt der Kinder kaum grundlegende Veränderungen in ihrer Berufstätigkeit vor, außer bei einer völligen Umkehrung der traditionellen Rollenverteilung.

Beim wirklich gemeinsamen Elternsein eignen sich beide Partner diese Pflichten als eigene an und übernehmen tagein, tagaus die Verantwortung dafür. Tatsächlich sind Verantwortung und Eigeninitiative Schlüsselbegriffe bei ESP. Das bedeutet nicht nur, dass beide Partner einen gerechten Anteil der Pflichten in der Hausarbeit und Kinderbetreuung übernehmen und sich die Versorgerrolle teilen, sondern auch, dass sie sich die notwendigen Kompetenzen für die Hausarbeiten und den Umgang mit den Kindern aneignen. Zum Streben nach einem individuell ausgewogenen Leben für jeden Partner gehört zur Verantwortung auch, dass wir Entscheidungsfähigkeiten entwickeln: dass wir »Nein« (oder »Ja«) sagen können, damit unsere Arbeit nicht die Zeit verschlingt, die wir lieber mit den Kindern, mit dem Partner oder für die eigene Erholung aufwenden möchten. Wir müssen innerhalb der Beschränkungen der Außenwelt arbeiten (Gesetze, Arbeitgeber, soziale und finanzielle Anforderungen), um Anspruch auf das Leben zu erheben, das wir anstreben, und dürfen nicht darauf warten, dass der Prozess von alleine leichter wird. Doch diese Verantwortung besteht keineswegs ausschließlich aus Zwängen und Anforderungen. Es kann ungemein befriedigend sein, eigenverantwortliche Entscheidungen zu treffen und die daraus resultierenden Belohnungen zu ernten.

Wenn wirklich gemeinsames Elternsein also noch nicht die Regel ist, sind die damit verbundenen Ziele dann vielleicht für die meisten Paare zu hoch gesteckt? Sind Marci und David nur eine Anomalie, bei denen einfach glückliche Umstände zusammenspielen, die ihnen diese Art von Leben ermöglichen? Wir alle wissen, dass so ein Arrangement nicht mühelos oder problemlos zu erreichen ist. Dieses Buch klärt darüber auf, wo die typischen Schwierigkeiten für Paare auftreten, die den Wunsch haben, alle Lebensbereiche miteinander zu teilen. Sie vermuten vielleicht schon zu Recht, dass dieser Lebensstil ein hohes Maß an Vertrauen, Respekt und täglicher Kommunikation verlangt und dass man eine gewisse Entschlossenheit und Risikobereitschaft braucht, um den herkömmlichen Geschlechterrollen oder gesellschaftlichen Normen zu entgehen. Doch vielleicht machen Sie auch die überraschende Entdeckung, dass die scheinbar unumstößlichen Barrieren mühelos zu bröckeln beginnen, sobald beide Partner bereit sind, sich innerlich davon zu lösen.

Und keine Sorge: Sie müssen Ihre wöchentliche Arbeitszeit nicht halbieren oder sich ein Büro mit dem Partner teilen (oder überhaupt ein Büro haben) oder selbstständig werden oder nur ein einziges Kind haben, um dieses Modell zu übernehmen. Diese Form von Eltern- und Partnerschaft ist auch dann möglich, wenn Ihr Leben ganz anders aussieht als das von David und Marci. Alle ESP-Paare tüfteln ihre ganz eigene Methode aus, um sowohl individuelle Balance zu erreichen als auch als gleichgestellte Partner alle Bereiche zu teilen. Manche Paare wie David und Marci teilen von dem Moment an, in dem ihr Baby auf die Welt kommt, alle Aufgaben. Andere bauen ihre Beziehungen völlig um, nachdem sie jahrelang an einer traditionellen Rollenverteilung festgehalten haben. Manche arbeiten in gutbezahlten Berufsfeldern, die ein Höchstmaß an Flexibilität erlauben; andere sind in wenig qualifizierten Jobs tätig. Viele haben ihre Arbeitszeit reduziert, obwohl manche auch weiterhin voll erwerbstätig sind. Die Methoden sind einzigartig wie die Menschen, doch die Grundlagen sind bei ESP-Paaren jedweder Couleur gleich. Wir möchten in diesem Buch schildern, was wir darüber gelernt haben, wie man den Traum vom wirklich gemeinsamen Elternsein verwirklichen und lebendig halten kann – anhand unserer eigenen Erfahrungen und anhand der vielen Geschichten von Paaren, die dieses Modell angestrebt und ihre Balancepunkte gefunden haben und nie wieder zu einer anderen Lebensweise zurückkehren würden.

Es gibt nur eine einzige Voraussetzung für ein wirklich gemeinsames Elternsein: *zwei Partner, die dazu bereit sind.* Wenn Sie einmal erkannt haben, dass Sie wie David und Marci beide den Traum von Gleichheit und Ausgewogenheit verwirklichen wollen, können wir ihnen zeigen, dass der Rest möglich und machbar ist. Wir beschreiben auch die Herausforderungen und Opfer, die die Umsetzung dieses Traums fordert – und die sich bei keinem Familienmodell vermeiden lassen.

Diese Lebensweise trotzt auch widrigen Umständen; sie verschwindet nicht, sobald einer von Ihnen nicht länger den perfekten Wochenarbeitsplan hat, und wird auch nicht zunichte gemacht, wenn zwei Partner unterschiedlich viel verdienen, unterschiedliche Reinlichkeitsstandards bei der Hausarbeit oder unterschiedliche Vorstellungen von der Kindererziehung haben. Das Modell ist nicht auf Menschen beschränkt, die einen bestimmten Beruf ausüben, bestimmte Vergünstigungen bei der Elternzeit genießen, bessere Betreuungsoptionen, eine Kinderfrau/Haushaltshilfe, eine Großmutter nebenan oder irgendetwas anderes haben, über das man selbst nicht verfügt. Man muss nicht auf das perfekte globale Wirtschaftsklima oder staatliche Reformen des Familienrechts oder auf eine familienfreundlichere Unternehmenspolitik warten, um es zu erreichen. Man braucht auch nicht mehr Geld. Wenn zwei Partner sich ihren Traum bewusst machen und entschlossen sind, ihn zu verwirklichen, so ist das völlig ausreichend.

Lassen Sie uns einige Punkte von Anfang an klarstellen

Bevor wir in den folgenden beiden Kapiteln ausführlich auf die Grundlagen von ESP eingehen, möchten wir einige Grundregeln für den Rest dieses Buches aufstellen.

Als Ehepaar, das dieses Modell tagtäglich in der Praxis anwendet, schreiben wir über unsere tief empfundenen Überzeugungen und über unsere Erfahrungen. Dieses Buch ist eine Anleitung für die Praxis, keine theoretische Abhandlung. Sie werden nicht viele Statistiken oder Grafiken von Rohdaten sehen oder etwas über die vielen Studien erfahren, die diese Lebensweise unterstützen. Wir haben diese wichtige Arbeit anderen überlassen und verweisen am Ende des Buches auf weiterführende Literatur in diesem Bereich. Wir wissen, dass persönliche Entscheidungen nicht getroffen werden, indem man sich selbst mit Bevölkerungstrends vergleicht. Und deshalb betrachten wir es schlicht als unsere Aufgabe, Ihnen eine Vorstellung von der Realität wirklich gemeinsamer Elternschaft zu geben – eine so lebendige Vorstellung, dass Sie selbst entscheiden können, ob dieses Modell für Sie passt.

»Zeigen Sie das nicht meiner Frau«, sagen einige Männer, wenn sie hören, worüber wir schreiben. In unseren Gesprächen mit Eltern beiderlei Geschlechts gehen sie anfangs häufig davon aus, ESP bedeute, dass man Männer dazu bringen will, sich am Riemen zu reißen und endlich ihren Beitrag zu leisten. Es gibt massenweise Literatur über den lausigen Vater, der im Haushalt keinen Finger rührt! Keine Angst: Unser Buch schlägt nicht in diese

Kerbe, und wir schwören, den Mythos zu zerstören, dass auf Dauer irgendetwas Gutes dabei herauskommen kann, wenn man Männer zur Gleichheit zwingen will, indem man sie beschimpft, sie austrickst oder ihnen ein schlechtes Gewissen einredet. Tatsächlich werden wir die Frauen auffordern, ihren eigenen Beitrag zur Schaffung ungleicher Beziehungen zu erkennen und sich damit auseinanderzusetzen. »Wir sind begeistert von dieser Lebensweise«, sagt ein ESP-Vater stellvertretend für viele. »Es besteht keine Notwendigkeit, uns zu diesem Modell zu zwingen.« Die meisten Männer, die sich ernsthaft und wissend einer fairen Aufgabenverteilung verschrieben haben, tun es, weil ihnen diese Lebensweise gefällt und nicht weil sie sich dazu verpflichtet fühlen. Sie wissen, dass ESP ihnen eine gleichwertige Partnerin bei der Sicherung des Familieneinkommens zur Seite stellt, eine authentische tägliche Verbindung mit ihren Kindern ermöglicht, volles Mitspracherecht bei der Haushaltsführung sichert und Zeit für sich selbst, ohne schlechtes Gewissen, gewährt – um nur einige Anreize zu nennen. Und sogar jene, die anfangs vielleicht aus Pflichtgefühl darauf eingehen, wachen schließlich mit Argusaugen darüber, weil sie genauso davon profitieren wie die Frauen.

Das ganze Buch hindurch bezeichnen wir Eltern im Allgemeinen als Mann und Frau oder »er« und »sie«. Wir sprechen auch bestimmte geschlechtsspezifische Empfehlungen aus, die den herkömmlichen Geschlechterstereotypien entsprechen. Das bedeutet nicht, dass wir unverheiratete Eltern, gleichgeschlechtliche Eltern, andere nichttraditionelle Familien oder spezifische Männer und Frauen, die keine klassischen, geschlechtsspezifisch geprägten Auffassungen vertreten, ausschließen wollen. Wir hoffen, Sie können unsere Standard-Sprache auf Ihre spezielle Familienform übertragen. Wir konzentrieren uns auch in erster Linie auf eine egalitäre Aufgabenteilung in intakten Familien und gehen nicht gesondert auf die gemeinsame Kindererziehung bei geschiedenen Partnern ein.

ESP ist kein Erziehungsansatz oder »Beelterungsstil«. Wir gehen von der Annahme aus, dass Sie und Ihr Partner ganz wunderbare Eltern sind – nicht jene nichtexistierenden *perfekten* Eltern, aber die bestmöglichen Eltern für *Ihr* Kind. ESP trifft keine Werturteile über richtiges Elternverhalten, schreibt keine Erziehungsmethoden vor, plädiert weder für einen bindungsorientierten Zuwendungsstil noch für einen »Lass es sich in den Schlaf schreien«-Ansatz. Theoretisch kommen Kinder, die in einer ESP-Familie groß werden, in den Genuss zahlreicher Vorteile, die wir in unsere Diskussion einschließen, aber wir haben nicht die geringste Absicht, irgendjemandem beizubringen, wie er seine Kinder erziehen soll.

Schließlich handelt es sich bei diesem Buch auch nicht um einen Alles-oder-nichts-Ansatz. Am Ende wissen wir, dass jedes Elternpaar selbst herausfinden muss, wie es Kinder großzieht, für Nahrung, Schutz und Kleidung sorgt und das dafür notwendige Geld verdient. ESP ist nur eine von vielen Möglichkeiten, die uns allen offenstehen. Und deshalb verbinden wir mit unserem Buch den Wunsch, dass alle Leser darin finden können, was für sie und ihr Leben am besten funktioniert. Sie können als Paar gemeinsam entscheiden, ob die Antwort ESP, ein kleines bisschen ESP, ein Stückchen heute und vielleicht etwas mehr in Zukunft oder etwas ganz anderes ist. Unsere Hoffnung ist, dass Sie Ihre Wahl mit offenen Augen und im Wissen um die bestehenden Möglichkeiten treffen werden.

Die »typische« ESP-Familie

Eltern praktizieren ESP aus vielen verschiedenen Motiven. Einige entwickeln diesen Lebensstil, weil sie insbesondere überzeugt sind, dass es die beste Option für ihr Kind ist, andere entscheiden sich dafür, weil sie der Ansicht sind, dass dieses Modell ihnen zu einer glücklichen Elternschaft, Ehe und Berufstätigkeit verhilft. Manche betrachten es als den besten Ansatz, um die Notwendigkeit einer externen Kinderbetreuung zu vermeiden ebenso wie die finanziellen und beruflichen Opfer, die erforderlich werden, wenn ein Elternteil zu Hause bei den Kindern bleibt. Viele finden, dass ESP gut zu einem einfachen Leben passt. Einige Paare tendieren zu diesem Lebensstil, weil sie besonders viel Gewicht auf die Zusammengehörigkeit der Familie legen. Manche Frauen oder Männer entdecken das ESP-Modell, weil sie nach einer früheren unbefriedigenden Beziehung, die auf einer traditionellen Rollenverteilung gründete, diesmal alles anders machen wollen. Andere haben miterlebt, wie unglücklich ihre eigenen Eltern in einer traditionellen Ehe waren. Wieder andere hatten früher entschieden oder angenommen, dass sie selbst kinderlos bleiben würden – und dann wider Erwarten festgestellt, dass sie ein Kind als Bereicherung empfinden würden, als sie eine partnerschaftliche und ausgewogene Beziehung aufgebaut hatten. Lesbische und schwule Eltern sind unter ESP-Paaren stark vertreten; sie müssen ihre eigenen Rollenverteilungen entwickeln, ohne sich an den gesellschaftlich vorgegebenen Rollenbildern orientieren zu können, und bauen dann häufig beispielhafte egalitäre Beziehungen auf. Einige ESP-Paare sind jene, die spät im Leben geheiratet haben, als sie beruflich bereits fest etabliert waren und nach Partnern Ausschau hielten, die sich ebenfalls für eine partnerschaftliche Ehe begeisterten. Bei vielen ESP-Paaren handelt es sich auch um junge Eltern, die noch studieren und entschlossen sind, alles zu teilen, auch auf Kosten der Superkarriere, die sie vor sich haben könnten.

Und dann sind da David und Marci. Dass wir unsere Ausführungen mit ihrem Beispiel beginnen, hat nichts damit zu tun, dass sie eine vom Tellerwäscher-zum-Millionär-Geschichte à la Hollywood repräsentieren oder irgendwelche schlagzeilenträchtigen Leistungen für Hochglanzmagazine vollbracht hätten. Keiner von ihnen hat nach einem tief greifenden Sinneswandel seinen Vorstandsposten bei einem Multimillionendollar-Unternehmen hingeschmissen, um fortan Buletten in einem Provinzrestaurant zu wenden. Im Gegenteil, sie führen ein ganz normales, unspektakuläres Leben, das nur einige kleine Schlenker aufweist, die vom Weg der Standardfamilie abweichen. Sie legen mehr Wert auf Gemeinsamkeit und Teilen als auf die Anhäufung von materiellem Besitz oder eine Überfliegerkarriere und haben ihre Beziehung bewusst so gestaltet, dass sie diese Prioritäten widerspiegelt. Wer die beiden kennenlernt, bemerkt, dass sie nicht viel darüber streiten, wer was wann erledigt, oder wegen irgendwelcher Ungerechtigkeiten in ihrer Beziehung grollen. Sie reden vielmehr über alles gemeinsam und ihre Verbundenheit ist spürbar. Wie alle von uns sind sie ganz normale Sterbliche mit guten und mit schlechten Tagen. Aber sie können es kaum erwarten, die Qualitäten des anderen – als Elternteil und Partner – in den höchsten Tönen zu loben, und haben sich der Aufgabe verschrieben, den jeweils anderen so glücklich wie möglich zu machen. Marci und David sind, in vielerlei Hinsicht, ein typisches ESP-Paar.

2

Gleichheit:

DIE HÄLFTE VON ALLEM

»Gleichheit« ist ein stark befrachteter Begriff. Wer würde schon offen zugeben, dass er gegen Gleichheit ist? Und doch – wenn es um das Leben eines Elternpaares geht, werfen viele kultivierte Menschen dieses Ideal tagtäglich über Bord. Warum hat bei fast jedem Ehepaar ein Elternteil (nicht notwendigerweise immer derselbe) mehr zu sagen, wenn es darum geht, wie die Kinder erzogen werden, wie der Haushalt zu führen ist oder wessen Beruf Vorrang hat? Warum herrscht trotz jahrelanger feministischer Proteste, Verlautbarungen und Schriften in so vielen Familien und Ehen immer noch eine ungleiche Arbeitsteilung vor? Es stimmt, dass der Schlachtruf nach Gleichheit im Allgemeinen von den Frauen kommt. Doch das hartnäckige Ungleichgewicht ist nicht nur Frauen, sondern auch Männern gegenüber unfair.

Unserer Überzeugung nach ist der immer noch anhaltende Kampf unserer Gesellschaft um vollständige Gleichberechtigung darauf zurückzuführen, dass es uns noch nicht gelungen ist, dieses Prinzip auf unser persönliches Leben und den praktischen Alltag zu übertragen. Und darauf, dass man die Vorteile der Gleichheit für die Männer vergisst. Jahrzehntelang haben die Geschlechter sich stückchenweise voranbewegt, hin zu gleichem Wahlrecht,

EIN WORT VON AMY

Von den beiden ESP-Grundlagen ist die Gleichheit diejenige, die mich besonders tief berührt. Das hat viel mit meiner Kindheit zu tun, die harmlos genug in einer konventionellen Familie mit Versorger-Vater und Hausfrau-Mutter begann. Doch als ich acht Jahre alt war, änderte sich alles, nachdem mein Vater sich das Leben genommen hatte. Er war ein hoch intelligenter Mann – schon vor seinem 40. Lebensjahr ordentlicher Professor für Biochemie an einer großen Universität und ein Wegbereiter der Purin-Forschung –, aber machtlos gegen die Einflüsse seiner eigenen unglücklichen Kindheit und schweren Depression.

Diese Tragödie hat mein Leben tief greifend verändert, doch ein positiver Aspekt war sozusagen, dass sie mir in einer gewissen Hinsicht eine Art Tabula rasa verschaffte. Sie hat fast alle Eindrücke einer traditionellen Familie aus meinem Gedächtnis gelöscht und dafür ein »Mama-macht-alles«-Modell hinterlassen ebenso wie die Lektion, dass Frauen alles sein können, was sie wollen. Meine Mutter, die

gleicher Bezahlung und Chancengleichheit im Beruf oder in der Gemeinschaft. Das ist das Bemühen, die äußeren Voraussetzungen der Gleichstellung zu schaffen, und diese Bestrebungen sind unabdingbar.

Doch jeder dieser Fortschritte ist frauenzentriert und wird normalerweise im Hinblick auf die Vorteile für die Bevölkerung diskutiert und nicht im Hinblick auf die täglichen emotionalen oder praktischen Vorteile für den Einzelnen. Der wahre Schauplatz des Geschehens liegt heute auf der Ebene unserer Ehen und Familien. Die entscheidende Frage ist nicht sosehr: »Haben wir die Gleichstel-

ihren Beruf als Chemikerin aufgab, als ich geboren wurde, trat eine Stellung als Vorschullehrerin an, damit sie die Rechnungen bezahlen und trotzdem zu Hause bei mir und meiner jüngeren Schwester sein und den Haushalt erledigen konnte. Nachdem wir ein bisschen älter waren, ging sie zurück ans College und schlug eine völlig neue berufliche Laufbahn ein – sie folgte ihrer wahren Leidenschaft und machte eine Ausbildung zur Grafikerin.

Diese Erfahrungsgeschichte hinterließ bei mir den tief empfundenen Wunsch, als Mutter nicht die ganze Bürde der Familienarbeit allein tragen zu müssen, aber dennoch auch die feste Absicht, dass ich immer fähig sein wollte, für meine Familie zu sorgen. Meine eigene Mutter hat nicht wieder geheiratet und ich habe nicht noch einmal erlebt (ob zum Besseren oder zum Schlechteren), wie es ist, einen Vater zu haben. Doch die Stärke meiner Mutter hat mich auf meinem Weg in die Welt ebenso geprägt wie bei meiner Suche nach einem Partner, der alle Aufgaben, die zur Sicherung des Lebensunterhalts und zur Erziehung der Kinder gehören, fair und partnerschaftlich mit mir teilt.

lung von Mann und Frau erreicht?«, sondern vielmehr: »Wie steht es mit der Gleichberechtigung in *meiner* Beziehung?« oder »Was würde eine Gleichstellung zu *unserem* Leben beitragen?«

Was bedeutet Gleichheit, wenn zwei Partner wirklich gemeinsam Eltern sind?

Es stimmt, dass unsere Gesellschaft den Ernährer, der die Brötchen verdient, häufig mit größerem Prestige und »Wert« belohnt als diejenigen, die die Haus- und Familienarbeit erledigen, und dass unser Wirtschaftssystem dieses Wertesystem unterstützt. Doch davon abgesehen kann man sich vorstellen, dass auch ein traditionelles Ehepaar eine faire Beziehung entwickelt, wenn beide Partner sich einvernehmlich auf dieses Arrangement geeinigt haben und den Respekt für ihre jeweiligen Rollen bewahren. Er verdient vielleicht das ganze oder den größten Anteil des Geldes; sie übernimmt den ganzen oder den größten Anteil der Haus- und Familienarbeit. Doch beide haben sich durch ihre größtenteils getrennten, aber gleichwertigen Rollen dem Wohl der Familie verschrieben. Traditionelle Paare können zweifellos Beispiele für Gleichheit in dem Sinne sein, dass zwei gleichwertige Menschen ihren jeweiligen Beitrag zur Familie leisten.

Doch die Gleichberechtigung muss nicht an diesem Punkt enden. Wenn wir sie tiefer in unserer Beziehung verankern, können wir die Art von Partnerschaft erreichen, die eine gerechtere Verteilung im Alltag gewährleistet. Wenn beide Eltern auf gleiche Weise zu allem beitragen, was für den Betrieb einer Familie erforderlich ist – von der Ausübung einer Erwerbstätigkeit bis zur Betreuung der Kinder. Durch die praktische Umsetzung des Konzepts, dass zwei Elternteile in allen familialen Rollen gleichermaßen kompetent sind, können wir die Art von Gleichstellung erreichen, die ESP ermöglicht. Gleichheit beim wirklich gemeinsamen Elternsein gründet auf der Überzeugung, dass beide Elternteile es verdient haben, in den vier Bereichen Geldverdienen, Kindererziehung, Hausarbeit und Zeit für die eigene Entfaltung vollwertige Partner *zu sein* und einen vollwertigen Partner *zu haben*.

Wie die meisten Paare begannen Michelle und Jim aus Bend in Oregon ihr Leben als Eltern nach dem traditionellen Modell, denn, wie Jim erklärt: »Wir beide dachten einfach, dass es von uns erwartet wurde.« Michelle gab ihre Tätigkeit als Kommunikationstrainerin an einem staatlichen College auf und Jim übernahm die Leitung einer Parkplatzverwaltung, als im Laufe der nächsten vier Jahre drei kleine Töchter auf die Welt kamen. Doch unter diesem scheinbaren Standardarrangement schlummerte der Traum von einem anderen Zusammenleben, der allmählich Gestalt annahm.

Michelle wurde immer ruheloser und verübelte Jim, dass er seinem Beruf nachgehen konnte, und Jim hatte das Gefühl, zu wenig Zeit für seine Kinder zu haben. Und so heckten sie den Plan aus, mit der Tradition zu brechen. Michelle nahm zunächst ihre Lehrtätigkeit wieder auf und machte sich später als Kommunikationstrainerin selbstständig. Jim schraubte seine Arbeitszeit nach und nach auf Teilzeit herunter, bis beide etwa 30 Stunden die Woche in ihrem Beruf arbeiteten. Gleichzeitig stellten sie einen Wochenplan auf, nach dem jeder im Durchschnitt die Hälfte der Hausarbeit und der Kinderbetreuung übernahm.

Es kostete erhebliche Zeit und Anstrengung, bis Michelle und Jim ihre Beziehung von einer Form, die auf traditionellen Geschlechterrollen gründete, in eine volle ESP-Partnerschaft verwandelt hatten. Doch beide waren motiviert durch die Freiheit, die ein partnerschaftliches Elternsein in ihre Beziehung brachte – die Freiheit von konventionellen Rollenklischees und die Freiheit, die Fülle des Lebens auszukosten. Michelle beschreibt diese Motivation: »Wir beide *wollen* uns die Betreuung unserer Töchter partnerschaftlich teilen, wir *wollen* die häuslichen Pflichten teilen und wir *wollen* einer sinnvollen, interessanten Tätigkeit außerhalb der Familie nachgehen. Unser Leben ist jetzt immens reich und erfüllt verglichen mit den Anfängen unserer Elternzeit. Wir haben ein tiefes gemeinsames Verständnis der Freuden und Leiden, die mit der Erziehung unserer Kinder verbunden sind, ebenso wie ein tiefes gegenseitiges Verständnis für die Herausforderungen und Belohnungen, die der Beruf bringt.«

Die Software-Ingenieure Tom und Shankari im kalifornischen Mountanview haben einen etwas anderen Weg zu einer gleichberechtigten Partnerschaft gewählt. Shankari hat bei der Geburt der ersten Tochter ebenso wie Michelle den Löwenanteil der Elternpflichten übernommen – stellte dann aber innerhalb von nur sechs Wochen fest, dass sie sich durch die Übernahme der Hausfrau- und Mutterrolle isoliert fühlte und ihren Beruf schmerzlich vermisste. Tom wollte nicht, dass ihm entging, wie seine Kinder heranwuchsen und sich veränderten, hielt es aber auch nicht für klug, seinen Beruf aufzugeben, um zu Hause zu bleiben. Mehrere wenig befriedigende Betreuungs-Arrangements ließen dieses Paar mit dem starken Wunsch zurück, die externe Betreuung zu minimieren, aber beide hatten Vollzeit-Jobs. Was konnten sie tun?

Zu der Lösung, die Tom und Shankari fanden, gehörte, dass sie nacheinander die maximal zulässige Elternzeit, die ihre Arbeitgeber anboten, in Anspruch nahmen (12 Wochen) und dann flexible Arbeitsarrangements aushandelten, die sowohl ihre Effizienz im Job als auch die Zeit mit ihrer Tochter maximierten. Tom arbeitete meistens vormittags im Büro und kümmerte sich nachmittags um die Tochter, Shankari übernahm die Frühschicht bei der Kleinen und vereinbarte mit ihrem Chef, dass sie nachmittags im Büro arbeitete. Beide nutzten die Abende, um von zu Hause aus berufliche Aufgaben zu erledigen, und hängten beide mindestens einen Tag am Wochenende an, um ihre Arbeitszeit voll zu bekommen. Heute haben sie eine zweite Tochter und sind dankbar für Arbeitgeber, die mehr Wert auf produktive Ergebnisse als auf reine Anwesenheitszeiten legen. Um mehr Ruhe in ihr Leben zu bringen, haben sie in diesem Stadium der Elternschaft außerdem die bewusste Entscheidung getroffen, sich externe Unterstützung für die Hausarbeit und die Pflege von Toms behinderter Mutter, die ebenfalls bei ihnen lebt, zu holen.

Wir haben mit vielen Paaren wie Jim und Michelle und Tom und Shankari gesprochen, die für die Möglichkeiten stehen, die sich aus der Gleichheitsgrundlage von ESP ergeben. Ihr Leben ist natürlich nicht perfekt (was für alle in diesem Buch beschriebenen Paare gilt – uns selbst eingeschlossen!), aber sie bemühen sich engagiert um eine faire Arbeitsteilung. Der rote Faden in ihren Geschichten ist der Wunsch, sich alle Lebensbereiche als gleichgestellte Partner zu teilen. Das erreichen sie, indem sie beide etwa genauso viel Zeit aufwenden und die gleiche Energie in jeden Bereich ihres Lebens investieren. Das Ergebnis sind drei Hauptvorteile, die tendenziell aufeinander aufbauen: Jeder Partner muss nur die Hälfte der Arbeit erledigen, trägt nur die Hälfte der Verantwortung für den Betrieb der Familie und erhält die Hälfte der Macht in der Beziehung.

Lassen Sie uns diese Vorteile etwas genauer betrachten.

Die Hälfte der Arbeit

Oberflächlich betrachtet gleicht ESP der Gleichberechtigung von Mann und Frau – zumindest in heterosexuellen Beziehungen. Frauen haben nicht mehr den Großteil des Geschirrspülens, Fußbodenschrubbens, Staubsaugens und Kochens am Hals! Endlich wird von Männern verlangt, ihren fairen Beitrag zu leisten – auch sie müssen Windeln wechseln, das Baby um 2 Uhr morgens beruhigen, Pausenbrote für die Kinder schmieren und Backe-Backe-Kuchen zu spielen, bis sie umfallen. Der Traum jeder Feministin, zweifellos. Diese Perspektive erklärt, warum viele Frauen fragen, wo sie – ihre Ehemänner – für dieses Projekt anmelden können.

Nicht so schnell!

Es gibt wenig in diesem Szenario, das auch nur den leisesten Anreiz für Männer haben könnte. Warum sollte irgendjemand den Wunsch nach mehr Plackerei haben? Die meisten Männer sind nicht faul. Auch sie arbeiten hart, obwohl ihr Fokus üblicherweise auf der beruflichen Laufbahn liegt. Häufig gehen sie früh aus dem Haus, arbeiten bis spät abends, opfern Zeit mit den Kindern und machen sich ständig Sorgen über Geld, Termine, Vorgesetzte, Entlassungen, Rente, Rechnungen etc. Und jetzt werden sie einfach aufgefordert, noch mehr zu tun, ohne eine klare Gegenleistung dafür zu erhalten?

Sehen wir den Tatsachen ins Auge. Dauerhafte Gleichberechtigung erfordert Mut und echtes Interesse von beiden Eltern. Die Herausforderung für die meisten Männer wird in der Tat darin bestehen, einen Anstieg der Haus- und Familienarbeit in Kauf zu nehmen, aber die entsprechende Herausforderung für Frauen wird darin bestehen, an gleichermaßen bedeutungsvollen beruflichen Tätigkeiten festzuhalten, die finanziellen Belastungen mitzutragen und Zeit mit den Kindern und die Kontrolle über die Hausarbeit abzugeben. Wenn *alle* Aufgaben, aus denen sich die Haus- und Familienarbeit zusammensetzt, wahrgenommen, anerkannt und gerecht geteilt werden – und niemand zu irgendetwas gezwungen wird –, kommen wir der ESP-Gleichheit näher.

Viele ESP-Paare sagen, dass die faire Aufteilung aller Arbeiten relativ leicht ist, wenn einmal klar ist, dass beide den Wunsch nach Gleichstellung haben. Wir wissen, das klingt verrückt, wenn man bedenkt, dass die Verteilung der Aufgaben häufig zu den strittigeren Fragen in einer Ehe gehört. Doch die Geltendmachung des gemeinsamen Traums von Gleichheit bewirkt eine Art Zauber. Büffelt ein Student, der davon träumt, Arzt zu werden, nur mit größtem Widerwillen Anatomie? Muss ein angehender Spieler der Fußballnationalmannschaft dazu gezwungen werden, sein tägliches Training zu absolvieren? Für diese Träumer sind notwendige Unannehmlichkeiten keine Belastung – sie sind Teil der Reise. Bei ESP empfinden Sie es nicht mehr als bloße Last, Ihren fairen Anteil am Geschirrspülen zu übernehmen. Das Gleiche gilt dafür, dass man nach draußen in die Welt geht, um die Brötchen zu verdienen, und zu Hause im Wechsel mit dem Partner die Kinder ins Bett bringt – für das Privileg der ESP-Gleichheit nimmt man diese Aufgaben gern in Kauf und betrachtet sie nicht als Bürde. Diese Pflichten zu übernehmen gibt einem ein gutes Gefühl über die eigene Rolle in der Familie und in der Partnerschaft.

Eine faire Arbeitsteilung bei ESP-Paaren ist einfach das Ergebnis des Wunsches, gemeinsam glücklich zu sein, wie die Geschichte von Michelle und Jim zeigt. Dieses Paar wurde sich bewusst, dass es seine Elternrolle anders füllen wollte. Jeder verstand, dass einer der Partner schmerzlich vermisste, was der andere im Überfluss besaß – Jim hatte die Befriedigung durch eine berufliche Tätigkeit außerhalb der Familie und Michelle hatte Zeit für ihre drei reizenden Töchter. »Unser Ziel ist jetzt, unsere berufliche Tätigkeit so umzubauen, dass wir gleiche Beiträge an Energie und Zeit investieren, damit wir die gleiche und möglichst viel Zeit mit den Mädchen verbringen können und auch so viel Zeit wie möglich als Familie zusammen sind«, sagt Michelle. »Uns beiden ist es einfach ungeheuer wichtig, dass der andere glücklich ist und ein erfülltes Leben hat.« Die *Pflichten* der Hausarbeit je zur Hälfte zu übernehmen fiel ihnen leicht, nachdem sie einmal erkannt hatten, dass sie die *Freuden* der Elternschaft und einer beruflichen Tätigkeit teilen wollten.

Für Shankari und Tom, die entschieden haben, einen Großteil der täglichen Hausarbeit auszulagern, um Beruf und Kindern Priorität einzuräumen, bedeutete eine faire Aufgabenverteilung, ihre beruflichen Arbeitsstunden so hinzubiegen, dass sie den Spitzenzeiten in ihrer jeweiligen Unternehmenskultur entsprachen, und gleichzeitig ihre Anstrengungen für die Kinderbetreuung zu verstärken, um ihren jeweiligen Anteil daran kompetent wahrzunehmen. »Nachdem wir einmal erkannt hatten, dass wir unsere Tochter selbst großziehen wollten, stellte ich fest, dass es mir wirklich Spaß machte«, sagt Tom über seine elterliche Solo-Zeit. »Das Gespräch, das ich mit meinem Chef führte, war entscheidend für den Zeitplan, den ich brauchte, um meinen Beitrag zu leisten.«

Beim wirklich gemeinsamen Elternsein wird die gesamte Arbeit geteilt – wodurch beide Partner seelisch und körperlich entlastet werden und gegenseitige Anerkennung für die Leistung erhalten, die erforderlich ist, damit das Geld hereinkommt, der Haushalt schnurrt und die Kinder satt werden. Es besteht beiderseitige Bewunderung für die Zeit, in der man einen geschäftlichen Vorschlag ausgearbeitet, die Wäsche zusammengelegt, berufliche Probleme bewältigt, die Abflüsse im Badezimmer gereinigt, die neuen Terrassenplatten versiegelt oder das Malheur des noch nicht ganz toilettensicheren Nachwuchses beseitigt hat. Beide haben einen Verbündeten, der ihnen bei Problemen zur Seite steht und hilft, schwere Zeiten durchzustehen. Keiner muss die ganze Last (oder den Großteil) des täglichen Einerleis oder der Isolation im

GEHT ES OHNE PENIBLE TABELLEN UND AUFRECHNUNGEN?

Ein besonders verbreiteter Irrglaube in Bezug auf ESP ist die Vorstellung, dass es eine Fifty-fifty-Aufteilung jeder einzelnen Aufgabe umfasse. Und dass dies wiederum eine lästige Strichlistenführung nach sich zieht, damit jeder genauso oft die gleiche Anzahl Socken wäscht, genauso oft die Kinder ins Bett bringt oder die gleiche Anzahl Überstunden pro Woche im Büro macht. Wie jemand uns einmal schrieb: »Ich will nicht leben wie im Kindergarten, wo jeder die gleiche Anzahl von Buntstiften in den gleichen Farben haben muss.« D'accord!

Bei der gerechten Aufgabenteilung der Familienarbeit geht es nicht um die exakte mengenmäßige oder zahlenmäßige Aufspaltung der Arbeit. Die Bezeichnung für diese Lebensform lautet nicht »genau aufgeteiltes Elternsein«, sondern »wirklich gemeinsam Eltern sein«. Es geht nicht darum, jede Aktivität wie mit der Axt genau in der Mitte durchzuteilen. Es ist absolut akzeptabel, dass der eine Partner den größten Teil des Rasenmähens übernimmt und der andere den größten Teil der Planung für die Geburtstagsfeier. Eine Aufteilung nach Annehmlichkeit, Interesse oder spezieller Begabung ist einfach praktisch und sinnvoll!

Tatsächlich wird man bei ESP bei fast allen Aufgaben den Wunsch haben, sie miteinander zu teilen, da man den Lohn ernten möchte, den es mit sich bringt, wenn man sich wirklich in die Lage des anderen versetzt. Und man wird sich wünschen, dass die allgemeine Arbeitsteilung in allen Bereichen ungefähr gleich ist. Wenn die Partner über die Aufgabenverteilung diskutieren und hin und wieder die Pflichten tauschen, so wirkt das belebend und positiv, weil man will, dass die Arbeitsteilung funktioniert – und das Leben beider bereichert. Doch es steht jedem Paar vollkommen frei, sich seine »Lieblingsbuntstifte« in jedem Bereich auszusuchen und diese Vielfalt zu zelebrieren.

Berufs- oder Familienleben ganz allein tragen. Beide kennen sich mit allen Aufgaben aus. Keiner muss jeder Geschäftsreise oder jedem spätabendlichen Meeting zustimmen, aus Angst, bei einer Beförderung übergangen zu werden, von der das finanzielle Wohl der Familie abhängt.

ESP bietet auch einen Notausstieg für beide, falls ein bestimmter Lebensaspekt sich als unerträglich erweisen sollte – ein schrecklicher Job, eine schwierige Phase mit den Kindern, ein riesiges häusliches Renovierunsprojekt. Ihr Partner kann die Stellung halten, während Sie die notwendige Atempause einlegen oder Maßnahmen treffen, um einen Ausweg aus der belastenden Situation zu finden. Wenn Sie sich die Aufgaben teilen, haben Sie Ihr eigenes integriertes Job-Sharing-System für alle Lebensbereiche.

Die Hälfte der Verantwortung

In vielen Nicht-ESP-Familien gilt ein Elternteil häufig immer noch als kompetenter oder zuständiger für die Haushaltsführung und Kinderbetreuung als der andere, auch wenn das Paar sich beim Kochen abwechselt und das Kind am Wochenende gemeinsam zum Fußball fährt. Und sogar wenn beide Partner die gleiche Wochenarbeitszeit haben, ist der eine Partner beruflich für gewöhnlich stärker engagiert, während der andere dazuverdient und durch einen weniger anspruchsvollen Job zum Familieneinkommen beiträgt. Die Zuständigkeiten sind immer noch ungleich verteilt und diese Schieflage führt dazu, dass Paare weiterhin auf die Aufgabenverteilung konzentriert bleiben oder sich darüber streiten. Doch wenn die Gleichheit des partnerschaftlichen Elternseins das Ziel ist, wird die Verantwortung voll geteilt. Die Hälfte der Verantwortung zu beanspruchen bedeutet in erster Linie, dass beide Partner sich engagiert um volle Kompetenz bemühen. Werfen wir noch einmal einen kurzen Blick auf die Familie von Jim und Michelle, um eine Vorstellung von dieser Idee zu bekommen.

Auch als Jim noch Vollzeit arbeitete, hatte er keine zwei linken Hände, was die Hausarbeit betraf, und hatte auch durchaus Erfahrung damit, sich für längere Zeiträume allein um die Mädchen zu kümmern, aber Michelle hatte den größten Teil der Haus- und Familienarbeit seit vier Jahren allein und mit großem Elan erledigt. Als Jim anfing, die Hälfte der Hausarbeit und Kinderbetreuung zu übernehmen, hätte er sich dafür entscheiden können, weiterhin die zweite Geige zu spielen – bei Tobsuchtsanfällen und Fieberattacken der Kinder die Zeit aussitzen, die Essenszubereitung und das Saubermachen aufschieben und einfach abwarten können, bis Michelle heimkehrte und die Sache in die Hand nahm. Doch er hatte kein Interesse an einem halbherzigen Ansatz. »Es war sehr wichtig für mich, dass unsere Töchter mich als gleichwertigen Elternteil wahrnehmen und empfinden«, erklärt er. »Es war ein hartes Stück Arbeit, aber für mich gab es gar keine andere Wahl, als durchzuhalten und mir meine Stellung bei den Mädchen zu erobern.« Er entschied sich also dafür, die volle Verantwortung zu übernehmen – er würde genauso gut in allem werden wie Michelle! Und Michelle verzichtete darauf, an ihrer Expertenrolle festzuhalten, so dass Jim genügend Raum erhielt, um seine eigenen Fähigkeiten zu entfalten. Zum Beispiel, wenn es darum ging, die Kinder zu trösten. Wie Michelle erklärt: »Ich glaube, dass ESP bei uns so schnell funktionierte, hing unter anderem damit zusammen, dass ich in allen Situationen, in denen die Mädchen nach Daddy verlangten, sofort ›okay‹ sagte (und mich, ehrlich gesagt, erleichtert fühlte, weil ich so lange ihre Hauptbezugsperson gewesen und erschöpft war), aber Jim gab im umgekehrten Fall nicht nach. Er stand es durch und zeigte ihnen, dass er alles, was anlag, genauso gut bewältigen konnte. Und das kann er tatsächlich!«

Michelle ihrerseits musste Verantwortung für den Aufbau ihrer Karriere übernehmen – nicht als Hobby, sondern als genauso wichtigen Ansatz zur Sicherung des Familieneinkommens. Jim stand zur Verfügung, um Michelle zu beraten, wenn sie Informationen für die Gründung ihres eigenen Unternehmens brauchte, aber im Allgemeinen ließ er sie die erforderlichen Fähigkeiten selbst erwerben und unterstützte sie, indem er an ihren Traum glaubte und ihr zeigte, dass er ihr als gleichgestellter Partner zur Seite stand. »Michelle hat etwas gefunden, das sie in beruflicher Hinsicht wirklich total antreibt, und sie setzt alles daran, damit es funktioniert«, sagt Jim. »Ich bin so froh, dass sie etwas gefunden hat, was sie begeistert, und etwas, von dem wir beide überzeugt sind, dass es sich auf lange Sicht als erfolgreich erweisen wird. Ich möchte, dass sie genügend Zeit hat und genügend Vertrauen in mich, um weiterhin so gut daran arbeiten zu können.« Und obwohl die Aktivitäten der beiden aus dem gemeinsamen Wunsch nach Gleichheit hervorgingen, hatte ihre wachsende Allround-Kompetenz etwas Ansteckendes. Je kompetenter sie wurden, desto besser fühlten sie sich insgesamt mit ihrem Leben.

Die Gleichheit beim partnerschaftlichen Elternsein bewirkt, dass beide auf jeden Bereich gemeinsam stolz sind. Wenn beide einmal das Bedürfnis nach gleichberechtigter Partnerschaft in der Beziehung verinnerlicht haben, kümmert sich jeder um die Details des Familienbetriebs und fühlt sich dafür verantwortlich, dass alle glücklich sind. Beide bemühen sich engagiert darum zu lernen, wie man am besten für die Kinder sorgt, und setzen ihre diesbezüglichen Absichten in die Tat um. Beide sind beruflich gleichermaßen engagiert und wissen, dass der andere nicht vorhat, sich vor der Erwerbstätigkeit zu drücken, um den Frustrationen oder Intrigen am Arbeitsplatz zu entgehen. Wir sind überzeugt, dass dies zu einem authentischen Leben führt, weil keiner sich hinter fadenscheinigen Ausreden versteckt, um die wahre Arbeit, nämlich die Fürsorge für die Familie – für sich selbst und den anderen – zu vermeiden.

Außerdem trägt Kompetenz dazu bei, all die unangenehmen Verhaltensweisen des Nörgelns, Kritisierens und üblen Nachredens verschwinden zu lassen. In einer echten Partnerschaft fühlen beide sich ermutigt, Dinge zu hinterfragen oder offen anzusprechen, um sie konstruktiv zu diskutieren; dagegen wirkt Negativität, die die innere Verantwortung für einen bestimmten Bereich wieder auf den einen oder anderen Partner abwälzt, echter Gleichheit entgegen. Als ESP-Partner sind Sie von sich aus nachweislich zu jeder Aufgabe fähig (oder fähig, um Hilfe zu bitten, wenn nicht). Das weiß auch Ihr Partner. Die laufende Verpflichtung zur Pflege einer partnerschaftlichen Beziehung hilft Eltern, sich gegenseitig als verantwortungsbewusste Erwachsene zu behandeln.

Die Hälfte der Macht

Ah, das letzte Grenzland der Gleichberechtigung in der Ehe. In der gerechten Verteilung der Macht zeigt sich die ganze Bedeutung der ESP-Verpflichtung zu einer gleichgestellten Partnerschaft. Wenn beide Elternteile je die Hälfte der Macht in der Familie für sich beanspruchen, wächst die Macht *beider* – als kompetente Individuen und vollwertige Anführer.

Als *Pseudogleichheit* bezeichnen wir, wenn die Aufgaben und Zuständigkeiten in einer Ehe scheinbar gleich verteilt sind, aber die Macht immer noch ungleich verteilt ist. Beide Elternteile packen mit an und beide sind kompetent und dankbar für die Beiträge des anderen, aber trotzdem fehlt etwas. Aussagen wie »Mein Mann hilft sehr viel im Haus – er macht alles, um das ich ihn bitte!« oder »Natürlich kannst du ein neues Sofa kaufen, Liebes« klingen nett, haben aber den Beigeschmack, dass ein Elternteil die eigentliche Macht hat. Wie bei den meisten traditionellen Familienarrangements ist bei der Pseudogleichheit immer irgendjemand von der Gnade des anderen abhängig, wenn es um die Entscheidungsfindung geht.

Als Jim und Michelle sich zu einer partnerschaftlichen Beziehung verpflichteten, fassten sie den bewussten Entschluss, dass keiner von ihnen dem anderen in irgendeinem Bereich untergeordnet sein würde. Jim würde nicht der »Stellvertreter«-Elternteil sein – Michelle würde ihm keinerlei Anweisung geben, wie er die Kinder füttern oder anziehen sollte oder ob er sie fürs Ballett oder zum Fußball anmelden sollte. Er würde auch kein Hilfs-Hausmann sein, dem Michelle irgendwelche Arbeiten übertrug, die er nach ihren Vorgaben ausführte. Und obwohl Jim mehr Geld verdiente als Michelle, die gerade erst anfing, Kunden für ihre eigene Beratungsfirma zu werben, würde sein Wort kein stärkeres Gewicht bei finanziellen Entscheidungen haben. ESP-Gleichheit bringt jedes Machtgefälle zwischen zwei Partnern zum Verschwinden, so dass alle wichtigen Entscheidungen gemeinsam getroffen werden müssen und die gegenseitige Zusammenarbeit gefördert wird, anstatt dass einer vom anderen verlangt, dass die Er-

DER EFFIZIENZ-FAKTOR

Einige Kritiker von ESP haben moniert, dass eine egalitäre Verteilung von Zuständigkeiten extrem ineffizient sei. Es sei eine Verdopplung der Arbeit für zwei Elternteile, die Verantwortung für die Haushaltsführung gemeinsam zu übernehmen – beide verwenden Zeit und Energie darauf, sich den Inhalt des Eisschranks einzuprägen, die Schlafenszeiten und Termine der Kinder. Wäre es nicht sinnvoller, alle Aufgaben der Essenszubereitung dem Elternteil zu übertragen, der fantastisch kochen kann, und denjenigen, der schon den Toast anbrennen lässt, damit zu verschonen? Wir stimmen zu, dass die Aufforderung an jeden Partner, »hinreichend gut« in allen Bereichen des Familienlebens zu werden, eine Ineffizienz in der Lernkurve umfasst, die in einer traditionellen Familie vermieden wird.

Doch obwohl wir bereits klargestellt haben, dass eine exakte Fifty-fifty-Aufteilung jeder einzelnen Aufgabe nicht das Ziel von ESP ist, gilt das Gleiche für ein Verhältnis von 100 zu 0. Wirklich gemeinsames Elternsein bedeutet, dass

ziehung, das Geldverdienen oder die Hausarbeit »auf seine Art« angegangen wird.

Shankari und Tom setzten von Anfang an ein partnerschaftliches Elternmodell um, zeigen aber, dass gleiche Machtverteilung darüber hinausreicht, wer die Entscheidungen bei der Kinderbetreuung, dem Broterwerb oder der Hausarbeit trifft. Da Toms Mutter bei ihnen wohnt und ständiger Pflege bedarf, achten sie aufmerksam auf ein ausgewogenes Machtverhältnis, damit die Anwesenheit der Mutter nicht hauptsächlich zu Shankaris Zuständigkeit wird. Tatsächlich hat sich Tom bewusst dafür ent-

man einen Teamansatz wählt, anstatt dass jeder Elternteil zum einzigen Spezialisten in weiten Bereichen der Kindererziehung, Hausarbeit oder Erwerbstätigkeit wird. Auch wenn eine bestimmte Aufgabe vielleicht häufiger von demjenigen Elternteil ausgeführt wird, der das größte Interesse und das größte Talent dafür gezeigt hat. Obwohl es einige zusätzliche Startkosten geben mag, wenn man dafür sorgt, dass die Familie von zwei gleichermaßen kompetenten Erwachsenen geführt wird, macht das Ergebnis den anfänglichen Mehraufwand häufig mehr als wett. Beide können sich bedenkenlos und ohne lange Planung die Verantwortung für jeden Bereich überlassen. Beide sehen den größeren Zusammenhang anstatt nur die eigene vorgeformte Rolle in der Familie. Beide erkennen und würdigen alle Aufgaben, die erledigt werden müssen. Vielleicht gibt es am Dienstag Ente à la Orange an Trüffel-Risotto und am Mittwoch Nudeln mit Ketchup, aber keinem wird aufgebürdet, immer – oder nie – zu kochen. Und alle Mitglieder der Familie werden garantiert alle notwendigen Nährstoffe erhalten. Wir sagen: Gleichheit sticht kurzfristige Effizienz immer aus!

schieden, die Hauptverantwortung für die Pflege seiner Mutter zu übernehmen. Sie haben auch vereinbart, dass sie ihren Wohnsitz in den USA behalten, solange Toms Mutter auf ihre Hilfe angewiesen ist. Wenn das nicht mehr notwendig ist, wollen sie nach Indien, in Shankaris ursprüngliche Heimat ziehen, um näher bei *ihrer* Familie zu sein.

Bei ESP ist die Individualität beider Partner genauso wichtig. Keiner hat den »weniger wichtigen« Job – denjenigen, der immer als Erster eingeschränkt wird, wenn der Kindergarten anruft, weil das Kind Fieber hat, oder der automatisch aufgegeben wird, wenn sich die bessere Hälfte für eine fantastische Stellung am anderen Ende des Landes bewerben möchte. Keiner hat automatisch Anrecht auf mehr Freizeit für persönliche Hobbys. Die Wünsche des einen Partners bestimmen nicht grundsätzlich immer, wo die Familie lebt. Es ist nicht wichtiger, dass Mama zur Elternkonferenz geht, wenn nur ein Elternteil teilnehmen kann. Und Papa hat keinen Anspruch auf mehr Spaßzeit mit den Kindern, während Mama die Hausaufgaben kontrolliert und dafür sorgt, dass sie sich die Zähne putzen.

Bei der gerechten Aufteilung der Macht beim ESP-Modell geht es darum, den Partner als gleichgestellt zu betrachten und ihm den Weg freizumachen, damit er genauso oft wie man selbst die Führung übernehmen kann. Doch ESP-Paare sagen auch, dass sie die wahre Macht an das Team abgeben, anstatt ein Elternteil zum König oder zur Königin von irgendetwas zu salben. Obwohl ESP-Paare sich mitunter genauso wie alle anderen Paare darüber streiten, wie man mit Entscheidungen umgehen sollte,

DER GLEICHHEITSMYTHOS

Aber ignoriert man bei einer gleichen Machtverteilung nicht die Einzigartigkeit der beiden Geschlechter oder von zwei Individuen? Treibt die Familie dann nicht führer- und ruderlos auf einem Meer der Orientierungslosigkeit? So könnte es auf den ersten Blick aussehen, aber ESP ist eher wie eine Familie, in der jeder Bereich von einem zweiköpfigen Führungsgremium geleitet wird anstatt von einem einzigen Diktator. Wie die Mitglieder eines Unternehmensvorstands sind ESP-Eltern eigenständige Persönlichkeiten – keine Klone des anderen.

Dieser kooperative Ansatz eröffnet die Möglichkeit, gegenseitig voneinander zu lernen. »Ich habe gelernt, den verrückten Ideen meiner Kinder öfter zuzustimmen – anstatt wie früher spontan »Nein« zu sagen –, weil ich beobachtet habe, wie meine Frau es macht«, sagt ein ESP-Vater. Seine Frau erklärt, dass sie im Gegenzug von ihrem Mann gelernt habe, »wirklich voll präsent zu sein, wenn ich mit den Kindern zusammen bin, anstatt mich immer im Multitasking zu versuchen und meine Aufmerksamkeit in fünf verschiedene Richtungen zu lenken«. Die gleiche Macht, die gleichen Respekt erzeugt, ermöglicht dieses Lernen in ESP-Beziehungen – immer wieder. Die Stärken des einen Elternteils können die Schwächen des anderen ausgleichen und umgekehrt, so dass beide die Chance erhalten, ihre Fähigkeiten beim Geldverdienen, bei der Kinderbetreuung und der Hausarbeit bestmöglich auszufeilen und dabei gleichzeitig ihre Persönlichkeit zu entfalten. Das ist so, weil ESP-Eltern sich gegenseitig den Rücken stärken – sie sind keine Gegner, die versuchen, die Macht des anderen zu usurpieren, sondern Partner, die sich einem gemeinsamen Führungs- und Lernprozess verschrieben haben.

haben sie das unterschwellige Ungleichgewicht der Macht ausgeräumt – und sich die Macht von zwei aufgeschlossenen Denkhaltungen zunutze gemacht, um die besten Lösungen zu finden.

Die Gleichheitsbasis

Auch wenn es vielleicht die Frauen sind, die anfangs in Scharen die Idee der Gleichheit aufgreifen, weil sie möchten, dass ihre Partner die Hälfte der Haus- und Familienarbeit übernehmen, sind es häufig die Männer, die sie zur Realität für ein Paar machen. Männer, die sich nicht davor scheuen, alles in Angriff zu nehmen, was dazugehört, einen Haushalt zu führen und Kinder großzuziehen. Männer, die das gleiche Mitspracherecht bei allen häuslichen und familienbezogenen Entscheidungen haben wollen und sich die Verantwortung für das Brötchenverdienen mit der Partnerin teilen wollen. Männer, die sich nach einer innigen Beziehung zu ihren Kindern sehnen und in dieser Hinsicht nicht die Gehilfen ihrer Frauen sein wollen. Männer und Frauen profitieren beide – zu gleichen Teilen – von der Entscheidung, die Gleichheit zu einem Kernelement ihrer Beziehung zu machen.

Unabhängig davon, welcher Partner den Anstoß dafür gibt, über ein partnerschaftliches Elternsein und den Weg dorthin zu diskutieren: Der Schlüssel zum Erfolg – zum Glück beider Eltern – ist, dass beide sich voll und ganz für dieses Ziel engagieren. Wir ermutigen Sie, darüber zu sprechen, was es für Sie bedeutet, echte gleichgestellte Partner – entsprechend der ESP-Definition von Gleichheit – zu sein und gemeinsam zu entscheiden, ob dies Ihrer Vorstellung von einem glücklichen Leben entspricht. Genauso wie der Sportler, der für seinen Ruhm als Nationalspieler trainiert, oder der Medizinstudent, der seine Notizen aus der Anatomie-Vorlesung auswendig lernt, muss auch die ESP-Mutter, die genauso oft ins Büro fährt wie ihr Mann, oder der ESP-Vater, der bereitwillig und freudig seinen Anteil am Geschirrspülen übernimmt, den Lohn der Gleichheit im Sinn behalten, um die Hindernisse auf dem Weg dorthin zu überwinden.

Es ist nur allzu verständlich, dass man häufig in Versuchung gerät, in einer bestimmten Domäne Macht über den Partner auszuüben. Unsere Kultur ist voll von versteckten und offenen Behauptungen, denen zufolge Frauen kompetenter bei der Kindererziehung und Hausarbeit sind, oder Männlichkeit bedeutet, dass man eine eindrucksvolle Karriere macht und mehr Geld verdient als die eigene Ehefrau. Seien Sie nicht überrascht, wenn Sie sich selbst gelegentlich bei einem eklatanten Akt der Ungleichheit ertappen – oder von Ihrem Partner dabei ertappt werden (»Du fütterst ihn falsch!«, »Wenn ich befördert werde, brauchst du nicht mehr zu arbeiten«, »So wird mein Kind auf keinen Fall rumlaufen!«). In einer traditionellen Beziehung ist die Vorstellung, dass die eigene Methode die überlegene sei, möglicherweise zulässig, weil jeder Partner in einem bestimmten Bereich einen überwältigenden Zeitvorteil hat. Doch in einer ESP-Beziehung kann man vernünftigerweise nicht mehr von dieser Annahme ausgehen: Sie sind beide willige und kompetente Beteiligte an allen Bereichen Ihres Lebens und Sie haben sich entschieden, Ihre Meinungsunterschiede als ebenbürtige Partner auszuhandeln.

Die Kommunikation kann sich allerdings auch als Hindernis für die Gleichheit beim wirklich gemeinsamen Elternsein erweisen. Oder wie eine ESP-Mutter es formulierte: »Das ist echt harte Arbeit! Anstatt mich einfach darüber zu beklagen, dass mein Mann nicht zur Verfügung steht, muss ich die ganzen Themen direkt mit ihm besprechen.« Obwohl wir die Einzelheiten der Kommunikation in Bezug auf die verschiedenen Bereiche noch ausführlich in den kommenden Kapiteln behandeln werden, ist es wichtig, an dieser Stelle darauf hinzuweisen, dass ESP kein guter Aktionsplan für zwei Eltern ist, die es nicht genießen, Probleme und Fragen gemeinsam zu klären. Das erfordert Liebe, Respekt und die Bereitschaft, sich auf jedes Gespräch einzulassen – ganz gleich, wie erhellend oder schwierig es sein mag –, das in ESP-Familien aufkommt. Wir finden es toll, dass bei diesen Gesprächen jeder Stein umgedreht wird, dass kein Thema tabu ist und dass sie im Geist der Exploration, nicht der Anklage stattfinden. *»Wie können wir gemeinsam herausfinden, was das Beste ist?«* könnte die übergreifende Frage lauten, die ESP-Paare sich stellen. Doch dass die Frage überhaupt gestellt wird, ist genauso wichtig wie die Antwort.

Um diese Hindernisse zu überwinden sowie andere, die wir später bei der Erörterung der einzelnen Bereiche erforschen werden, konzentrieren sich ESP-Paare auf das größere Bild. Sie wählen die Gleichheit bewusst als Grundlage ihrer Beziehung und verbinden sie mit der Grundlage der Ausgewogenheit, die wir im folgenden Kapitel besprechen werden, weil sie überzeugt sind, dass dies die Möglichkeit eines optimalen Zusammenlebens eröffnet. Wie ein ESP-Vater es ausdrückt: »Für mich basiert jede echte Beziehung auf Gleichstellung, und die Elternschaft ist einfach eine natürliche Erweiterung dieser Denkweise.« Die gleiche Investition an Zeit und Kraft in jeden Lebensbereich ist das Ziel der ESP-Gleichheit, nicht weil man die Gleichheit um ihrer selbst willen anstrebt und auch nicht, um Vollkommenheit zu erreichen, sondern vielmehr, weil sie das Wesen einer Beziehung zwischen zwei Partnern ausmacht.

Der wahre Vergleich

Unsere Generation klopft sich selbst häufig anerkennend auf die Schulter, weil wir weit mehr Gleichberechtigung verwirklicht haben als unsere Eltern. Frauen haben den Arbeitsmarkt in Rekordzahlen erobert. Männer erledigen mehr Haus- und Familienarbeit als je zuvor. »Hurra!«, jubeln Statistiker, Unternehmensführer und Soziologen. Vielleicht sollten wir uns mit einem »So weit, so gut« begnügen. Wir fordern alle, uns selbst eingeschlossen, dazu auf, etwas noch Aufregenderes anzustreben. Die Art von Gleichberechtigung, die für einzelne Paare wichtig ist und die tief in ihre Beziehungen eindringt, um beide glücklich zu machen. Wir schlagen vor, dass wir die Arbeit, Verantwortung und Macht jedes Mannes nur mit der seiner Partnerin vergleichen, nicht mit der seiner Vorfahren. Und dass wir die Beiträge jeder Frau zur Familie nur mit denen ihres Mannes vergleichen.

Diese Herausforderung soll niemanden beschämen; wir glauben nicht, dass getrennt, aber gleich eine beschämende Situation ist. Doch in unserem eigenen Leben und im Leben der ESP-Paare, die wir kennen, ist der Vergleich notwendig. Volle Gleichstellung verleiht uns Authentizität – erlaubt uns, jeden Tag in dem Wissen zu leben, dass wir unseren fairen Anteil an der Arbeit leisten, dass wir für die Ergebnisse verantwortlich sind und die Macht haben, das alles geschehen zu lassen. Es kann auch zu einzigartiger Nähe und Vertrautheit in der Paarbeziehung – zwischen zwei völlig ebenbürtigen Partnern in allen Bereichen – führen. Wir wollen das Beste für den anderen, das weit über die zähen Redegefechte der Aufgabenteilung hinausreicht, und erhalten im Gegenzug ebenfalls das Beste.

3

Ausgewogenheit:

GLEICHE TEILE VOM GANZEN

Ein ausgewogenes Leben wird häufig als Ding der Unmöglichkeit verlacht – ein Ideal, das viele Menschen aufgegeben haben, weil wir Normalsterblichen uns schlecht fühlen, wenn wir es nicht erreichen. Gewöhnlich versuchen wir, einfach jeden Tag irgendwie zu bewältigen, vor allem wenn wir kleine Kinder haben. Das Ziel, auch noch alle Lebensbereiche in ein ausgewogenes Verhältnis zu bringen und dabei optimale Erfüllung zu finden, scheint recht hoch gegriffen. Wie »Gleichheit« ist auch »Ausgewogenheit« ein kulturelles Ideal, das jenseits unserer Möglichkeiten zu liegen scheint. Sollten wir diesen Traum also einfach aufgeben und uns ins Chaos fügen?

Oder geben wir uns vielleicht nicht genug Mühe? Das behaupten die fröhlichen Überschriften der Feel-good-Magazine an der Kasse des Supermarkts, die versprechen, uns die Geheimnisse eines ausgewogenen Lebens zu verraten. Sie provozieren uns, indem sie vorgeben, unseren Schmerz zu kennen, und andeuten, dass wir nur einen Schritt von seiner endgültigen Beseitigung entfernt seien. Nur noch ein kleiner Schubs und – *voilà* – ein stressfreies Leben liegt vor uns. Wenn wir uns nur endlich angewöhnen würden, jeden Morgen und jeden Abend fünf Minuten lang tief ein- und auszuatmen, würde unser Leben in friedlicheren Bahnen verlaufen. Wenn wir diesen neuen Super-Leichtgewichts-Sportwagen kaufen oder unseren Blackberry in die Tonne treten würden, wenn wir aufhören würden, jeden Morgen das Bett zu machen, oder uns Fantasie-Termine ausdenken würden, um Zeit für uns selbst herauszuschlagen – dann könnten wir gelassen und glücklich sein. Eine kleine Schnellreparatur – mehr brauchen wir nicht! Doch tief in uns drin kennen wir alle die Wahrheit: All diese Maßnahmen verändern so gut wie nichts. Hinter unserer kollektiven Unfähigkeit, ein Gefühl von Ausgeglichenheit zu erreichen, stecken tiefere Ursachen.

In diesem Kapitel möchten wir Sie auffordern, die Balance mit neuen Augen zu sehen: als eine Eigenschaft, die sich aus der übergreifenden Struktur Ihres Lebens und nicht aus der Umsetzung irgendwelcher munterer Reparaturtipps ergibt. Dieses Verständnis von Ausgewogenheit ist die zweite Grundlage von ESP und es steht Ihnen frei, diese Option zu wählen. Wenn Sie meinen, das sei nicht möglich, empfehlen wir, dem Rat von Steve Martin zu folgen, mit dem er im Oktober 1973 seinen *Saturday Night Live*-

Monolog eröffnete: »Ich möchte jeden Tag damit beginnen, etwas Unmögliches zu tun«. Fangen wir selbst damit an …

Das Gute

Zur Arbeit zu gehen kann großen Spaß machen. Ja, es gibt Intrigen im Büro, schwierige Kollegen, nervige Projekte und viele andere Frustrationen, aber die Ausübung eines Berufs verschafft uns Kontakt zur Welt und unserem Platz darin – manchmal als Hauptakteur und manchmal als Teamspieler im Auftrag des Unternehmens. Es ist ein Mittel, um die Früchte unserer Ausbildung zu ernten und um auf bedeutungsvolle Weise mit anderen Menschen zu kommunizieren. Es gibt uns Gelegenheit, das Beste aus uns herauszuholen und die Ergebnisse zu sehen, neue und bessere Methoden zu erfinden oder jeden Tag etwas Neues zu lernen. Und unter Umständen widmet man sogar einen großen Teil seines Lebens einem größeren Ziel, das einem wirklich aufrichtig am Herzen liegt. Der Arbeitsplatz kann unser Leben bereichern und hat viel Wertvolles zu bieten. Warum nicht möglichst viele dieser Vorteile nutzen?

Und was ist mit der Zeit, die man zu Hause bei den Kindern verbringt? Wir alle wissen, dass dies kein reines Honigschlecken ist – dass es zahllose Momente gibt, in denen die Geduld eines Elternteils auf eine harte Probe gestellt wird. Doch es gibt auch zahllose Highlights. Wenn man mit seinen gut gelaunten, gesunden, gehorsamen Kindern einen Abenteuertag am Strand verbringt oder unter fröhlichem Gelächter die Koch- und Hausarbeitsroutine erledigt. Dieses wunderbare Gefühl, wenn man miterlebt, wie das Baby zu lächeln beginnt, wenn man beobachtet, wie das Kind genussvoll sein Eis schleckt, oder wenn man eines der Kinder nach einem harten Tag in die Arme schließt. Doch ob man die Familienzeit wirklich genießt, hängt nicht nur von diesen Momenten, sondern auch von

EINE BOTSCHAFT VON MARC

Meine Suche nach Ausgewogenheit begann bereits lange vor meiner Ehe. Als junger Mann schlug ich den üblichen Weg ein, der jungen Männern in den USA dargeboten wird. Ich nutzte meinen frisch erworbenen Abschluss als technischer Ingenieur, um durch harte Arbeit und viele Überstunden auf der Karriereleiter in einem großen Unternehmen nach oben zu klettern. Abends absolvierte ich außerdem ein Vollzeitstudium an einer Business School und stützte mich auf Adrenalin, Koffein und Zukunftsträume von einer erfolgreichen Karriere, um durchzuhalten. Doch mein Plan hatte eine hartnäckige Schwäche – die ich entdeckte, indem ich mich selbst fragte, was ich »nächsten Dienstag« tun wollte. Mein kleines amüsantes Gedankenspiel verwandelte sich in eine Herausforderung, die ich nicht ignorieren konnte. Ganz gleich, ob mein Beruf mir Freude machte (was er tat) oder auch der Besuch der Abendschule (dito): Wenn der Dienstag kam, wünschte ich mir für gewöhnlich, dass ich meinen Tag anders füllen könnte als mit Arbeit.

Ich spielte mit dem Gedanken, mir einen neuen Job zu suchen; vielleicht würde ein neuer Ort, ein großes Abenteuer oder eine bessere Bezahlung mein Interesse wachhalten und mich dazu inspirieren, meinen Frieden mit dieser nagenden Frage zu machen. Wie der Zufall es wollte, erhielt ich kurz darauf die Gelegenheit, diese Option zu wählen. Ein

vielen weiteren Faktoren ab. Das Glück erwächst daraus, dass man ein Teil des Wunders wird – dass man beobachtet, wie die Kinder wachsen und lernen, ihre ungehemmte Begeisterung erlebt, ihnen hilft, die Welt zu verstehen, ihnen so viel Liebe schenkt, dass sie vertrauensvoll Risiken eingehen. Verfügbar und offen für diese Möglichkeit zu

älterer Geschäftskollege wollte sich in den nächsten Jahren zur Ruhe setzen und bat mich, seine Ingenieursfirma zu übernehmen. Die Firma hatte 35 Vollzeitmitarbeiter und bot jede Menge Herausforderungen, denen ich mich stellen konnte. Doch nach einigen Sondierungsgesprächen machte ich zu seinem Erstaunen einen Rückzieher. Ich hatte einen anderen Plan für mein Leben. Der Plan war noch nicht ausformuliert, aber ich wusste definitiv, dass ich mir nicht über Jahrzehnte hinweg jeden Dienstag wünschen wollte, irgendwo anders zu sein.

In den folgenden Jahren zahlte ich meine Schulden ab und vereinfachte mein Leben, während ich mich zu einer neuen Lebensweise vortastete. Ich bastelte an der männlichen Standardrolle herum, indem ich um eine veränderte Arbeitszeitregelung bat (was zunächst abgelehnt, dann vorübergehend akzeptiert wurde), und arbeitete dann ein halbes Jahr lang drei 8-Stunden-Tage die Woche. Ich führe dieses Experiment darauf zurück, dass ich den Entschluss, Freude an meiner Arbeit zu haben, konkretisieren wollte – indem ich meine berufliche Tätigkeit an mein Leben anpasste, anstatt es umgekehrt zu machen. Dienstags war ich immer voller Elan, hatte einen klaren Kopf und war ganz begierig darauf, mein Arbeitspensum zu bewältigen. Was als Spiel begann, endete mit der Entdeckung und dem engagierten Bemühen um ein ausgewogenes Leben.

sein ist trotz aller damit verbundenen Chaoselemente ein Privileg. Warum sollte man auch nur einen Augenblick dieses Abenteuers versäumen?

Dann die Hausarbeit. Die meisten von uns sind nicht besonders wild darauf, das Klo zu schrubben oder ewig Wäsche zusammenzulegen. Sicher, manchmal kann Saubermachen oder Kochen das höchst befriedigende Gefühl auslösen, alles im Griff zu haben, oder uns Komplimente vom Partner oder von den Kindern einbringen. Doch normalerweise ist Hausarbeit etwas, das die meisten Menschen irgendwie in ihren ohnehin vollgestopften Tag hineinzuzwängen versuchen. Wäre die Welt ein anderer Ort, wenn Sie jede Menge Zeit hätten, um alles auf Hochglanz zu polieren und picobello aufzuräumen? Einige von uns genießen es aufrichtig, die Buchhaltung zu machen, das Auto zu waschen, staubzusaugen (wirklich, Amy ist ganz verrückt danach) oder irgendetwas zusammenzubauen oder zu reparieren (das ist eher Marcs Faible). Kochen gilt vielen als wohltuende Form der Meditation. Wo immer Ihre Vorlieben in diesem Bereich liegen mögen: Eine Art Verbundenheit mit dem Ort, an dem wir leben, gehört zu den fundamentalen menschlichen Erfahrungen. Unser Zuhause ist der Ort, an den wir kommen, nachdem wir »da draußen« waren – unser Zufluchtsort und eine Widerspiegelung unserer Interessen und unseres Stils. Sich die Zeit zu nehmen, sich darum zu kümmern – sei es, dass man sich die Hände im Garten schmutzig macht oder die saubere Wäsche in die Schubladen seiner Liebsten sortiert – erdet uns in der Ganzheit unseres Lebens. Auch wenn der Zeitdruck uns dazu verleiten mag, einige Aufgaben an Reinigungskräfte oder Tischler abzugeben, hat die Zeit, die man tatsächlich mit der Pflege seiner häuslichen Umgebung verbringt, etwas buchstäblich Grundlegendes. Hausarbeit ist eigentlich gar nicht so schlimm.

Und vergessen Sie nicht, sich Zeit für sich selbst zu nehmen. Es gibt ein reiches Angebot an Unterhaltungsmöglichkeiten, Hobbys, sozialen Aktivitäten, Sportarten oder ehrenamtlichen Tätigkeiten – oder einfach eine wohlverdiente Nachtruhe! So viele von uns behaupten, dass sie nicht genügend Zeit hätten, um etwas für sich selbst zu tun oder nach Abenteuern zu suchen und den Duft der Rosen zu genießen. Wie schön wäre es, wenn wir alle jede Menge Zeit zum Vertrödeln hätten – für die Dinge, die uns Freude bereiten!

Das ganze Bild

Es ist klar, dass das Leben überall – ob am Arbeitsplatz, in der Familie oder in der persönlichen Freizeit – viele Glücksmomente und Befriedigungen bereithält. Nun ist das natürlich nicht unbedingt etwas Neues. Ein nicht berufstätiger Elternteil stimmt sich auf die Freuden ein, die von den Kindern und dem Haus ausgehen können, ein Alleinverdiener findet seine Erfüllung hauptsächlich im Beruf und ein typisches Doppelverdiener-Paar versucht, das Beste aus beiden Welten zu verbinden. Wir wollen diese Entscheidungen nicht werten. Aber wir möchten aufzeigen, was den meisten traditionellen Paaren längst schmerzlich bewusst ist: Ihre Entscheidungen umfassen klare Opfer. Kümmert man sich ausschließlich um die Haus- und Familienarbeit, verzichtet man auf die Belohnungen, mit denen eine Tätigkeit außerhalb der Familie das Leben bereichert; konzentriert man sich primär auf die berufliche Arbeit, bleibt kaum Raum für eine tiefe Vertrautheit mit den Kindern und ein Gefühl der Verbundenheit mit dem Zuhause. Und will man alles unter einen Hut bringen, bleibt möglicherweise wenig Zeit für die persönliche Entfaltung und Regeneration. Partner, die diese Standardoptionen wählen und auf irgendeinen der vier Lebensbereiche verzichten, opfern eine Fülle von Glücksmöglichkeiten.

Im Gegensatz dazu gestalten ESP-Partner ihr Leben so, dass sie die Zuständigkeiten für alle Bereiche gemeinschaftlich wahrnehmen – was mit anderen Opfern verbunden ist als bei traditionellen Paaren. Anstatt die berufliche Arbeit zum Mittelpunkt des Lebens zu machen, verlangt ESP vom Haupternährer, dass er seine berufliche Tätigkeit flexibler gestaltet oder sogar auf Teilzeit herunterschraubt, um Raum für die genauso wichtige Karriere des Partners zu schaffen. Weder der eine noch der andere Partner beansprucht die alleinige Anerkennung für eine perfekte Haushaltsführung und gibt sich stattdessen mit der »hinreichend guten« gemeinsamen Arbeit zufrieden. Und beide geben einen Teil der Zeit, die man vor der Elternschaft für sich ganz allein hatte, auf, aber keiner opfert die gesamte Zeit. Als Vater lassen Sie die gesellschaftlich übliche Behauptung los, dass die eigene Karriere die wichtigere sei. Als Mutter bringen Sie eine andere Art von Opfer: Sie verzichten auf Ihre gesellschaftlich privilegierte Vorrangstellung als Hauptelternteil und bitten den Partner, diese Rolle mit Ihnen zu teilen.

Die Opfer, die man für ein partnerschaftliches Elternsein bringen muss, haben allerdings eine ungeheuer positive Kehrseite, weil sie beiden Partnern die Möglichkeit geben, ein ausgewogenes Leben zu führen. Anstatt die Freuden aufzuspalten, entscheiden Sie sich dafür, sich gegenseitig eine ordentliche Dosis von allen Glückselementen zu verschreiben. Sie bleiben in der Arbeitswelt, lassen aber nicht zu, dass Ihr Beruf über Ihr Leben bestimmt, und können immer noch bedeutungsvolle Beiträge in einer Tätigkeit leisten, die Ihnen am Herzen liegt. Doch Sie schaffen Raum, um diese Begeisterung so zu erweitern, dass sie auch einen großen Zeitraum umfasst, den Sie allein mit Ihren Kindern verbringen. Wenn beide Elternteile flexible oder reduzierte Arbeitszeiten haben, besteht ein größerer Bedarf an externer Kinderbetreuung, als wenn ein Elternteil ganz zu Hause bleibt, aber ein geringerer Bedarf, als wenn beide Vollzeit arbeiten. Keiner von Ihnen trägt den überwiegenden Teil der Hausarbeit. Und in den meisten Fällen haben Sie beide immer noch genügend Zeit, um sich um sich selbst und den Partner zu kümmern.

ESP-Eltern streben nach der bedeutsamen Fähigkeit, das Staunen, die Freude, die Verbundenheit, Herausforderung und Anregung aller vier Lebensbereiche gleichzeitig zu erleben. Sie erkennen auch an und reagieren auf die Tatsache, dass Zeit etwas Unwiederbringliches ist; Kinder wachsen heran und können nicht in ein Kästchen auf dem Kaminsims gestellt werden, bis man Zeit hat, eine Bindung zu ihnen herzustellen. Abenteuer oder Karrieremöglichkeiten ergeben sich einmal und gehen verloren, wenn man sie nicht nutzt; die Möglichkeit, Familienangehörige zu besuchen und den Kontakt mit engen Freunden (oder dem Partner) zu pflegen, tauchen auf und verschwinden wieder. ESP-Partner entscheiden sich für Ausgewogenheit im Hier und Jetzt – im richtigen persönlichen Mix für beide.

Die Wahrheit über Ausgewogenheit

Echte Ausgewogenheit im Sinne von ESP ist ein Mittel, um bei der Zeiteinteilung für die vier Bereiche Berufstätigkeit, Kinder, Haushalt und Selbst die Prioritäten so zu setzen, dass man jederzeit aus tiefster Überzeugung sagen kann: »Ich möchte nirgendwo anders sein.« Auch wenn man bis zu den Ohren in einem zähen beruflichen Projekt steckt, sich mit einem Säugling herumschlägt, der partout nicht schlafen will, oder Berge von Schmutzwäsche sortiert. Natürlich genießt man nicht spontan jede lästige Pflicht, Aufgabe oder Situation. Sie müssen sich nicht antrainieren, mehr Spaß am Geschirrspülen zu entwickeln als an einem Kinobesuch. Ihre Erklärung bringt weniger zum Ausdruck, dass Sie sich für jeden Augenblick *als solchen* begeistern, sondern vielmehr, dass Sie Ihr Leben als Ganzes in jedem Augenblick genießen und mit Ihrer Zeiteinteilung im Reinen sind.

Die faire Lastenverteilung in jedem Bereich ermöglicht diese Denkweise, weil kein Elternteil gezwungen ist, sich *zu lange* mit derselben Sache zu beschäftigen. Die gleichmäßige Verteilung der Zeit und Kraft auf alle vier Bereiche macht es wahrscheinlicher, dass man dort, wo man gerade ist, im gegebenen Augenblick präsent bleibt, als wenn man dauernd in einem Bereich auf Kosten der anderen feststeckt. Keiner der Partner ist schließlich unglücklich und völlig überlastet oder muss sich ganz allein mit der Bildung von Fahrgemeinschaften oder anderen lästigen Arbeiten in einem Leben herumschlagen, das sich in einem ständigen Einerlei wiederholt.

»Nach drei oder vier Tagen in der Familie oder am Arbeitsplatz bin ich bereit für einen Wechsel«, sagt der ESP-Vater Dave, ein Urologe, der 20 Stunden die Woche berufstätig ist und sich die Erziehung der vier Kinder mit seiner Ehefrau Liz teilt (ebenfalls Teilzeit-Ärztin in Pittsburgh, Pennsylvania): »Ich fühle mich in keinem Bereich überarbeitet oder überlastet.« Liz stimmt zu und ergänzt: »Durch unsere Arbeitszeitregelungen können wir unser Familienleben und unser Berufsleben genießen – wir haben innigere Beziehungen zu den Kindern und leiden weniger unter Burnout-Gefühlen als die meisten anderen Ärzte, die wir kennen.«

Wie Liz und Dave nutzen viele ESP-Paare die Teilzeitarbeit als Mittel, das zur Ausgewogenheit im Leben beiträgt. Doch andere finden ihre eigene individuelle Balance auch trotz Vollzeitarbeit. ESP-Eltern, die voll berufstätig sind, unterscheiden sich vom herkömmlichen Doppelverdiener-Paar, weil sie dazu neigen, ihr Berufsleben direkt mit ihren Kernwerten zu verknüpfen; jeder Tag bei der Arbeit ist für sie ein Tag, an dem sie an Zielen und Werten arbeiten, die ihnen wirklich wichtig sind, die sie der Welt und ihren Kinder vermitteln möchten und die ihre Seele bereichern. »Vollzeit zu arbeiten macht mich glücklich«, sagt Cynthia aus Boston in Massachusetts, eine ESP-Mutter und Grundschuldirektorin. Ihr Ehemann Imari, der eine gemeinnützige Beratungsorganisation leitet, bestätigt diese Auffassung: »Ich möchte gar nicht weniger arbeiten, weil mein Tun im Einklang mit meinem

Sein steht.« Am Wochenende begleiten ihre drei Kinder sie häufig freiwillig zu sozialen Aktivitäten, die von Imaris Organisation veranstaltet werden. »Ich wünsche mir, dass dieses Leben im Dienste anderer meinen Kindern in Fleisch und Blut übergeht«, erklärt Imari.

Wir alle haben nur 24 Stunden am Tag zur Verfügung, um sie unseren Wünschen gemäß zu gestalten. ESP fordert uns auf, sie bewusst zu füllen, uns der Kompromisse gewahr zu sein, die wir unabhängig von unserer Entscheidung eingehen müssen. Und eine gesunde Mischung der Dinge zu wählen, die uns am wertvollsten erscheinen.

Der Spatz in der Hand

»Wer zu spät kommt, den bestraft das Leben.« »Niemand ist je mit dem Wunsch gestorben, er hätte mehr Zeit im Büro verbracht.« »Das Leben ist zu kurz – iss den Nachtisch zuerst.« Es gibt zahllose solcher Sprüche, und ihre Botschaft trifft stets einen wunden Punkt, weil sie im Widerspruch zu den gesellschaftlichen Erwartungen über eine angemessene Lebensgestaltung steht. Das Diktum unserer Kultur lautet eher: »Wer bei seinem Tod die meisten Spielsachen gesammelt hat, gewinnt!« »Investier deine Zeit jetzt ins Büro und genieß dein Leben dann im Alter.« »Bleib zu Hause bei den Kindern und wenn sie in die Schule kommen (oder nach der Schulzeit), kannst du wieder an deine eigene Karriere denken.« Oder wie einige Berufsberater ihren weiblichen Klienten im Grunde nahelegen: »Verzichten Sie ein paar Jahrzehnte auf Zeit für sich selbst, damit Sie durch die Erziehung Ihrer Kinder

MITTELMASS

Man könnte argumentieren, dass ein ausgewogenes Leben zur Mittelmäßigkeit führt. Wenn man sich dem Ziel verschreibt, Erfahrungen auf allen Gebieten zu sammeln, ist es unmöglich, irgendeinen Bereich meisterhaft zu beherrschen. Man weiß ein bisschen von vielem und macht nichts wirklich gut, oder?

Das Leben ist voller Vor- und Nachteile, Opfer und Belohnungen. Wenn man sich dafür entscheidet, sich der Erforschung der Relativitätstheorie zu widmen, wird man vielleicht der nächste Einstein (oder auch nicht), aber die Entscheidung garantiert zweifellos, dass man nicht Amerikas nächster Starkoch wird. In dieser Hinsicht können wir tatsächlich nicht alles haben – und daran wird auch ESP nichts ändern. Die Ausgewogenheit, die ESP uns schenkt, eröffnet uns die Möglichkeit einer abgerundeten Elternschaft und verhindert, dass einer der Partner sein Glück einbüßt, sobald ein Kind auf die Welt kommt.

Obwohl die Welt Einzelpersönlichkeiten braucht, die fähig sind, ihr Leben einer einzigen Mission zu widmen – um Präsident oder Baseballstar zu werden –, haben ihre Entscheidungen bestimmte Konsequenzen. Die persönliche Konsequenz ist eine mittelmäßige (oder nicht vorhandene) Balance der verschiedenen Lebensbereiche. Der größere Verlust betrifft die Chance, sich den Alltag mit einem ebenbürtigen Partner zu teilen. ESP belohnt uns mit einem glücklichen Leben – in dem wir viele Dinge in kleineren Portionen genießen können und in der Lage sind, hinlängliche Beiträge für unseren Beruf, unsere Kinder, für den Dienst an anderen und für uns selbst zu leisten. Die gleiche Möglichkeit erhält der Partner. Bei einem ausgewogenen Leben können wir »alles haben« – nur nicht in extremem Ausmaß. Aus unserer Sicht ist das alles andere als mittelmäßig.

nicht den beruflichen Anschluss verpassen.« Diese Haltungen bringen zum Ausdruck, dass Ausgewogenheit eines Tages möglich sein wird, aber erst wenn einer der vier Bereiche, wie etwa Berufstätigkeit oder Kindererziehung, nicht mehr zur Debatte steht. Doch Jetzt und Heute musst du die Zähne zusammenbeißen und darauf verzichten. Die andere Seite des Extrems bilden die Anhänger materieller Belohnungen als Ausgleich für harte Arbeit: Das Leben in vollen Zügen genießen bedeutet, die Überzeugung zu übernehmen, dass *mehr* uns glücklich macht. Man muss noch mehr Geld verdienen (oder auch Schulden machen), damit man den besten Urlaub buchen, das beste Auto kaufen oder in der besten Wohngegend leben kann, damit man die Kinder auf die beste Privatuni schicken oder auch die neueste zeitsparende Technik erwerben kann.

Ein ESP-Leben ist mit beiden Ansätzen nicht vereinbar, weder mit der Leb-jetzt-genieße-später-Philosophie noch mit der oberflächlichen Ein-gutes-Leben-hat-seinen-Preis-Vorstellung von Ausgewogenheit. Beide Optionen fordern ein enormes Opfer, das ESP-Paare nicht bringen wollen – sie sind weder bereit, die Freude am Leben aufzuschieben, noch bereit, immer mehr Geld verdienen zu müssen.

Simi und ihr Ehemann Pete sind keine Ruheständler im herkömmlichen Sinn. Sie haben in ihrer Heimat Kanada eine Ausbildung als Software-Ingenieure gemacht und früher lange und hart in diesem Beruf gearbeitet. Doch vor etwa zehn Jahren überzeugte Pete Simi davon, in die wilde Schönheit der Berge von Colorado zu ziehen und anzufangen, ihre Träume zu leben. Einige Jahre lang arbeiteten sie weiterhin hart, fingen aber an, einfacher zu leben und ihr Geld zu sparen. Und dann gaben sie ihre Stellungen als Software-Ingenieure auf. Heute stehen sie beide auf, wann sie Lust haben, und beide arbeiten etwa 10 bis 15 Stunden pro Woche – Pete als Tischler und Simi als Finanzberaterin, die hauptsächlich von zu Hause aus tätig ist. Sie genießen ausgedehnte Reisen, um die Familie zu besuchen oder die Welt zu erforschen. Sie sind dabei, wie Pete sagt, »die Ziele in ihrem Leben abzuhaken« und sich die entsprechenden Fähigkeiten anzueignen: Sie üben sich zum Beispiel in der Kunst des Rohrverlegens oder machen sich in der Immobilienpraxis kundig, lernen, wie man Gitarre spielt, nachhaltig gärtnert, oder nehmen sich einfach die Zeit, um in Ruhe zu lesen.

Um finanziell über die Runden zu kommen, leben Simi und Pete sehr sparsam und planen sorgfältig alle Ausgaben (mehr über ihre Strategie in Kapitel 8), aber sie können sich kein schöneres Leben vorstellen. Es ist die Art von Existenz, die sich viele Menschen für ihr Alter wünschen. Wenn Pete und Simi Anfang 60 wären, wäre ihre Lebensweise nichts Ungewöhnliches, oder? Doch sie haben auch noch einen vierjährigen Sohn und sind beide erst 35 Jahre alt.

Ein ausgewogenes Leben umfasst nicht notwendigerweise solche außergewöhnlichen Veränderungen. Melissa und Richard aus Arlington, Massachusetts, die den Wunsch hatten, sich gemeinsam zu Hause um die Kinder zu kümmern, liefern ein Beispiel für einen moderateren Ansatz beim Streben nach Ausgewogenheit. Als ihr erstes Kind zur Welt kam, nahm Richard einige Veränderungen bei seinem Beruf als Jazzpianist und Leiter einer Klavierschule vor, so dass er nur noch 20 Stunden die Woche arbeitete plus einiger Gigs am Abend. Melissa, Leiterin der Qualitätssicherung in einem Software-Unternehmen, reduzierte ebenfalls ihre Arbeitszeit – auf etwa 30 Stunden. Gemeinsam stellten sie einen Plan auf, der jede externe Kinderbetreuung überflüssig machte und Raum für ein zweites Kind ließ. Beide wollten den Kindern Vorrang vor ihrer Berufstätigkeit geben und viel Zeit mit den Kindern und als Familie verbringen. Doch keiner wollte ausschließlich zu Hause bleiben. Ihre Lösung für die Ausgewogenheitsfrage ermöglichte ihnen außerdem, die Hausarbeit gerecht aufzuteilen, und ließ beiden Zeit für die Ausübung ihres Sports – Richard ging täglich schwimmen und Melissa zum Joggen.

Ob Ihre persönliche Auffassung von einem ausgewogenen Leben eher dem Modell von Simi und Pete oder eher dem von Melissa und Richard entspricht (oder vielleicht noch näher am herkömmlichen Modell liegt), und ob Sie ein Minimum an externer Kinderbetreuung anstreben oder zufrieden mit jeder praktischen Betreuungsoption sind: Diese Art von Balance ist doch immer mit gewissen finanziellen Fragen verbunden. Deshalb identifizieren sich so viele ESP-Paare, die wir kennen, mit den Idealen eines einfachen Lebens und steigen bewusst aus der Tretmühle der materiellen Glücksverheißungen aus. Wie wir ausführlicher in Kapitel 8 erörtern werden, wird ESP-Ausgewogenheit nicht erreicht, indem wir Raubbau an unserer Zukunft treiben, sondern eher, indem wir uns langfristig an Prinzipien der Nachhaltigkeit und Genügsamkeit orientieren. Dabei geht es nicht darum, sich auf den vollständigen Abschied vom Berufsleben zu freuen, sondern das Leben so zu strukturieren, dass die Berufstätigkeit sich für die kommenden Jahrzehnte in ein ausgefülltes Leben einfügen lässt. Oder wie die ESP-Mutter Liz es formuliert: »Ich könnte so weitermachen, bis ich 85 bin.«

Erlaubnis zum Spielen

Diese ganze Ausgewogenheit ist manchen Menschen nicht ganz geheuer. Ist es nicht normal, dass das Erwachsenenleben hart ist? Den Punkt zu erreichen, dass man sich an der Gegenwart freuen kann, widerspricht der Art, wie unsere Kultur üblicherweise funktioniert. Wir erwarten Plackerei, wir lernen, dass wir so hart wie möglich arbeiten müssen, um möglichst viel Geld zu verdienen und so schnell wie möglich voranzukommen, und unsere Kultur belohnt uns sogar dafür, wenn wir uns zu viel aufbürden, indem sie uns erlaubt, darüber zu klagen und zu stöhnen und uns wie Märtyrer aufzuführen. Es ist fast unvorstellbar, dass jemand eine Gehaltserhöhung oder Beförderung ablehnt, auch wenn sie mehr Arbeit umfasst. Es ist definitiv uncool, sich für angemessen bezahlt zu halten und der Meinung zu sein, man trage ausreichend Verantwortung. Wir lernen, dass wir immer noch mehr von beidem haben wollen. Wir sind darauf trainiert, uns selbst für wichtig und unersetzlich zu halten, doch dass wir Anspruch auf ein ausgewogenes Leben haben, ist uns nicht wirklich bewusst.

Wann haben Sie zuletzt jemanden getroffen, der nicht zu Ihnen gesagt hat, er habe viel zu tun? Es ist absolut nicht angesagt, nicht unter Stress zu stehen und nicht viel zu tun zu haben. Auf ähnliche Weise sind wir alle darauf konditioniert, für das nächste Wochenende oder den nächsten Urlaub zu leben, weil unser normales Leben ganz schrecklich ist. Fast jeder hat natürlich gerne Urlaub. Aber wie wäre es, wenn man sich einfach auf den nächsten freuen würde und dabei etwas denken würde wie: »Ich finde es total aufregend, dass ich eine Reise nach Paradise Island mache«, anstatt sich zu sagen: »Ich brauche unbedingt Urlaub. Wenn ich nicht bald nach Paradise Island komme, drehe ich noch durch.« Beim ESP-Modell ist der Urlaub eine Chance, etwas Neues auszuprobieren, Freunde und Familie zu besuchen oder die Welt zu sehen, aber er ist keine Reset-Taste. Man hat sein Leben so sorgfältig strukturiert, dass man es tagein, tagaus genießen kann, ohne Urlaub *zu brauchen*.

Marco und Megan leben in Petaluma, Kalifornien, und kümmern sich gemeinsam um ihre drei kleinen Kinder. Megan hat einen Vollzeitjob mit flexiblen Arbeitszeiten als IT-Sicherheitsberaterin und Marco hat eine Zwei-Drittel-Stelle als Highschool-Lehrer für Englisch und Geschichte. Als wir Marco nach seiner Entscheidung für eine Teilzeitarbeit befragten, erklärte er, dass es nicht sein erster Versuch gewesen sei, sich finanziell einzuschränken, um dafür ein ausgewogeneres Leben zu führen. Um als Highschool-Lehrer zu arbeiten, hatte er sich bereits mit einem niedrigeren Gehalt begnügt, als er eigentlich beanspruchen konnte, und akzeptiert jetzt sogar ein noch geringeres Gehalt. Doch für ihn hat es sich in jeder Hinsicht gelohnt, weil er dadurch – wie er sagt – der Falle eines geldorientierten Jobs entgehen konnte, der die Menschen davon abhält, ihr Leben zu genießen. Freunde und Bekannte, so Marco, beklagten sich ständig über ihr monotones Leben, und das

DEN PUNKTESTAND ZÄHLEN

Die Antithese zu einer gleichgestellten Beziehung, die beiden Partnern erlaubt, ein erfülltes, ausgewogenes Leben miteinander zu teilen, lautet wahrscheinlich: »Jeder für sich allein«. Doch genau diese Antithese halten viele fälschlicherweise für den Inbegriff wirklich gemeinsamen Elternseins. Dahinter verbirgt sich die Vorstellung, dass ESP ein penibles Punktezählen und Buchhalten erfordere sowie typische Mann-Frau-Streitigkeiten darüber, wie viele Minuten jeder Elternteil in dieser Woche mit dem Spülen des Geschirrs verbracht hat. Als ob ESP eine Art Punktesystem wäre. Wie unangenehm und lieblos diese Vorstellung erscheint – und wie fremd sie dem Kern dieser Lebensweise ist.

Es ist ein himmelweiter Unterschied, ob man mit Argusaugen darüber wacht, was der Partner im Haushalt erledigt, oder ob man ein System entwickelt, bei dem man sich die Aufgaben gerecht teilt, so dass beide ein erfülltes und glückliches Leben führen können. Zweifellos erfordert ESP, dass man nicht in eingefahrenen Bahnen denkt und kooperiert, um herauszufinden, wie die notwendigen Aufgaben erledigt werden und wie man verhindern kann, dass sich mit der Zeit gesellschaftlich bedingte Ungleichheiten in die Beziehung einschleichen. Das Gespräch zwischen den Partnern ist immens wichtig – sowohl um den Grundplan für eine gerechte Verteilung aufzustellen als auch um ihn aufrechtzuerhalten, wenn die Umstände sich ändern oder erhebliche Ungleichverteilungen auftreten. Doch der Alltagsfokus liegt darauf, dass man seinen eigenen Anteil an der Arbeit erledigt und die Fähigkeit des Partners, dasselbe zu tun, anerkennt. Das Punktezählen überlassen wir den Sportmannschaften.

gehe ihm auf die Nerven. »Die meisten ›Kopfarbeiter‹ halten es für selbstverständlich, dass sie ihren Job hassen«, sagt er. »Ich liebe meine Arbeit.«

Es ist nichts Edles daran, dass man zu beschäftigt, chronisch erschöpft und freudlos ist. ESP fordert, dass man die Vision, die andere von unserem Leben haben, aufgibt und Anspruch auf seine eigene Version erhebt – sei es durch Teilzeit oder einen flexiblen Vollzeitjob. Vor allem erlaubt es uns, unser Recht auf ein ausgewogenes Leben einzufordern. Und zu erkennen, wie schön es ist, wenn der Partner dasselbe tut.

Die Grundlage der Ausgewogenheit

Zu den Dingen, die Brian, einem ESP-Vater aus Portland in Oregon, in seinem Leben ganz besonders gut gefallen, gehört, dass er sehr viel Zeit mit seinem Sohn Declan, der noch im Vorschulalter ist, verbringen kann. Seine Schwiegereltern haben kürzlich angeboten, an Brians normalem »Papa-Tag« auf ihren Enkel aufzupassen, aber Brian lehnte ab. »Als ob ich auf meine geliebten Freitage mit Declan verzichten würde!«, sagt er entrüstet. Da ihm sein Leben jetzt so gut gefällt, erklärt Brian, hätte er viel zu viel zu verlieren, wenn er je zu einer Standard-Arbeitszeitregelung zurückkehren würde – wenn er zulassen würde, dass seine Berufstätigkeit (oder sogar liebevolle Großeltern) seine Zeit mit Declan beschränken würden.

Warum räumt Brian – oder irgendein Elternteil – einem ausgewogenen Leben absolute Priorität ein? Für ESP-Paare steht Ausgewogenheit für ein glückliches und sinnvolles Dasein – das man heute bewusst erleben und nachhaltig in die Zukunft ausdehnen kann. Wenn wir uns gesellschaftlichen Erwartungen verweigern, gewinnen wir die Freiheit, eine einzigartige Lösung zu erarbeiten, die das Leben beider Partner mit all dem füllt, was sie in jedem Bereich am meisten schätzen. Wir fühlen uns nicht zwischen Beruf und Familie hin- und hergerissen – unserem Zuhause und der großen weiten Welt. Wir wünschen uns in Gedanken nicht ständig an einen anderen Ort als den, an dem wir gerade sind, und schlagen uns daher kaum mit Schuldgefühlen herum. »Unser Leben gibt uns Zeit zu leben«, sagt die ESP-Mutter Amy aus Brookline, Massachusetts. »Wir haben ungeheuer viel Zeit, um als Familie zusammen zu sein.«

Diese Auffassung von Ausgewogenheit unterscheidet sich stark von jener wie durch Zauberhand bewirkten Ausgeglichenheit, von der die Zeitungsständer künden. Hochglanzmagazine beschreiben Ausgewogenheit als ungetrübtes inneres Gleichgewicht und als einen Alltag, in dem alles immer wie am Schnürchen läuft. Doch es gibt keine lebenden Eltern – ob ESP oder nicht –, die keine Horrorgeschichten von völlig verrückten, chaotischen Tagen und keine echten Krisen kennen. Die Pessimisten in punkto Ausgewogenheit sagen uns, Unordnung und Chaos gingen nun einmal Hand in Hand mit Kindern und wir sollten uns lieber mit dem Chaos abfinden – akzeptieren, dass dies unser Schicksal für viele, viele Jahre sein wird, und aufhören, etwas anderes zu erstreben. Die selbst ernannten Balance-Experten in den Talkshows erklären, wir können das Problem lösen, indem wir effizienter vorgehen. Wir halten viel von Effizienz und Akzeptanz, trotzdem behaupten wir, dass diese Leute sich allesamt irren.

Man kann die Ungewissheit nicht ausräumen und es gibt keine Garantien. Aber man kann einen Schritt weiter gehen, als dieses chaotische Leben schicksalsergeben hinzunehmen oder irgendein neues technisches Gerät zu kaufen, um alles unter Kontrolle zu behalten. Man kann es *lieben*. Das ist möglich, wenn wir das Chaos nicht als die Norm für unseren Alltag hinnehmen. Echte Ausgewogenheit, als entscheidendes Grundprinzip von ESP, bedeutet, dass wir bestimmte Prioritäten setzen und es genauso wenig zulassen, dass das Leben mit Kindern aus einem überwältigenden Tag nach dem anderen besteht, wie wir es zulassen, dass unser Berufsleben eine kontinuierliche Aneinanderreihung von 12-Stunden-Tagen ist.

Philosophisch betrachtet sind Ausgewogenheit und Gleichheit zwei verschiedene Ideen, aus denen sich die innere Einstellung von Paaren, die ihre Elternrolle als gleichgestellte Partner wahrnehmen, zusammensetzt. Doch in einer echten ESP-Partnerschaft sind diese beiden Grundlagen so eng verzahnt, dass sie nicht voneinander zu trennen sind. Bei Gleichheit ohne Ausgewogenheit können beide Partner gleich unglücklich sein und bei Ausgewogenheit ohne Gleichheit wird die Notwendigkeit ignoriert, dass sich beide gemeinsam um die Beziehung kümmern müssen. Als wir uns kennenlernten, haben wir das nicht gewusst. Marc hatte bei seinen Bemühungen um ein persönlich ausgewogenes Leben den Vorteilen der Gleichheit keine Beachtung geschenkt und Amy hatte in erster Linie nach einem Partner gesucht, der zu einer gleichberechtigten Beziehung fähig war. Erst als unsere

Wünsche kollidierten, wurde uns wirklich klar, wie gut sie zusammenpassten.

Wenn beide Grundlagen zusammenkommen, kann sich ESP voll entfalten. Wenn Sie Ihr Leben ins Gleichgewicht bringen, zusammen mit einem gleichgestellten Partner, der ebenfalls für Balance in seinem Leben sorgt, erhalten Sie beide Auszeiten von den chaotischen Tagen, die in jeder Rolle gelegentlich auftreten. Sie teilen die Belastungen, die Freuden und ein erfülltes Leben, in dem beide – nach ihrer selbstbestimmten Definition – alles haben.

Teil II

Die Struktur aufbauen

Es ist an der Zeit, uns von der Frage abzuwenden, warum *man eine Beziehung aufbauen sollte, die auf Gleichheit und Ausgewogenheit beruht, und uns intensiver mit dem* Wie *zu beschäftigen. Wenn Sie als Paar zu der Überzeugung gelangt sind, dass partnerschaftliches Elternsein das Beste für Ihr gemeinsames Leben ist, haben Sie alle notwendigen Voraussetzungen erfüllt, um es zu realisieren. Einige Tipps, wie man das im Einzelnen anstellt, wären natürlich ganz hilfreich.*

In den folgenden vier Kapiteln, konzentrieren wir uns auf den Aufbau der strukturellen Bestandteile von ESP. Im Folgenden sind die vier Bereiche aufgeführt, die die tägliche Praxis von ESP ausmachen:

Kinder: *Die Partner teilen die Freude, Arbeit und Verantwortung, die mit der Kindererziehung verbunden sind.*

Beruf: *Sie teilen die Aufgaben der Ernährerrolle und die Befriedigung einer sinnvollen beruflichen Tätigkeit.*

Familie/Zuhause: *Sie kümmern sich als gleichberechtigte Teammitglieder um ihr Zuhause.*

Selbst: *Sie bewahren so viel Zeit für sich allein (und für ihre Zweisamkeit), dass beide zufrieden bleiben.*

Wir haben jedem Bereich ein einzelnes Kapitel gewidmet, obwohl sie im realen Leben und Alltag natürlich verschmelzen. Denken Sie immer daran, dass das größere Ziel darin besteht, dass Sie beide etwa gleich viel Zeit und Kraft in jede Domäne investieren – so dass beide Partner ein ausgewogenes Leben führen können. Dabei gilt, dass die Gründe für das Streben nach einer partnerschaftlichen, gemeinsamen Wahrnehmung aller Bereiche Gleichheit und Ausgewogenheit sind. Durch das gemeinsame Engagement für diese Ideale werden die ganzen praktischen Details machbar – und sogar einfach.

4

Kinder:

STOLZ UND FREUDE/GRÖSSTES GESCHENK

Nachdem unser Experiment als partnerschaftliches Elternpaar, das sich die praktische Versorgung seiner Tochter teilte, fast zwei Jahre lief, machten wir eines Nachmittags einen Besuch bei einem Freund. Sieben Ehepaare und etwa zehn Kinder hatten sich versammelt, um eine Grillparty zu feiern. Marc gönnte sich ein Bier auf der Terrasse und fachsimpelte mit einigen anderen Vätern, während Amy mit einer anderen Mutter neben der Schaukel im Garten plauderte.

Dann geschah es: Maia fiel von der Schaukel. Der Sturz war nicht weiter schlimm, jagte ihr aber doch einen gehörigen Schrecken ein, so dass sie lauthals zu weinen anfing und nach Trost suchte. »Daddy, Daddy!« rufend rannte sie an Amy vorbei den ganzen Weg durch den Garten, um sich in Marcs ausgebreitete Arme zu werfen. Als wir bestätigten, dass Maia unverletzt war, und sie sich wieder ihrem Spiel widmete, fragte Amy sich kurz, ob die anderen Mütter sie wohl verurteilt hatten, weil Maia sie nicht automatisch als Hauptbezugsperson gewählt hatte. Doch später kamen wir beide übereinstimmend zu dem Schluss, dass wir hauptsächlich gedacht hatten: »Wir haben es geschafft!«

Ein Zweierteam

Partnerschaftliche Kindererziehung ist zweifellos eine Herausforderung. In fast jeder Kultur wird von Müttern erwartet, dass sie bei der Kinderbetreuung die Führung oder sogar die alleinige Verantwortung übernehmen. Und von Vätern wird erwartet, dass sie der Mutter diese Rolle überlassen. Von daher müssen beide, wenn sie den Weg zum wirklich gemeinsamen Elternsein beschreiten wollen, diese Erwartungen notgedrungen ignorieren. ESP-Kindererziehung erfordert eine Neubestimmung von Fürsorge, insbesondere von mütterlicher Fürsorge, da Frauen nicht mehr an ihrer traditionellen Hauptrolle in der Kinderbetreuung festhalten und Männer sich als vollwertige Partner an der Elternarbeit beteiligen.

Man ist geneigt, diese geschlechtsspezifischen Rollenzuschreibungen auf der Stelle zu analysieren. Doch wir möchten zunächst einen Moment lang auf die wesentlichen Elemente eingehen, die kennzeichnend für den Plan jeden Paares sind, das diesen immensen, erfreulichen und häufig überwältigenden Aufgabenbereich gerecht teilen will. Um bei diesem Unterfangen erfolgreich zu sein, müssen Sie beide an einem Strang ziehen – sich ganz klar machen, dass Sie sich dem Ziel verschrieben haben, die *Kindererziehung im Team, als gleichgestellte Partner,* zu bewältigen. Diese Haltung besagt: »Wir machen das gemeinsam. Wir sitzen in einem Boot« und bringt zum Ausdruck, dass Sie Freud und Leid des Elternseins teilen und gemeinsam herausfinden wollen, wie sie die Berge an Windeln, die Zeiten des Spiels und die Feinheiten der Disziplin in Angriff nehmen. Diese Haltung erkennt an, dass Sie sich Tag für Tag auf die praktischen Einzelheiten einlassen, damit Sie beide die Kindererziehung mit Ihren anderen Lebensbereichen in Einklang bringen können.

Offen über diese Absicht zu reden und die gemeinsame Verpflichtung zu diesem Teamansatz in Worte zu fassen gibt Ihnen beiden die Möglichkeit, sich den eigenen Problemen und Schwächen zu stellen, wenn Sie Ihre Worte in die Tat umsetzen. Deshalb empfehlen wir dringend, dass man sich die Zeit nimmt, um die Erwartungen und Hoffnungen, die der jeweils andere mit der Elternschaft – mit dem Mutter- und Vatersein – verbindet, wirklich zu verstehen.

Wenn der Plan auf dem Tisch liegt, sind Sie bereit, sich der individuellen Arbeit der gerecht verteilten Kindererziehung zuzuwenden – der Arbeit, die jeden von Ihnen darauf vorbereitet, Ihr Teamziel in praktisches Handeln umzusetzen. Die Herausforderungen beginnen damit, dass Sie die traditionellen Rollen, die jeder Elternteil spielt, erkennen, dass Sie die rein gesellschaftlich definierten geschlechtsspezifischen Zuschreibungen ablehnen und schließlich diese Klischees durch Ihre eigenen Definitionen ersetzen. Wir erörtern dann getrennt, was von *Müttern* erwartet wird, um sich die Kinderbetreuung mit dem Partner zu teilen (erzählt von Amy) und wie *Väter* ihren Part als gleichgestellte Partner bei der elterlichen Verantwortung übernehmen können (Marc). Nachdem wir nacheinander beschreiben, welche Aufgaben auf Sie warten, erörtern wir wieder gemeinsam, wie Sie Ihre individuellen Anstrengungen verbinden können, um den praktischen Alltag des wirklich gemeinsamen Elternseins zu bewältigen.

Loslassen: Partnerschaftliche Kindererziehung für Mütter

Von dem Augenblick an, in dem ich das kleine rosa Pluszeichen auf meinem Schwangerschaftstest gesehen hatte, brannte ich darauf, Marc miteinzubeziehen. Ich grub mich durch Bücher, in denen haarklein jede Woche der Schwangerschaft beschrieben wurde, und ging dann dazu über, mehr über Babys als solche zu lernen – durch weitere Bücher, Websites und Gespräche mit jeder Mutter, die mir über den Weg lief. Das ist meine übliche Vorgehensweise bei allen neuen, aufregenden Projekten. Leider tickt Marc völlig anders. Je mehr ich ihn drängte, stupste und bekniete, ebenfalls die Bücher zu lesen, die ich so gierig verschlang, oder auch nur über das Thema Babys zu diskutieren, desto häufiger erklärte er, er sei noch nicht ganz so weit, um sich jetzt schon zu beteiligen. Er behauptete, dass er die Kindererziehung partnerschaftlich mit mir teilen wollte, aber schon jetzt konnte ich ihn nicht dazu bewegen, irgendetwas zu tun! Meine Anspannung wuchs und meine Befürchtung, zur stereotypen alleinverantwortlichen Mutter zu werden, goss weiteres Öl in meine ohnehin explosive hormonelle Verfassung. Doch dann dämmerte mir eine Erkenntnis: Niemand möchte kontrolliert oder zu etwas gezwungen werden.

Keiner reagiert positiv, wenn man ihm Scham- und Schuldgefühle bereitet oder ihn lächerlich macht oder irgendeinen der anderen Tricks anwendet, die ich in der frühen Phase der Schwangerschaft bei Marc ausprobierte. Ja, wenn wir eine Chance haben wollten, dieses Baby-Ding als gleichberechtigtes Elternteam in Angriff zu nehmen, musste ich lernen loszulassen. Ich musste Marc die Möglichkeit geben, er selbst zu sein, und darauf vertrauen, dass er sein Versprechen halten würde – auf seine Weise. Und ich musste erkennen, dass Gleichberechtigung eben genau das bedeutet: dass ich ihm nicht vorschreiben durfte, seinen entsprechenden Anteil an der Arbeit auf *meine* Weise zu tun. Beinahe hätte ich eine gute Sache ganz allein vermurkst!

Nachdem wir inzwischen sieben Jahre lang eine gleichberechtigte Partnerschaft führen, bei der Marc einen etwas anderen Ansatz wählt als ich, hatte ich Gelegenheit, meine Loslassfähigkeiten anzuwenden, und bin mehr denn je von ihrem Wert überzeugt. Was mir in dieser Zeit fast noch stärker bewusst wurde, ist die Anstrengung, die es kostet. Von anderen ESP-Müttern höre ich, dass es auch für sie ein hartes Stück Arbeit ist, den Status als Hauptelternteil loszulassen. Aufgrund ihrer und meiner Erfahrungen kann ich diese Anstrengung zu drei wichtigen Warnungen für Frauen zusammenfassen. Wenn Sie eine dauerhafte und glückliche partnerschaftliche Kindererziehung mit Ihrem Partner anstreben, gilt Folgendes:

1. Sie müssen aufhören, Babys und Kinder als Ihr *Territorium* zu betrachten.
2. Sie dürfen nicht mehr als die Hälfte der *Arbeit und Zuständigkeit* bei der Kindererziehung übernehmen.
3. Sie müssen den *Anspruch* aufgeben, die wichtigste Bezugsperson des Kindes zu sein.

Territorium

Wie viele Männer suchen die Windelsorte für ihre Kinder aus? Wie viele bestimmen, wann ihr Baby vom Schnuller entwöhnt werden muss? Die Zahlen dürften sich in Grenzen halten. Auch wenn wir um ein Feedback von unserem Ehepartner bitten, stehen normalerweise wir, also die Mütter, hinter den meisten Entscheidungen, die die Kinder betreffen. Unsere Reviermarkierungen zeigen sich in Gestalt von Mamas Minivan, Mamas Entscheidung übers Alleinschlafen, Mamas Fütterplan oder Mamas Auswahl der Baby-Bettwäsche. Während unserer Schwangerschaft waren wir offenkundig für alles zuständig, was mit dem Wachstum eines Babys zu tun hatte. Doch wenn unsere Babys einmal eigenständige Familienmitglieder geworden sind, müssen wir einsehen, dass es falsch wäre, diese Praxis fortzusetzen, wenn wir Gleichheit mit unseren Partnern bei der Kindererziehung anstreben. Wir wissen bereits, dass ESP von uns verlangt, die allgemeine Entscheidungsmacht zu teilen, um Gleichheit zu erreichen. Die Aufteilung des Territoriums ist der Weg, auf dem dies im Bereich der Kindererziehung geschieht.

Für Anna und Alex aus dem finnischen Helsinki begann ESP in dem Moment, in dem ihr erstes Kind geboren wurde. Alex blieb fast drei Monate zu Hause, um sich gemeinsam mit seiner Frau um das Neugeborene zu kümmern. Während Anna das Kind stillte, stürzte sich Alex auf seine Vaterrolle, indem er praktisch alle anderen Arbeiten erledigte. Besonders befriedigend fand er ein kleines Notizbuch, das er über die Details des Windelwechselns anlegte. Das Ehepaar hatte gemeinsam entschieden, Stoffwindeln zu benutzen, also hielt Alex akribisch fest, welche Stoffarten leckten und welche nicht und ob es sich positiv auswirkte oder nicht, sie auf bestimmte Art zusammenzufalten und wegzulegen. Dann empfahl er eine bestimmte Marke und eine bestimmte Vorgehensweise. Anna fragte nicht nach und stimmte den Vorschlägen zu.

Den Partner so früh an der Säuglingsversorgung zu beteiligen ist heute üblicher als noch vor einigen Jahren. Doch dieses kleine Beispiel zeigt ein Paar, dass die gleichen Mitspracherechte des Mannes wörtlich nahm und stolz darauf war. Damit die Gleichstellung bei ihnen funktionierte, musste Anna die kulturell geprägte Überzeugung aufgeben, dass es Aufgabe der Mutter ist, alle Entscheidungen bezüglich des Babys – wie die Auswahl der richtigen Windelmarke – zu treffen, und dass der Vater diese Entscheidungen stillschweigend akzeptiert. Sie musste bewusst gegen alle automatischen Verhaltensweisen ankämpfen, die sie zum Hauptelternteil machten, und darauf vertrauen, dass Alex' Methode der Informationssammlung und Entscheidungsfindung genauso wertvoll war wie ihre eigene. Dazu war sie in der Lage, weil sie verstand, was die meisten ESP-Paare wissen: Je mehr sich die Mutter daran gewöhnt, Entscheidungen hinsichtlich des Babys als ihre Domäne zu betrachten, desto unwahrscheinlicher ist es, dass ihr Partner den Bereich als gemeinsame Verantwortung empfindet und sich innerlich dafür engagiert. Und je stärker sie ihren Partner dirigiert, desto wahrscheinlicher ist es, dass er sich schließlich als ihr unbefriedigter Helfer und nicht als gleichberechtigter Teampartner fühlen wird. Wenn ihr Ehemann selbst über die richtige Windelmarke entscheidet, weiß Anna, dass ihm auch viel daran gelegen sein wird, sie beim Baby auszuprobieren.

Jeden Schritt des Weges gemeinsam mit dem Partner zu tun gibt ihm die Möglichkeit, voll engagiert zu bleiben – als gleichberechtigtes Mitglied des elterlichen Zweierteams. Je früher die Frau den Gedanken akzeptieren kann, dass er das gleiche Anrecht darauf hat, sich in den Entscheidungsprozess einzubringen, desto leichter wird sich später ganz von allein die partnerschaftliche Erziehung der Kinder ergeben. Hier einige weitere Tipps für die frühe Aufteilung des Kinderbetreuungsterritoriums von anderen ESP-Müttern:

- Betrachten Sie, während Sie schwanger sind, ihre Vorstellungen von Geburt als die Geschichte von der Geburt Ihrer Familie und nicht nur als persönliche Erfahrung. Ihr Mann wird im selben Moment, in dem sie zur Mutter werden, zum Vater. Entscheiden Sie gemeinsam, wie dieser Tag sich gestalten sollte (ja, auch wenn es Ihr Körper ist, der das Gebären erledigen muss).
- Beziehen Sie Ihren Mann in die Planung der routine-

mäßigen Abläufe bei der Säuglingsversorgung mit ein (zum Beispiel Schlafensroutinen), damit sie sich als Ihr gemeinsames Werk entfalten können und Sie nicht die alleinige Urheberin sind.

- Gehen Sie nicht davon aus, dass Sie diejenige sind, die den Kinderwagen aussucht, das Kinderzimmer einrichtet oder die Kleidung für das Kind auswählt. Diese und andere Vorbereitungen können Sie unter sich aufteilen oder gemeinsam in Angriff nehmen.
- Seien Sie offen für alle Möglichkeiten, durch die Ihr Mann eine ebenso innige Bindung zum Baby entwickeln kann wie Sie. Frauen haben das Stillen, um Intimität zu schaffen, aber Männer können zum Beispiel die Führung bei der Bekleidung des Babys übernehmen.
- Laden Sie zum Willkommensfest für das Baby (oder zur Taufe oder Ähnlichem) etwa ebenso viele Männer wie Frauen ein, damit es wirklich ein gemischtes Fest wird. Wenn Sie eine Geschenkeliste zusammenstellen, tun Sie es gemeinsam mit Ihrem Partner.
- Wenn Ihr Partner Ihnen Fragen nach der Versorgung des Babys stellt, sollten Sie ihn um *seine* Meinung bitten, anstatt ihm *Ihre* Antwort zu geben. Ihre Reaktion auf: »Liebes, wann wollen wir anfangen, ihm feste Nahrung zu geben?« könnte zum Beispiel lauten: »Hmmm … Soweit ich weiß, gibt es dazu verschiedene Meinungen … Was hältst du davon, zu warten, bis er sechs Monate alt ist?« Das ist viel besser als ein entschiedenes: »Wenn er sechs Monate alt ist.«
- Hören Sie aufmerksam zu, wenn Ihr Mann Vorschläge oder Erziehungstipps anbietet, und probieren Sie seine Ideen aus.

Arbeit und Zuständigkeit

Wenn wir uns selbst davon abhalten können, alle Entscheidungen über die Babybetreuung selbst zu treffen, ist es nur logisch, dass wir auch aufhören können, die ganze Arbeit zu tun und die volle Verantwortung zu tragen. Doch das ist leichter gesagt als getan! Leider vermittelt uns unsere Kultur die starke Botschaft, dass die Aufzucht unserer Kinder zu leistungsfähigen, vertrauenswürdigen, glücklichen Erwachsenen unsere Aufgabe sei – nicht die unserer Ehemänner. Unsere Partner mögen die Pausenbrote schmieren, Geburtstagsgeschenke kaufen, die Kinder baden oder ins Bett bringen und Pflaster auf aufgeschürfte Knie kleben, doch irgendwie denken wir trotzdem immer noch ganz leicht, dass wir Frauen diejenigen sind, die letztlich die Verantwortung tragen.

Traditionelle Mütter klagen häufig, dass sie, sogar wenn sie selbst krank sind, immer noch für die Kinder sorgen müssen; ist hingegen der Vater krank, darf er sich für gewöhnlich ausruhen und erholen. Doch wir wissen, dass ESP-Gleichheit nicht nur bedeutet, dass man die Macht, sondern auch die Arbeit und Verantwortung gerecht teilt. Es wird Zeit, dass wir die alte Denkweise aufgeben. Die beiden Mythen, die wir als ESP-Mütter über Bord werfen müssen, sind folgende: Frauen sind für die Kinderbetreuungspflichten zuständig, zum einen weil sie *Frauen* sind und zum anderen weil sie *besser* darin sind.

Viele Frauen stolpern früh über die unbestreitbare Tatsache, dass nur eine Frau zum *Stillen* in der Lage ist. Da das Stillen anfangs viele Stunden pro Tag in Anspruch nehmen kann, dient es häufig dazu, die Versorgung des Babys und die sonstige Zeit, die der Kinderbetreuung gewidmet wird, in die Richtung der Frau zu verschieben, wenn ein Paar sich für das Stillen entscheidet. Das kann sogar zur anschließenden Ungleichheit führen, wenn die Partner nicht aktiv und vorbeugend an ihrer geplanten Arbeitsteilung festhalten. ESP-Eltern entgehen dieser Gefahr durch solche Strategien:

- Gewöhnen Sie Ihr Baby, sobald es gut trinkt, an ein tägliches Fläschchen mit abgepumpter Milch, das der Vater ihm geben kann. Viele Paare nutzen dieses Fläschchen für eine der nächtlichen Fütterungen, so dass beide Partner in den chaotischen ersten Monaten eine ordentliche Mütze nächtlichen Schlafs bekommen.
- Stellen Sie einen Fütterplan mit relativ festen Zeiten und Mengen auf, anstatt das Baby nur den ganzen Tag über bei Bedarf mit kleineren Mengen zu füttern.
- Wenn Sie die Flaschenfütterung hinausschieben oder vermeiden möchten, sollten Sie den Vater, wenn er zu Hause ist, in die Rituale vor und nach der Fütterung miteinbeziehen. Viele Paare schaffen Gemeinsamkeit, indem der Vater das Baby zur Mutter bringt, die Windel vor oder nach dem Stillen wechselt oder es sich zur Aufgabe macht, dem Säugling ein Bäuerchen zu entlocken und ihn in den Armen zu wiegen.
- Teilen Sie die Fütterpflichten entsprechend der natürlichen Schlafbedürfnisse der Partner auf. Manche Paare stellen fest, dass Mama eine Nachteule ist, während Papa eher zu den Lerchen gehört (oder umgekehrt), und teilen ihre abendlichen/nächtlichen/frühmorgendlichen Pflichten entsprechend auf.
- Nutzen Sie den Vaterschaftsurlaub nicht in erster Linie

dazu, Papa Hausarbeit oder Besorgungen erledigen zu lassen. Die Anfänge der Säuglingsversorgung sind eine kostbare Gelegenheit für ihn, die volle Verantwortung für sein Neugeborenes zu übernehmen, deshalb sollten Sie ihn so viel Zeit wie möglich mit dem Baby verbringen lassen – vielleicht sogar ganz allein, während Sie nicht da sind. Ein ESP-Paar schickte Mama jeden Nachmittag ein paar Stunden in die Bücherei.

- Wenn Sie nach einer anfänglichen Stillphase auf Milchpulver umsteigen (oder gar nicht stillen), sollten Sie geteilte Fütterpflichten von Anfang an direkt in ihre Pläne aufnehmen.
- Überlassen Sie dem Vater die Führung bei der festen Nahrung. Wenn Ihr Kind anfängt, feste Nahrung zu sich zu nehmen, hat Papa es geschafft. Viele Väter, die sich gleichberechtigt an der Betreuung ihrer Kinder beteiligen wollen, sagen, dass sie diesen Tag voll Ungeduld erwarten.

Neben dem Stillen ist der *Mutterschaftsurlaub* als solcher eine weitere große Gefahr für Ungleichheit, weil er uns von Anfang an auf die Rolle der Hauptverantwortlichen für die Kinderbetreuung festlegen kann. Heißt das, dass wir auf unseren Mutterschutz verzichten sollten? Keineswegs. Doch es heißt, dass wir uns den Effekt, den der Mutterschaftsurlaub auf eine partnerschaftliche Kindererziehung hat, bewusst machen und jede merkliche Ungleichheit so schnell wie möglich ausräumen sollten. Überlegen Sie beispielsweise, ob man Urlaubstage Ihres Partners nicht kreativ mit dem Mutterschutz kombinieren könnte, mit dem Ziel, dass der Vater viel Zeit allein mit dem Baby verbringt. Anfangs kommt es Ihnen vielleicht einfacher vor, die Arbeit allein zu erledigen und das mit der Gleichheit auf später zu verschieben, aber wenn sich ungleiche Muster erst einmal eingeschlichen haben, ist es eine Riesenplackerei, sie wieder auszumerzen – und Ihr Baby, dieses entzückende kleine Gewohnheitstier, wird die Veränderung möglicherweise überhaupt nicht schätzen. Ganz zu schweigen von Ihrem Ehemann …

Die dunklere Seite des Zuständigkeitsmythos ist die Vorstellung, dass Mütter sich besser auf die Kinderbetreuung verstehen als Väter. Glücklicherweise gibt es keinerlei Beweis dafür, dass Mütter (oder Väter) ihren Pendants bei der Kindererziehung von Natur aus überlegen sind. Doch die Idee hält sich hartnäckig und es ist an uns, sie mit Entschiedenheit zurückzuweisen. Das können wir tun, indem wir auf die Kompetenz unseres Partners vertrauen oder zumindest auf seine Fähigkeit, gemeinsam mit uns alles Wichtige zu lernen. Sätze wie »Du machst das ganz falsch« oder »Hab ich doch gleich gesagt« gehören nicht zum Wortschatz einer ESP-Mutter, es sei denn, sie möchte das egalitäre Modell beenden. Wenn einer der Partner insgeheim überzeugt ist, dass er bei der Betreuung der Kinder von Natur aus besser ist als der andere, so bricht er damit tatsächlich das gemeinsam getroffene Abkommen einer partnerschaftlichen Kindererziehung.

Wie umfassend dieses Loslassen ist, das erfolgen muss, um eine Gleichverteilung der Verantwortung zu erreichen, wird tatsächlich häufig unterschätzt. Nehmen Sie zum Beispiel die typische überarbeitete Vollzeitmutter, die den größten Teil der Verantwortung für die Kinderbetreuung allein übernimmt und immer etwas auszusetzen hat, wenn ihr Mann die Kinder anzieht, badet, füttert oder andere Betreuungsaufgaben ausführt. Sie hält sich selbst für besser bei all diesen Aktivitäten und erhält oft den direkten Beweis dafür, weil er immer etwas falsch macht, wenn sie ihm gelegentlich das Ruder überlässt. Sie hat also Recht – was daran liegt, dass sie niemals wirklich loslässt. Sogar wenn er das Steuer bei der Kinderbetreuung übernimmt, ist sie immer da, um wieder in Ordnung zu bringen, was er vergessen oder verpfuscht hat, solange sie nicht im Dienst war – was ihre angebliche Überlegenheit weiter bestärkt. Männer (oder alle Erwachsenen), die diese falsche Freiheit erhalten, haben keinen Grund, sich der Aufgabe gewachsen zu zeigen.

Durch viele kleine Maßnahmen können wir lernen, damit aufzuhören, mehr als unseren fairen Anteil der Pflichten bei der Kindererziehung zu übernehmen. Versuchen Sie beispielsweise, sich mit Ihrem Partner bei der Überwachung der Badezeit abzuwechseln, gemeinsam das Geburtstagsfest des Kindes zu planen oder Aufgaben zu tauschen, wenn Sie beide zur Verfügung stehen (wenn also zum Beispiel der Rasen gemäht werden muss und das Kind sein Mittagessen braucht, sollten Sie nicht automatisch annehmen, dass Sie diejenige sind, die den Erbsenbrei serviert).

Hier einige Tipps von ESP-Paaren zu der Frage, wie Mütter die Arbeit und Verantwortung bei der Kinderbetreuung loslassen können, um Raum für eine gerechte Aufgabenverteilung mit dem Partner zu schaffen:

- Sparen Sie während Ihres Mutterschaftsurlaubs bewusst einige Aktivitäten für die Zeit auf, wenn Ihr Partner von der Arbeit nach Hause kommt (zum Beispiel Baby baden, Nägel schneiden).

- Springen Sie nicht ein, wenn er unter Druck gerät. Er ist genauso kompetent wie Sie. Ein ESP-Vater führt seinen vollen Einstieg in die Elternschaft auf eine Situation zurück, in der er ganz allein zwei brüllende Kleinkinder bändigen musste, während der Dritte im Bunde – sein Sohn im Vorschulalter – seinen Löffel nutzte, um Erdnussbutter auf den Fernseher zu klatschen. Die Erinnerung daran, wie er dieses Geschehen ganz allein bewältigte, ist ihm heute lieb und teuer.
- Erinnern Sie ihn nicht daran, was er zu tun hat (abgesehen von der Mitteilung unabdingbarer Fakten), und lassen Sie es bleiben, irgendetwas für ihn vorzubereiten, wenn Sie ihn mit den Kindern allein lassen.
- Sorgen Sie dafür, dass Sie wissen, welcher Elternteil gerade »dran« ist, wenn Sie alle zu Hause sind, so dass keiner von beiden dem »amtierenden« Elternteil plötzlich dazwischenfunkt oder jeder denkt, der andere kümmere sich um die Kinder.
- Wechseln Sie sich darin ab, ihr Baby zu trösten, wenn es nachts aus dem Schlaf schreckt. Marc hörte einmal, wie ein junger Vater eingestand, dass er das Weinen seines Babys gar nicht mitbekomme, wenn seine Ehefrau zu Hause sei, aber die ganze Nacht auf jedes Schnüffeln und Seufzen achte, wenn sie nicht da sei. Selektives Hören ist nichts Geschlechtsspezifisches!
- Wechseln Sie sich darin ab, wer neben dem Baby oder Kleinkind sitzt und die Rolle des »primären Mahlzeiten-Elternteils« (wie ein ESP-Paar es formulierte) zu Hause oder im Restaurant übernimmt.

- Wenn Sie den Drang verspüren, die Art, wie Ihr Mann mit den Kindern umgeht, »zu korrigieren«, formulieren Sie Ihre Kommentare so, dass Sie an einen echten gleichrangigen Partner gerichtet sind. Als ESP-Mutter sollten Sie zum Beispiel ganz harmlos fragen: »Ist dir aufgefallen, dass [XY] bei der Bewältigung von [Kinderbetreuungsthema Nr. 1] manchmal hilfreich ist?«, anstatt einfach zu sagen: »Ich werd dir jetzt mal erklären, was ich über [Kinderbetreuungsthema Nr. 1] weiß.« Mit dem ersten Ansatz schafft man die Voraussetzungen für ein Gespräch unter Gleichen, die gemeinsam nach der besten Lösung suchen, während man beim zweiten Ansatz unterstellt, dass man selbst über das überlegene Wissen verfügt.

Anspruch

Wie wir festgestellt haben, stehen wir als ESP-Mütter vor der Aufgabe, alte Vorstellungen wie »Mama ist der Boss« (Territorium), »Kinder sind Frauensache« (Arbeit) oder »Mama kann alles am besten« (Verantwortung) zurückzuweisen. Darüber hinaus müssen wir uns schließlich auch damit auseinandersetzen, dass Mütter dazu neigen, den Hauptanspruch auf die emotionalen Freuden der Elternschaft zu erheben. Anders ausgedrückt: Wir müssen uns davon verabschieden, die Mutter für wichtiger zu halten. Die Probleme des mütterlichen Anspruchsverhaltens nehmen für gewöhnlich zwei Formen an – die man mit *Privileg-* und *Torwächter-Haltung* umschreiben kann.

Das Band zwischen einer Mutter und ihrem Nachwuchs wird häufig auf eine quasireligiöse Ebene erhoben und gern mit der Madonna und ihrem Kind assoziiert. Vätern und ihren Kindern wird kein vergleichbarer Ruhm und Heiligenschein verliehen und diese Diskrepanz führt uns geradewegs auf den Pfad des Privilegs – oder wie eine ESP-Mutter es ausdrückte: zum »Heiligen-Mutter-Syndrom«. Nehmen wir zum Beispiel die folgende Aussage einer Frau, die im Publikum der Oprah-Talkshow saß (23. Januar 2007) und von ihrer Entscheidung berichtete, nach dem Ende des Mutterschaftsurlaubs nicht wie geplant in den Beruf zurückzukehren, sondern zu Hause zu bleiben:

»Als sie geboren wurde, habe ich einfach – unsere Augen trafen sich und ich war sofort hin und weg. Ich habe ein schlechtes Gewissen, weil ich meinen Mann irgendwie im Stich lasse und mich nicht an den Plan halte, den wir eigentlich aufgestellt hatten, aber ein einziger Blick auf sie hat ausgereicht, um mich völlig zu verändern.«

Diese Denkweise ist einerseits liebenswert und verständlich, ermöglicht der Frau aber andererseits auch, ihr gesellschaftlich geprägtes Privileg heraufzubeschwören und ihren Ehemann dazu zu verurteilen, ganz allein die Rolle des Ernährers und Hilfselternteils zu übernehmen. Die meisten von uns können sich mühelos vorstellen, dass eine junge Mutter so etwas sagt, würden es aber für äußerst unwahrscheinlich (und ziemlich anmaßend) halten, wenn ein junger Vater diese Entscheidung für sich träfe – ohne dabei Rücksicht auf die Wünsche seiner Frau zu nehmen. Warum? Weil wir gelernt haben, dass Mütter dieses Recht haben und Väter nicht.

Das Torwächter-Verhalten lässt sich beobachten, wenn Frauen die Beteiligung ihrer Männer an der Kinderbetreuung als Bedrohung empfinden oder aktiv darauf hinwirken, dieses Engagement oder diese Nähe nicht auf ein bedrohliches Maß anwachsen zu lassen. Ein ziemlich offensichtliches Torwächter-Verhalten zeigt sich beispielsweise bei der Mutter, die darauf besteht, dass »ihre« Tochter zur Schlafenszeit mit Mama und nicht mit Papa kuscheln müsse oder dass nur Mama »ihren« Sohn trösten könne, wenn er »Aua« hat. Doch manchmal kann das Torwächter-Verhalten auch subtilere Formen annehmen und kulturell normal wirken, obwohl es die unterschwellige Botschaft vermittelt, dass Mutter immer »die Beste« sei.

Melissa und Rudd, ein ESP-Paar aus Watertown, Massachusetts, berichten von einer Erfahrung, in der Melissa *kein* Torwächter-Verhalten zeigte. Ihr Sohn, damals ein Jahr alt, erlebte seinen ersten Sturz während Rudds »Schicht«, als er von der Wickelkommode rollte und mit dem Gesicht nach unten auf dem Fußboden landete. Melissa war zu Hause und beschrieb die Szene so: »Ich hörte, wie er fiel und zu weinen anfing. Er war voller Blut. Ich schnappte mir einen Waschlappen, einfach um Rudd zu helfen, aber er übernahm das ganze Verarzten und Trösten. Glücklicherweise hat er sich nur eine blutige Nase geholt und war ansonsten völlig in Ordnung. Jedes Mal, wenn dein Kind sich verletzt, hast du den instinktiven Drang, ihn hochzunehmen und zu trösten, aber ich wusste, dass Rudd sich gut um ihn kümmerte.«

Sogar in einer Krisensituation (oder potenziellen Krisensituation) wusste Melissa, dass Rudds Rolle als Vater genauso wichtig war wie ihre als Mutter, und war sich völlig darüber im Klaren, dass sich der Zwischenfall auch unter ihrer Aufsicht hätte ereignen können. Sie spielte die

Gleichheit nicht nur vor, solange alles glatt lief, um dann als Retterin und Trösterin an die Seite Ihres Sohnes zu stürzen, wenn es hart auf hart kam. Sie wertete die elterlichen Fähigkeiten oder Absichten ihres Mannes nicht ab, beraubte ihn auch nicht der Erfahrung, sich eigenverantwortlich um die Verletzung seines Sohnes zu kümmern, und signalisierte ihrem Sohn nicht, dass Mama der Elternteil seiner Wahl sein sollte, wenn er wirklich Hilfe brauchte.

Wenn wir das mütterliche Privileg- und das Torwächter-Verhalten erkennen, wird deutlich, was sich in Wahrheit dahinter verbirgt: Es sind Abwehrstrategien, die in erster Linie die emotionalen Bedürfnisse der Mutter widerspiegeln und weniger den starken Wunsch, das Beste für das Kind zu tun. Doch beim Elternsein sollte es vor allem um das Wohl des Kindes, nicht das der Eltern gehen. Die Ansprüche liegen beim Kind, das ein Anrecht darauf hat, von beiden Eltern geliebt und umsorgt zu werden – Punktum. Trotz meines Unbehagens, als Maia sich nach ihrem Sturz von der Schaukel trostsuchend an Marc wandte, stand dieser Anspruch des Kindes für mich im Vordergrund. Oder wie Helena, eine weitere ESP-Mutter über ihren Mann sagte: »Meine größte Angst ist, dass ich sterbe, bevor meine Kinder erwachsen sind, deshalb will ich nicht, dass sie total von mir abhängig sind. Ich möchte, dass ihr Vater fähig ist, alles zu tun, was ich auch tue.« Ob aus Angst um die Sicherheit ihrer Kinder oder aus Freude über ihre Begeisterung für den anwesenden Vater: Eine ESP-Mutter ist fähig, ihren Wunsch, der alleinige Mittelpunkt in der Welt ihrer Kinder zu sein, durch das Bedürfnis zu ersetzen, ihnen ein fantastisches Team liebevoller Eltern zu bieten.

ESP-Eltern teilen die Anrechte auf Elternstolz die ganze Zeit über. Hier einige weitere Anregungen von Müttern, die wir interviewt haben:

- Wenn Freunde zu Besuch sind, um Ihr Neugeborenes zu bewundern, beanspruchen Sie nicht mehr Anerkennung oder Beachtung als der Vater des Kindes. Ein lesbisches ESP-Paar bezeichnet das als die Vermeidung des »Machtanspruchs der leiblichen Mutter« und achtete darauf, dass sie beide bei der Geburt ihrer Tochter die gleiche Aufmerksamkeit erhielten.
- Wenn sich die Gelegenheit ergibt, sollten Sie Ihrem Ehemann öffentlich Annerkennung für seine väterliche Fürsorge zollen. ESP-Mutter Kitty erinnert sich an eine Situation auf einer Party, in der ihr Kleiner sich so hoffnungslos bekleckert hatte, dass sie ihn kurzerhand in neues Zeug steckte; eine andere Mutter merkte an: »Ein Glück, dass deine Mama eine Ersatzhose für dich mitgebracht hat.« Aber es war Papa, der dafür gesorgt hatte, und Kitty stellte bereitwillig klar, wer so umsichtig gehandelt hatte.
- Spannen Sie Ihre Mutter oder Schwiegermutter nicht als Ersatzelternteil für das Neugeborene ein. Räumen Sie der Zeit, die Ihr Ehemann mit dem Kind verbringen kann, Vorrang vor der Zeit ein, die irgendeine andere Person (außer Ihnen, in gleichem Ausmaß) mit dem Baby bekommt. Das schließt natürlich auch den Opa mit ein.
- Investieren Sie gezielt Zeit und Energie in Nicht-Kind-Interessen/Hobbys und nehmen Sie Ihren Beruf weiterhin wichtig, so dass Sie Ihre Identität nicht ausschließlich über die Mutterrolle definieren.

- Teilen Sie kontrollierbare »erste Male« gerecht auf (wie die erste feste Nahrung, erstes Halloween oder erster Besuch im Zoo – oder später auch solche besonderen Ereignisse wie den ersten Besuch der Zahnfee).
- Achten Sie darauf, dass Sie bei der Geburt eines zweiten Kindes nicht automatisch die Versorgung des Neugeborenen übernehmen, während Ihr Mann sich hauptsächlich um das ältere Kind kümmert. Trotz Stillpraxis sollten Sie die Freude über jedes Kind so weit wie möglich miteinander teilen.
- Übernehmen Sie nicht automatisch die elterliche Zuständigkeit, wenn die äußeren Belohnungen am größten sind – zum Beispiel bei der Ausrichtung der Geburtstagsfeier für Ihr Kind oder beim ersten Tag im Kindergarten. Teilen Sie diese Freuden, oder wechseln Sie sich ab. Ihr Ehemann hat das gleiche Recht wie Sie, als repräsentativer Elternteil mit dem Kind in der Öffentlichkeit gesehen zu werden.
- Stehen Sie es durch, wenn Sie gelegentlich die Angst befällt, leichtfertig auf Ihre Mutterrolle verzichtet zu haben. ESP-Mutter Angela erinnert sich, wie ihr sechs Monate altes Baby schlecht trank und lieber vom Vater umsorgt wurde als von ihr. *ICH hätte die MAMA sein können*, fasst sie ihre Gefühle in jener Zeit zusammen. Eine Weile lang versuchte sie, die Rolle des Hauptelternteils zu übernehmen, um ihre Ängste zu beschwichtigen, erkannte aber schnell, dass eine partnerschaftliche Rollenverteilung viel besser war. »Das Gras war nicht grüner. Die Vorteile des partnerschaftlichen Elternseins für meine Ehe, für die Ausgewogenheit meines eigenen Lebens und für meine Tochter waren kristallklar zu erkennen.«

Bei Paaren, die die Kindererziehung als Teamarbeit zweier gleichberechtigter Partner auffassen, haben Mütter und Väter gleichen Zugang zu den Erfahrungen, die zur Vertrautheit mit den Kindern führen, sei es durch das gemeinsame Singen mit Mama, die täglichen Spaziergänge mit Papa oder durch das abwechselnde Trostspenden, wenn das Kind nachts aufwacht und weint. Jedenfalls greifen ESP-Eltern die Vorstellung auf, dass Mutterschaft keineswegs wichtiger (oder »heiliger«) ist als Vaterschaft.

Was sollte eine Mutter tun? Zur harten Arbeit, die erforderlich ist, um ESP zu erreichen, gehört, dass sie diese Ungleichheitsfallen – Territorium, Arbeit, Verantwortung und Ansprüche – erkennt, ausräumt und ersetzt.

Man kann nicht beides haben. Die Gesellschaft hat uns eingeimpft, dass die Mutter der Hauptelternteil ist, aber Sie können keinen gleichberechtigten Partner bei der Kindererziehung haben, wenn Sie allein alle Kauf- und Betreuungsentscheidungen hinsichtlich der Kinder treffen, sich um alle Bedürfnisse der Kinder kümmern und weiterhin die Überzeugung hegen – ob bewusst oder unbewusst –, dass Ihre Vorgehensweise bei der Kinderbetreuung die beste ist. ESP fordert uns alle dazu auf, unseren Partnern zu vertrauen und an sie zu glauben.

Okay, jetzt wird es Zeit für einen Wechsel der Perspektive – und des Geschlechts. Ich rücke beiseite und überlasse Marc das Feld, damit er die partnerschaftliche Kindererziehung aus der Sicht eines Mannes beschreiben kann …

GLEICHHEITSCHECK: WIE MAN LOSLÄSST

Dieses ganze Loslassen klingt theoretisch großartig, kann aber ziemlich beängstigend sein, wenn man versucht, es in die Praxis umzusetzen. Ich soll zulassen, dass Marc die Kinder anzieht, ohne ihm den leisesten Hinweis darauf zu geben, dass rotes Karo nicht zu orangefarbenen Blumen passt oder dass es draußen bitterkalt ist und meine Kinder Unterwäsche brauchen? Ich soll nicht einschreiten, wenn Marc die Kinder badet und sie Seife in die Augen bekommen? Ich soll es okay finden, wenn Marc ihnen drei Mal hintereinander Fischstäbchen vorsetzt? Es ist so leicht, korrigierend einzugreifen und die Sache in die Hand zu nehmen. Und so schwer, sich davon abzuhalten – nicht nur nach außen hin, indem ich nichts sage oder tue, sondern auch innerlich, indem ich nicht einmal denke, dass meine Methode die bessere ist.

Die Kontrolle – oder Macht – abzugeben bedeutet nicht, dass man dem Partner die gesamte Kontrolle überlässt. Es bedeutet, dass im Großen und Ganzen Sie beide – das Team – die Kontrolle hat. Geben Sie Ihrem Partner wirklich Raum, um auf seine Weise zu handeln. Wenn er etwas vermurkst, übernimmt er die Verantwortung, indem er sich mit den Ergebnissen auseinandersetzt und lernt, es beim nächsten Mal anders zu machen. Macht er keinen Murks, sind Sie diejenige, die eine Lektion erhält. Wenn das Unbehagen bleibt, ist es Zeit für eine Teambesprechung – ohne Wertungen von beiden Seiten –, damit man gemeinsam einige Familienregeln für bestimmte Situationen aufstellt. Ansonsten schauen Sie einfach zu, wie hervorragend sich Ihr Partner als Vater schlägt.

Sich einlassen: Partnerschaftliche Kindererziehung für Väter

Keine Angst, Jungs! Ich werde euch in diesem Abschnitt nicht auffordern, den Ratschlägen eurer Frau mehr Beachtung zu schenken oder ihr die Arbeit zu erleichtern. Ich gehe von der Annahme aus, dass ihr bereit seid, euren Beitrag zur Kinderbetreuung zu leisten, und dass ihr wahrscheinlich schon ordentlich mit anpackt. Wenn es anders wäre, würdet ihr dieses Buch wahrscheinlich nicht lesen. Doch wenn euer Traum von einer glücklichen Ehe eine tiefe Verbundenheit mit der Partnerin umfasst, während ihr euch gemeinsam auf das tägliche Abenteuer der Kindererziehung einlasst, und wenn ihr eine ebenso innige Beziehung zu euren Kindern wollt, dann möchte ich euch auffordern, an der Erörterung eurer Rolle bei einer partnerschaftlichen Kindererziehung teilzunehmen ... weil euch gefallen könnte, was ich zu sagen habe.

Die Frage, um die es hier geht, haben wir in den letzten Jahren zahlreichen ESP-Paaren gestellt: Wie können Männer nicht nur zu gleichrangigen Partnern bei der Kindererziehung werden, sondern diese Rolle auch mit tief empfundener Freude wahrnehmen? Die Antworten, die wir erhielten, und meine Antwort auf diese Frage weisen bemerkenswerte Ähnlichkeiten auf. Unsere Kultur betrachtet den Vater als Ersatz-Elternteil, mit anderweitigen Primärverpflichtungen, die ihn weg von den Kindern und hinaus in die Welt führen. Damit stehen wir Männer vor drei Aufgaben, die uns zum vollverantwortlichen Elternstatus bringen:

1. *Sei verfügbar.*
2. *Sei kompetent.*
3. *Sei du selbst.*

Sei verfügbar

Es ist kein Geheimnis, dass ein Mann, der irre viel arbeitet und ausgedehnte Geschäftsreisen unternimmt, während seine Frau sich um die Kinder kümmert, keinen gleichen Anteil an der Kindererziehung übernimmt. Doch wenn er sich auf ein Arrangement zubewegt, bei dem er seine Arbeitszeit an die seiner Frau angleicht (mehr dazu im nächsten Kapitel) ist leichter zu erkennen, wie man die Zeit, die jeder Partner mit der Kinderbetreuung verbringt und an ihrem Leben teilhat, gleichmäßiger aufteilen kann. Wie die ESP-Mütter haben auch wir Väter das Ziel, die Arbeit, Verantwortung und Macht bei der Kindererziehung voll mit unseren Partnerinnen zu teilen – durch den gleichen Aufwand an Zeit und Energie – und unser Leben in ein ausgewogenes Verhältnis zu bringen, das alle Freuden und Herausforderungen der Elternrolle umfasst.

Es wäre unmöglich, um nicht zu sagen arrogant, wenn ich – oder irgendjemand – die Stunden des Tages analysieren und behaupten würde, es gebe ein einziges Patentrezept, das die Pflichten der Kindererziehung für jede Familie in allen Situationen in ein ausgewogenes Verhältnis bringt. Die Strategien, die ESP-Paare für eine partnerschaftliche Kindererziehung anwenden, sind so unterschiedlich wie die einzelnen Personen. Doch in einem sind sich alle ESP-Väter einig: Es ist von wesentlicher Bedeutung, dass man in seinem Leben Zeit und Raum für die Kinder schafft, um zum »tollen Kern« des Vaterseins vorzustoßen – dass man nicht nur an einigen Fußballspielen teilnimmt oder sich ein paar Tage freinimmt, wenn das Baby geboren wird, sondern sich dauerhaft in gleichem Maße wie die Partnerin um die Kinder kümmert. Keine Notwendigkeit, zwischen Qualitäts- und Quantitätszeit zu wählen – ESP-Väter streben aus Überzeugung nach beiden. Doch unabhängig davon, wie viel Zeit Sie (und ihre Partnerin) letztlich auf die Elternarbeit verteilen, entscheidend ist, dass man sich voll und ganz auf diese Erfahrung einlässt.

David, ein ESP-Vater aus Arlington, Massachusetts, stand zu seiner Entscheidung, mehr Zeit mit den Kindern zu verbringen, und leitete entsprechende Schritte ein, um sie in die Tat umzusetzen. David hatte eine Vollzeitstelle als Analyst bei einer Regierungsstelle, als seine Frau Andrea mit Zwillingen schwanger wurde. Kurz vor der Geburt hatte er ein lebensveränderndes Gespräch mit einem Manager in einer anderen, familienfreundlicheren Behörde – einem Mann, der David für eine offene Stelle anwerben wollte und eine Vision von einem ausgewogenen Berufs- und Privatleben hatte, die sich auch auf das männliche Geschlecht erstreckte. »Er hat mir wirklich die Augen geöffnet für die Herausforderungen der Vaterrolle und die Wichtigkeit einer flexiblen und unterstützenden Arbeitsumwelt«, sagt David. Er nahm das Jobangebot seines väterlichen Mentors an und erhielt die Erlaubnis, seine Wochenarbeitszeit auf vier 10-Stunden-Tage zu verteilen. Außerdem durfte er seinen Vaterschaftsurlaub in Form von einem Tag pro Woche über einige Monate nehmen anstatt als Block, als die Babys auf die Welt kamen. Nachdem Andrea ihre Berufstätigkeit wieder aufgenommen hatte, blieb David zwei volle Tage pro Woche allein mit den Kindern zu Hause.

Die Entscheidung, Zeit in die Kindererziehung zu investieren, ist der erste Schritt, wenn man ein ESP-Vater werden möchte. Tatsächlich erweist es sich häufig als schwer erreichbares Ziel, wenn ein Paar sich die Zeit, die jeder mit der Kinderbetreuung verbringt, gerecht aufteilen möchte. Anders als David, der gleich voll einstieg, arbeiten viele Paare in kleinen Schritten darauf hin, ihren Kindern gleichermaßen zur Verfügung zu stehen. Das kann bedeuten, dass man um eine kleine Änderung der Arbeitszeitregelung bittet (zum Beispiel um die Möglichkeit, dienstags früher gehen zu dürfen und dafür freitags früher anzufangen), dass man eine Beförderung ausschlägt, die einen Mehraufwand an Zeit erfordern würde, oder dass man einige Abstriche bei seinen Hobbys macht. Es kann auch bedeuten, dass man einfach anfängt, indem man seinen Kindern in den Stunden, die man bereits zu Hause verbringt, stärker zur Verfügung steht. ESP-Väter beschreiben, wie sie sich darum kümmern, ihre Kinder an Erledigungen im Hause zu beteiligen – mit ihnen kochen, Blätter harken oder mit dem Fahrrad zum Kaufmann fahren. Ein ESP-Vater machte ein Spiel aus den Einkaufstouren zum Supermarkt, stellte die Einkaufsliste zum Beispiel in Form von gemalten Bildern zusammen und schickte die Kinder in den Einkaufsgängen auf die Jagd nach den benötigten Artikeln. Es ist erstaunlich, was man sogar schon mit Kindern im Säuglingsalter alles machen kann, während sie sich in das Tragetuch kuscheln: das Auto waschen, Telefonanrufe beantworten oder E-Mails verschicken, einen Spaziergang machen, den Geschirrspüler bestücken.

Hier einige Anregungen von ESP-Vätern, wie sie Zeit für ihre Kinder in den üblichen Tagesablauf einbauten:

- Nutzen Sie als frischgebackener Vater die Urlaubsmöglichkeiten, die Ihnen zur Verfügung stehen oder die Sie sich leisten können – Vaterschaftsurlaub, normale Urlaubstage, Elternzeit.
- Überlegen Sie, ob Sie den Termin für Verwandte und Freunde, die das Neugeborene sehen möchten, nicht etwas hinausschieben. Wenn tatsächlich Besuch kommt,

EIN PLÄDOYER FÜR GLEICHEN VATERSCHAFTSURLAUB

Wenn Sie gerade Ihr erstes Baby auf dieser Welt begrüßt haben, ist Ihre Partnerin vermutlich im Mutterschaftsurlaub, um von Anfang an mit ihm zusammen zu sein. Abgesehen von der Zeit, die die Mutter zur Erholung von der Geburt und zum Stillen braucht, sind ESP-Paare der Ansicht, dass der Vater Anspruch auf die gleiche Zeit haben sollte wie die Mutter, um eine Bindung an das neue Familienmitglied zu entwickeln. Viele Arbeitgeber machen es Männern nicht leicht, einen ausgedehnten Vaterschaftsurlaub zu nehmen, der fast immer unbezahlt ist. Und ja, auf Männer wird häufig erheblicher sozialer und beruflicher Druck ausgeübt, damit sie darauf verzichten, sich um ein Baby zu kümmern. Doch wenn Sie diesen Grad an Gleichheit von Anfang an wollen, müssen Sie möglichst viele dieser Klippen umschiffen.

Viele ESP-Paare betonen, dass die erfolgreiche langfristige Umsetzung ihres partnerschaftlichen Elternmodells zu einem Gutteil damit zusammenhing, dass der Vater einen gleich langen Elternurlaub einlegte. Das gilt insbesondere für einen

treten Sie ihm von Anfang an als partnerschaftliches Elternpaar gegenüber.

- Schieben Sie nicht Ihren Beruf vor, um sich davor zu drücken, mitten in der Nacht aufzustehen und sich um das Baby zu kümmern. Wie ein ESP-Vater es formulierte: »Ich musste nur ein paar Monate lang schlafwandelnd meine Arbeit erledigen, aber wenn ich diese Phase ausgelassen hätte, hätte ich das Gefühl gehabt ein schlafwandelnder Vater zu sein.« Ein weiterer ESP-Vater berichtete uns, dass er diese magischen Momente,

»Solo«-Vaterschaftsurlaub, das heißt wenn die Partnerin ihre Berufstätigkeit bereits wieder aufgenommen hat. Es ist eine enorme Abkürzung zur sofortigen Gleichverteilung der Rollen und schiebt den Tag hinaus, an dem man externe Kinderbetreuung in Anspruch nehmen muss. Es kann sogar einen verkürzten Mutterschaftsurlaub akzeptabel machen, wie das Beispiel von Andrea zeigt, der ESP-Mutter der Zwillinge, die nach sechs Wochen unbesorgt zu einer Teilzeitbeschäftigung zurückkehren konnte, weil ihr Ehemann David an den Tagen, an denen sie arbeitete, zu Hause bei den Kindern blieb.

Wenn Sie also überlegen, ob Sie vorübergehend auf das Einkommen Ihrer Partnerin verzichten, um deren Elternzeit zu verlängern, sollten Sie in Betracht ziehen, diese Zeit stattdessen selbst zu nehmen – als Block oder in Form von einzelnen Tagen, die über mehrere Monate verteilt sind. Wenn Sie unsicher sind, was Ihren Anspruch auf Vaterschaftsurlaub betrifft, fragen Sie! Durch einen Vaterschaftsurlaub, der dem Ihrer Frau entspricht, wird es Ihnen bestimmt gelingen, ESP im Laufe der Zeit zu erreichen, und wir haben noch keinen Vater getroffen, der diese Entscheidung im Nachhinein bereut hätte.

in denen er das Neugeborene ganz allein und still im Dunkeln hielt – nur er und das kleine Baby, das er im Arm wiegte –, für nichts auf der Welt eingetauscht hätte.

- Schließen Sie sich einer Spielgruppe oder Babysitter-Kooperative an. Das kann die Erwartung wecken, dass Sie derjenige Elternteil sind, der sich um diese Aktivitäten kümmert, und gibt Ihnen die Möglichkeit, regelmäßig für eine feste Zeitspanne mit den Kindern zusammen zu sein.

Seien Sie kompetent

Die notwendige Motivation für die Betreuung der Kinder aufzubringen wäre überhaupt kein Problem, wenn es nur um solche Dinge wie Zoobesuche, Baseballspiele, das Herumtollen im Garten oder das Kuscheln mit einem glucksenden Baby ginge. Doch die Realität sieht natürlich anders aus – wir sind ja nicht blöd! Seit Jahren reden die Frauen auf uns ein und versuchen, uns davon zu überzeugen, mehr Familienarbeit zu leisten, indem sie uns erzählen, wie einsam, anstrengend und erschöpfend der Job sei. Vielleicht sollten sie an ihrer Verkaufsmasche arbeiten – aber ich schweife ab. Wenn man die Hälfte dieser »Last« tragen soll, möchte man eine anständige Gegenleistung für seine Mühe erhalten. Sie vielleicht sogar angenehm und wichtig finden.

Ich habe viele Männer kennengelernt, die ihre Kinder lieben, aber tief drinnen einen Horror davor haben, längere Zeit mit ihnen allein zu sein. Diese Väter reißen die Stunden oder Tage ab, ohne irgendjemandem größeren Schaden zuzufügen, aber sie beschreiben die Erfahrung als eine Art Überlebenstraining – angefangen von totaler Langeweile während ausgedehnter Als-ob-Spiele bis hin zu absolutem Frust, wenn ein Krabbelkind sich standhaft weigert, zu schlafen oder irgendetwas zu essen, das nicht von Mama zubereitet wurde. Doch was geschieht, wenn diese Männer sich der Aufgabe verschreiben, als Vater öfter verfügbar zu sein? Die Veränderung findet größtenteils im Kopf statt – ein innerer Wandel zur Wertschätzung ihrer Rolle als fürsorglicher Elternteil. ESP-Väter werfen die Idee über Bord, dass sie bei der Kindererziehung nicht glänzen müssten, weil ihre Frauen ohnehin immer die Kompetenteren in diesem Job bleiben werden. Sie beteiligen sich an der Einführung von Routinen, entwickeln ein Arsenal an kinderfreundlichen Aktivitäten und lernen, dem Tag mit den Kindern eine gewisse Struktur zu geben. Sie wollen nicht nur in den physischen Bereichen der Kinderbetreuung zu Experten werden, sondern sind auch um Präsenz bemüht, wenn sie zu Hause sind, anstatt nur die Kontrolluhr zu stechen, bis die Kinder im Bett sind.

Diese innere Haltung erfordert, dass Sie die Sprüche der »starken Kerle« ignorieren, die mit Warnungen kommen wie: »Werd bloß nicht zu gut darin, sonst musst du noch mehr machen.« Mir persönlich war diese Auffassung immer ziemlich egal und ich denke tatsächlich, dass sie gegen unsere Natur verstößt. Nirgendwo sonst im Leben eines Mannes zahlt sich Unfähigkeit aus – nicht im Job, nicht im Sport, nicht im Bett. Der Weg, um eine beliebige Aktivität zu genießen, führt über den Prozess, dass man gut darin wird. Kompetenz in allen väterlichen Zuständigkeitsbereichen zu erwerben ist eine Taktik, die direkt aus dem Spielbuch der ESP-Gleichheit stammt: Gleiche Verantwortung bedeutet gleiche Kompetenz, und Kompetenz macht uns stolz auf unsere Beiträge. Und gibt uns ein großartiges Gefühl im Hinblick auf unsere Stellung in der Familie. Und das führt wiederum zu all den anderen positiven Sachen – zum Beispiel, dass man seine Kinder wirklich in- und auswendig kennt und ihnen Zugang zum eigenen Denken gewährt, so dass sie uns genauso gut kennenlernen können.

Wenn Sie ein gleichgestellter Partner in der Kindererziehung (und allen anderen Bereichen des Lebens) sein und alle damit verbundenen Belohnungen ernten wollen, empfehle ich Ihnen, einfach die Ärmel hochzukrempeln, die Muskeln anzuspannen und alles über Ihre Kinder zu lernen. Legen Sie los, wechseln Sie die Windeln, stürzen Sie sich ins Als-ob-Spiel, seien Sie nötigenfalls streng, führen Sie gesunde Essgewohnheiten ein, trösten Sie Ihr weinendes Baby, fragen Sie die Kindergärtnerin nach den Erlebnissen Ihres Kindes, sprechen Sie mit Ihren Teenager-Kindern über Sexualität – und machen Sie es dann wieder und wieder, bis Sie richtig gut darin sind.

Hier einige weitere Vorschläge, wie man seine Kompetenz aufbauen kann, die wir von anderen ESP-Vätern gehört haben:

- Begleiten Sie Ihre Frau zu den Geburtsvorbereitungskursen. Stellen Sie Fragen.
- Nutzen Sie direkt nach der Geburt all die Experten, von denen Sie umgeben sind – Krankenschwestern, Ärzte, Hebammen: Sie können von denen lernen, wie man für einen Säugling sorgt. Ein ESP-Vater berichtete von einer klugen Krankenschwester, die ihm im Krankenhaus

zeigte, wie er das Baby baden sollte, und dann erklärte, jetzt könne er seiner Frau beibringen, was er gerade gelernt habe.

- Werden Sie zum Guru in einem oder zwei kleinen Bereichen der Kinderbetreuung; das wird zu einer sofortigen Erhöhung Ihres Ansehens als »oberkompetent« beitragen und Ihr Selbstvertrauen in Ihre allgemeinen elterlichen Fähigkeiten stärken. Ein ESP-Vater wurde für sein legendäres Wickelgeschick bekannt und wurde bei all seinen Kindern der Experte für Trost zur Schlafenszeit. Seither hat er seine »Baby-Origamie«-Technik vielen anderen frischgebackenen Eltern beigebracht.
- Übernehmen Sie jede Woche für einen vollen Tag die Verantwortung für Ihr Baby und fangen Sie früh damit an (wenn es sein muss, auch am Wochenende), um Ihre Kompetenz zu sichern. Wenn Ihre Partnerin Sie später fragt, warum Sie etwas auf bestimmte Weise mit dem Baby gemacht haben, können Sie auf Ihr Wissen zurückgreifen und eine konkrete Antwort geben. Sie werden fähig sein, Ihren sachverständigen Beitrag zum Gespräch zu leisten, und können Ihrer Partnerin vielleicht sogar noch einige Tricks und Kniffe beibringen.
- Unternehmen Sie auf eigene Faust etwas mit den Kindern – Einkaufen, Restaurantbesuche, Kindermuseen, Besuche bei Freunden etc. Sorgen Sie selbst dafür, dass Sie alles Notwendige dabei haben, wenn Sie zu Ihrem Abenteuer aufbrechen.
- Machen Sie sich schlau, was die Kleider- und Schuhgrößen Ihrer Kinder betrifft, und kaufen Sie diese Sachen nötigenfalls ein.
- Gehen Sie – zumindest gelegentlich – allein mit dem

Kind zum Kinderarzt. Nehmen Sie später »Zahnarzt« in Ihr Solo-Betreuungs-Repertoire mit auf.
- Engagieren Sie sich an der Schule Ihres Kindes, indem Sie sich als Betreuungsperson für einen Ausflug anmelden, dem Spielplatz-Ausschuss beitreten oder sich als Freiwilliger für ein Klassenprojekt zur Verfügung stellen.
- Übernehmen Sie die Verantwortung für einen dauerhaften Teil in der Ausbildung Ihrer Kinder. Viele ESP-Väter, die wir kennengelernt haben, haben die Verantwortung dafür übernommen, dass ihre Kinder zweisprachig aufwachsen, und sie geduldig und konsequent in ihrer eigenen Muttersprache unterrichtet.

Sie denken, es gibt etwas, das Sie einfach nicht so gut können wie Ihre Frau? Beweisen Sie sich selbst das Gegenteil! Nehmen Sie die Haltung eines ESP-Vaters an, der mit Nachdruck erklärt: »Ich habe kein Interesse daran, ein zweitrangiger Elternteil zu sein!« Zusätzlich zu den ganzen potenziellen Vorteilen für Ihre Kinder können Sie auf diese Weise zu sich selbst stehen. Ich würde sagen, Kompetenz ist ein Segen; überlassen Sie Ignoranz und Horror jenen, die Angst vorm Erfolg haben.

Seien Sie Sie selbst

Ich muss zugeben, dass mir die Kerle leid tun, die sich den Erziehungsregeln ihrer Frauen beugen müssen. Es ist nicht schön, vor allem nicht in der Öffentlichkeit, wenn ein ansonsten stolzer, erfolgreicher und vielleicht sogar engagierter Vater gerüffelt wird, weil er sich nicht an Mamas Gebote hält. So läuft es, wenn die Mutter die alleinige

Verantwortung für die Kindererziehung trägt. Doch wenn Sie Ihren Kindern genauso zur Verfügung stehen wie Ihre Frau und genauso gut wissen, wie man für sie sorgt, haben Sie sich das Recht verdient, dass Ihre Meinung genauso viel Gewicht hat. Ihre Aufgabe ist es, für sich selbst einzustehen.

Amy und ich erzählen gern die Geschichte davon, wie unser Wunsch nach wirklich gemeinsamem Elternsein auf die Probe gestellt wurde. Es geschah an dem Morgen, an dem Amy nach ihrem ersten Mutterschutzurlaub an ihren Arbeitsplatz zurückkehrte. Sie hatte diesen Tag sorgfältig geplant und Maias Fütter- und Schlafensroutinen in den vorangehenden Wochen genauestens durchorganisiert. Kurz bevor sie aus der Tür ging, präsentierte sie mir einen Zettel mit handschriftlichen Instruktionen über die zu erwärmenden Milchmengen bei den einzelnen Mahlzeiten, über Maias übliche Schlafenszeiten und andere Einzelheiten. Ich schaute nur so lange auf die Liste, um sie als meinen Marschbefehl zu erkennen, und zerriss sie dann vor ihren Augen. Ich sagte ihr, ich wisse, was ich zu tun hätte, und sei dazu ohne ihre Ermahnungen in der Lage. Ich meinte es nicht böse, auch wenn mein Verhalten Amy schockierte, aber ich wusste, dass ich klar und unmissverständlich für mich selbst eintreten musste. Wir beide betrachten diesen Zwischenfall als einen Wendepunkt. Obwohl ich mich während Amys Mutterschaftsurlaub intensiv an Maias Versorgung beteiligt hatte, war dies der Moment, in dem ich entweder als gleichberechtigter Partner bei der Kinderbetreuung anerkannt wurde … oder nur als Ersatz galt, der die Stellung hielt, bis die wahre Expertin wieder nach Hause kam.

Nicht alle Paare stehen irgendwann vor der Situation, die wir gern den »ausschlaggebenden Moment von ESP« bezeichnen. Doch viele von uns machen die Erfahrung, dass sie ihren Status als gleichrangiger Partner verteidigen müssen. Angenommen, die Eheleute haben abweichende Meinungen in der Frage, wie die Kinder sicher über die Straße kommen. Mama möchte die unumstößliche Regel aufstellen, dass die Kinder unter keinen Umständen die Hand des Elternteils loslassen dürfen. Aus Papas Sicht ist dieser Ansatz überfürsorglich und verhindert, dass die Kinder lernen, wie sie eigenständig eine ruhige Straße überqueren können. Wenn dieser Vater zahllose Überstunden im Büro gemacht hat und seine Frau den Großteil der Kinderbetreuung übernommen hat, könnten seine Wünsche beiseitegeschoben, wenn nicht völlig ignoriert werden. Doch bei gleichgestellten Partnern hat die Meinung des Vaters – zu Recht – genauso viel Gewicht wie die der Mutter. Die Kinder profitieren von den besten Ideen beider Eltern und Papa wird im Verhältnis zu seinen Kindern nicht in die untergeordnete Position eines Aushilfsbetreuers abgedrängt.

Wenn wir die innere Einstellung haben, dass Väter vollwertige, eigenständige Elternteile sind, haben wir die Freiheit, unsere ganz eigene Vorstellung vom Vatersein umzusetzen – die Zeit mit Papa sollte sich von der Zeit mit Mama unterscheiden. Wir ESP-Väter übernehmen nicht einfach die Regeln, die unsere Frauen darüber aufgestellt haben, ob unser Kind fähig ist, die Rutsche allein herunterzukommen oder die Schaukel für die Großen zu benutzen. Wir hinterfragen und experimentieren und brauchen das dazu notwendige Vertrauen unserer Partnerinnen. Wir lieben unsere Kinder genauso wie ihre Mütter sie lieben – nur wir tun es als Väter.

Hier einige Hinweise von ESP-Vätern, wie man voll Stolz seinen eigenen Stil entwickelt:

- Entwickeln Sie Ihre eigenen harmlos verrückten Methoden, um Aufgaben mit den Kindern zu erledigen. Ein ESP-Vater beteiligt seinen Nachwuchs am Zusammenlegen der Wäsche, indem er sie zunächst in einem großen Haufen ins Wohnzimmer wirft und die Kinder darauf herumhüpfen lässt. Er findet auch nichts dabei, dass sie sich die Zähne in der Küche putzen – über der Spüle mit dem schmutzigen Geschirr. Beide Methoden reißen seine Frau nicht zu Begeisterungsstürmen hin, aber sie funktionieren.
- Hören Sie auf Ihre Intuition, wenn Sie mit Ihren Kindern spielen. ESP-Vater Bruce brach mit seinem Sohn am liebsten zu spontanen Abenteuerunternehmungen auf und stellte fest, dass die meisten Mütter um ihn herum eher darauf konzentriert waren, die Liste mit ihren geplanten Aufgaben abzuarbeiten. Er fand ein weiteres Vater-Sohn-Duo und gemeinsam machten sie das Beste aus vielen schönen, sonnigen Tagen.
- Seien Sie, wenn Sie mit anderen Männern sprechen, stolz darauf, voll involviert zu sein in die Elternrolle. Sie sind kein Opfer, das dem Druck seiner Frau nachgegeben hat; machen Sie sich diese Tatsache bewusst.
- Lassen Sie nicht Ihre Kinder darüber bestimmen, welcher Elternteil welche Aufgaben im Haus übernimmt. Geben Sie nicht klein bei, wenn Johnny immer nur von Mama ins Bett gebracht werden will. Eine Weile wird er

vielleicht protestieren, aber irgendwann wird er die speziellen Schlafenszeitrituale beider Eltern genießen und alle werden davon profitieren.

- Respektieren Sie, dass Ihr Erziehungsstil sich von dem Ihrer Partnerin unterscheidet, und vertrauen Sie auf die Fähigkeit Ihrer Kinder, zu verstehen, dass ihre Eltern zwei eigenständige menschliche Wesen sind.

Wenn wir uns partnerschaftlich an der Erziehung unserer Kinder beteiligen wollen, besteht unsere Aufgabe darin, die herkömmlichen (und eher geringen) gesellschaftlichen Erwartungen an Väter zu erkennen und zurückzuweisen. Wir müssen uns mit Freude zur Verfügung stellen, Kompetenz erwerben und zu unseren eigenen Überzeugungen und Verhaltensweisen stehen und aufhören, uns hinter solchen Ausreden wie Karrierezwängen, vorgetäuschtem Unvermögen oder der Helferrolle zu verstecken. Wir müssen Vergleichen mit anderen Vätern widerstehen und uns auf unsere eigene umfassende Einbindung konzentrieren. Das können wir erfolgreich tun, wenn wir uns voller Begeisterung auf jeden Aspekt des Elternseins stürzen – zum Status des Koelternteils aufsteigen und bereit sind, nötigenfalls dafür zu kämpfen.

Die einzelnen Bestandteile zusammenfügen

Sobald Sie miteinander beschlossen haben, dass Sie die Kindererziehung in Teamarbeit bewältigen wollen, und sich bewusst werden, was jeder von Ihnen tun muss, um sich von den geschlechtsspezifischen Klischees der Vater- und Mutterrolle zu lösen, wartet eine weitere Aufgabe auf Sie, um eine volle elterliche Partnerschaft zu erreichen – nämlich die tägliche Logistik. Das bedeutet, dass Sie bei drei laufenden Teamprojekten kooperieren:

1. Entwicklung eines einheitlichen übergreifenden Erziehungsplans
2. gerechte Aufteilung der Aufgaben, die mit der Familienarbeit verbunden sind
3. stetige Erweiterung der Fähigkeit, als gleichgestellte Partner zu kommunizieren

Entwicklung eines einheitlichen übergreifenden Erziehungsplans

Das klingt vielleicht im ersten Moment wie eine Selbstverständlichkeit, aber es ist sehr wichtig für beide Elternteile eines ESP-Paares, dass sie gemeinsame Regeln ausarbeiten. Nicht nur der Kinder wegen, sondern auch, damit sie als Eltern nicht durchdrehen. Obwohl jeder Elternteil die Freiheit hat, seinen ganz eigenen Stil beim Umgang mit den Kindern anzuwenden, leiten Sie die Gesamtveranstaltung gemeinsam. Natürlich haben Sie jeder für sich die besten Absichten und oft ist es völlig in Ordnung, wenn Sie den Kindern zwei verschiedene Vorgehensweisen beibringen. Doch wenn Sie merken, dass Sie Ihren Kindern durch unterschiedliche Erziehungsansätze tatsächlich widersprüchliche und verwirrende Botschaften vermitteln, ist es an der Zeit, dass Sie – gemeinsam – einen einheitlichen Plan entwickeln.

Angenommen, jeder von Ihnen kümmert sich an einem Nachmittag in der Woche allein um die beiden Kinder im Grundschulalter. Papa möchte, dass sie ihre Hausaufgaben erledigen, bevor der Fernseher eingeschaltet wird. Mama dagegen lässt ihnen immer ein bisschen Zeit, um sich nach der Schule auszuruhen, bevor sie mit den Hausaufgaben anfangen. Die Aufstellung eines einheitlichen Plans wird einige heikle Gespräche erfordern, bei denen beide Elternteile ihre Philosophie erläutern und sie gegen die Vorzüge der jeweils anderen Auffassung abwägen. Die daraus resultierende Familienregel für nachschulische Aktivitäten kann von beiden akzeptiert und übernommen werden. Und gerade wenn der Plan wie durch Zauberhand zu funktionieren scheint, reißen die Kinder uns durch ein unerwartetes Verhalten aus unserem schönen, selbstgefälligen Utopia – und wir sind erneut emsig damit beschäftigt, einen einheitlichen Plan aufzustellen.

Aufteilung der Aufgaben

Es gibt keine perfekte Methode zur Aufteilung der Familienarbeit und Perfektion ist auch gar nicht das Ziel. Das wahre Ziel besteht darin, dass jeder ungefähr gleich viel Zeit darauf verwendet, die Kinder zu versorgen und sich aktiv um sie zu kümmern. Jedes Paar gestaltet die Einzelheiten so, wie es für seine Bedürfnisse am besten funktioniert.

Was die bei jedem Neugeborenen wiederkehrenden

Aufgaben des Windelwechselns, Fütterns und Tröstens betrifft, könnten Sie die Arbeit zum Beispiel in Zeitblöcke aufteilen – sagen wir, sie erledigt die gesamte Säuglinsversorgung an zwei Abenden in der Woche, er übernimmt zwei weitere Abende und die verbleibenden drei Tage machen Sie die Arbeit gemeinsam. Oder vielleicht gefällt Ihnen eine Methode, die wir eine Zeitlang praktiziert haben: Einer ist für alle nächtlichen Aktivitäten vor 2 Uhr morgens zuständig und der andere übernimmt alle späteren Nachtwachen. Wir haben oft gelacht, weil jeder hoffte, dass die Kinder während seiner jeweiligen »Schicht« durchschlafen würden.

Im Hinblick auf ältere Kinder haben viele ESP-Paare uns berichtet, dass sie sich bei den Aktivitäten rund ums Zubettgehen (Zähneputzen, Pyjama anziehen, die Kinder zu ihren Zimmern dirigieren) und bei den Morgenroutinen (Aufwecken, Ankleiden, Frühstück und Zähneputzen) tageweise abwechseln. Dadurch bleiben beide aktiv am Leben ihrer Kinder beteiligt und die Kinder erhalten täglich eine vorhersagbare Dosis von Mutter und Vater. Die Kinder erinnern ihre Eltern häufig daran, wer gerade mit was »dran« ist! Diese Technik lässt sich auch anwenden, um Phasen, in denen das Kind einen Elternteil vorzieht, zu entdramatisieren. Wieder andere ESP-Paare genießen es, diese Aktivitäten als Team durchzuführen, und entscheiden sich dafür, dem familiären Zusammensein Vorrang vor der Effizienz einzuräumen. Ein Paar zum Beispiel genoss das Ritual, das erstgeborene Kind jeden Abend gemeinsam zu baden und ihm dann abwechselnd je eine Seite von seiner Gute-Nacht-Geschichte vorzulesen. Als das zweite Kind zur Welt kam, erkannten die Partner allerdings schnell, dass es sinnvoller war, eine gewisse Aufgabenteilung vorzunehmen!

Aktivitäten lassen sich nach Interesse, praktischer Verfügbarkeit oder Neigung einteilen, aber wir warnen davor, sie nach sogenannten Talenten aufzuteilen – das führt leicht zurück zu dem Modell, dass ein Elternteil wieder die ganze Verantwortung für einen bestimmten Bereich erhält. Man kann die Aufgaben vollständig zwischen beiden aufteilen, alle gemeinsam erledigen oder sie größtenteils einem Elternteil übertragen. Wir empfehlen außerdem, eine absolute Aufspaltung zu minimieren, damit jeder weiterhin in allen Bereichen kompetent bleibt und damit die Kinder sehen können, dass Sie beide genauso kompetent sind. Um Ihnen einige Anregungen zu geben, haben wir am Ende des Kapitels eine Liste mit einigen üblichen Familienarbeiten zusammengestellt. Keine Angst: Sie müssen nicht jede einzelne Aufgabe penibel aufteilen, Sie müssen nicht einmal über alle aufgeführten Punkte diskutieren! Die Liste ist einfach als Werkzeug gedacht, das Ihnen helfen soll, alles, was zur Kindererziehung gehört, zu berücksichtigen, und das Ihnen die Möglichkeit geben soll, einen Schritt zurücktreten und ihre derzeitige Verteilung einzuschätzen: Wo gibt es noch Bereiche, in denen Sie eine Veränderung vornehmen oder die allgemeine Gleichheit verbessern möchten? Von Zeit zu Zeit können Sie die Liste wieder hervorholen, um noch einmal zu bewerten, wie gut sie sich schlagen. Denn genauso wie Ihren einheitlichen Plan zur Kindererziehung werden Sie auch Ihre Arbeitsteilung laufend abwandeln müssen, wenn Ihre Kinder heranwachsen und ihre Bedürfnisse sich wandeln.

Verbesserung der Kommunikationsfähigkeiten

Sie werden ständig kommunizieren müssen, um Ihre Selbstverpflichtung zu einer partnerschaftlichen Kindererziehung zu erneuern und zu überarbeiten. Und um Ihren Ansatz abzustimmen und darüber zu entscheiden, wie Sie die Aufgaben gemeinsam bewältigen und aufteilen wollen. Doch das Gespräch ist nicht zu Ende, wenn diese Dinge gut laufen. In einer traditionellen Ehe muss die Frau ihrem Mann nicht unbedingt von der Geburtstagsfeier erzählen, zu der ihr Sohn am kommenden Freitag eingeladen ist, weil sie wahrscheinlich diejenige ist, die sich um die ganzen Details kümmert – sie kauft das Geschenk, beantwortet die Einladung, fährt ihn hin und holt ihn wieder ab. Doch in einer ESP-Familie müssen beide Elternteile über praktisch alles informiert sein, häufig bis ins kleinste Detail. Das mag beängstigend erscheinen, aber wir sind hier, um Ihnen zu versichern, dass sich die Mühe lohnt und dass die Kommunikation nach kurzer Zeit relativ leicht und automatisch wird. Wir bezeichnen das als »ESP-Tanz«, weil der Informationsaustausch in einer fließenden Bewegung zwischen den beiden hin- und hergeht – auch wenn man sich gelegentlich noch auf die Füße tritt.

Bei uns zu Hause halten wir uns über das »große Bild« durch einen Online-Familienkalender auf dem Laufenden, den wir beide regelmäßig aktualisieren. Wir stimmen den Kalender mit unseren Handys ab und halten noch mal direkte Rücksprache miteinander, bevor wir Termine mit Spielgefährten, für Schwimmkurse oder andere Aktivitäten der Kinder abmachen. Die tägliche Routinelogistik erfordert nicht so viele Gespräche, wie man vielleicht denkt, weil wir unsere Aufgabenverteilung um einen informellen Plan aufbauen. Wir wissen zum Beispiel abends immer, wer gerade dafür zuständig ist, das jeweilige Kind ins Bett zu bringen, nach dem Abendessen abzuwaschen oder die Schulbrote für den nächsten Tag zu schmieren. Am Abend, nachdem die Kinder im Bett sind, informieren wir uns für gewöhnlich ein paar Minuten lang über den Tag und besprechen mögliche Erziehungsfragen, die sich für den einen oder anderen ergeben haben, damit wir den Kindern am nächsten Tag als einheitlich gegenübertreten können.

ESP UND ÄLTERE KINDER

Unsere Kinder sind mittlerweile sieben und vier Jahre alt; sie fordern noch immer unsere Anwesenheit beim Schlafengehen und Baden. Wir sind noch weit von der gefürchteten Pubertät entfernt. Aber wir wissen, was uns erwartet, und haben von anderen Paaren gehört, dass sie ESP-Eltern vor neue Herausforderungen stellen kann. Während einige ESP-Eltern die Pubertätsprobleme in bewährter Teammanier in Angriff nehmen, stellen andere fest, dass ihre Gleichheit durch die verschiedenen Stärken, die sie beim Umgang mit den Bedürfnissen von Jugendlichen haben, vor eine besondere Herausforderung gestellt wird.

Sobald Kinder älter werden, sind die alten Methoden der Aufgabenverteilung – beim Windelwechseln, Füttern und Trösten – nicht mehr gültig. Viele ESP-Paare stellen fest, dass sie durch die Notwendigkeit ersetzt werden, sich auf eine Aufteilung der emotionalen Zuwendung zu konzentrieren. Sharon und Jonathan, ein ESP-Paar aus Watertown, Massachusetts, deren Töchter das Nest inzwischen verlassen haben, erlebten

Partnerschaftliche Kindererziehung in Aktion

Wenn Sie sich darauf einigen, Ihre Kinder in Teamarbeit zu erziehen, werden Sie eine Erfahrung machen, die sich auf unglaubliche Weise von der Tradition unterscheidet. Der Zauber eines ESP-Arrangements ist für beide Partner – und ihre Kinder – spürbar. Zwei kompetente, engagierte Elternteile personifizieren das alte Sprichwort, dass zwei Köpfe besser sind als einer. Sie erhalten Gelegenheit, sich gegenseitig zum Vorbild zu nehmen, während sie beobachten und lernen, wie sie jene Situationen, in denen sie

dies aus erster Hand. »Die Teenagerzeit war chaotisch – explosiv, intensiv und anstrengend«, sagt Sharon. Jonathan, der seinen Töchtern die ganze Kindheit über ein kompetenter und aktiver ESP-Vater gewesen war, stellte plötzlich fest, dass er »keine Ahnung hatte, wie ich die Vertrautheit, die ich mit meinen Töchtern hatte, aufrechterhalten sollte, als sie Teenager wurden, die sich zwangsläufig von mir abnabeln mussten. Sie wollten eindeutig nicht mehr, dass ich mit ihnen spielte, und das musste ich respektieren. Ich brauchte eine Weile, um mich mit meiner neuen Elternrolle anzufreunden, weil ich den Eindruck hatte, dass ich sie nur noch herumchauffierte. Rückblickend wünschte ich, ich hätte das frühzeitiger kommen sehen und besser verstanden, was ich ihnen in diesen Jahren anbieten kann.«

»Passt auf, wie sich eure partnerschaftliche Elternrolle im Laufe der Zeit verändert!«, lautet die Warnung, die diese Erfahrungen von Eltern älterer Kinder uns mit auf den Weg geben. Bemüht euch, Kompetenzen in neuen Bereichen zu erwerben – genauso wie eure Kinder.

noch schwächeln, besser bewältigen können. Das kann dazu führen, dass beide zu besseren Eltern werden, wenn sie offen für neue Lernerfahrungen sind, und wir sind überzeugt, dass es die Auswirkungen von individuellen Neurosen (unter denen wir alle leiden) auf die Kinder abschwächen kann.

Für die Mutter bringt die partnerschaftliche Kindererziehung größere Freiheit: die Möglichkeit, das Haus jederzeit verlassen zu können, ohne befürchten zu müssen, dass die Kinder unter der wenig kompetenten Betreuung durch den Vater leiden, das Teilen der Ängste mit einem vollwertigen Partner, die Entlastung von der alleinigen Verantwortung für alle Entscheidungen in kinderrelevanten Fragen, die gemeinsame Bewältigung von Betreuungsaufgaben und ihrer Eintönigkeit.

Für den Vater bringt ESP die Möglichkeit, die Kinder zu seinen eigenen Bedingungen kennenzulernen und eine innige, fortlaufende Beziehung zu ihnen aufzubauen. Er teilt Freud und Leid der Elternschaft intensiver mit der Partnerin, was zu größerer Nähe und Vertrautheit führt. Er kann etwas von der freudigen Aufregung und Wissbegierde der Kinder auf seinen Beruf übertragen und die Familienzeit als unabdingbares Element eines glücklichen Lebens begrüßen.

Wir behaupten nicht, dass partnerschaftliche Kindererziehung klügere, gehorsamere oder hübschere Kinder hervorbringt. Tatsächlich können wir Ihnen versichern, dass Sie auf Ihrem Weg zu einem ESP-Arrangement die Erfahrung machen werden, dass Ihre Kinder immer noch Tobsuchtsanfälle bekommen und Ihre Autorität infrage stellen – so wie es sein sollte. Was wir vermitteln möchten, ist, dass partnerschaftliche Kindererziehung funktioniert, wenn Sie beide den Wunsch danach haben, und dass eine gerechte Aufgabenverteilung in dieser Domäne besonders lohnend ist. Wenn wir unsere Kinder gemeinsam großziehen, als gleichberechtigte Teampartner, erfüllt uns die Elternrolle mit Stolz und Freude. Wir geben unseren Kindern das Beste von uns – unsere größten Begabungen –, wenn wir voneinander lernen, wie wir am erfolgreichsten mit ihnen umgehen. Und wir machen uns selbst und dem anderen ein ausgewogenes Leben und eine innige Partnerschaft zum Geschenk.

Kindererziehung: Aufgaben

Bei der Entscheidung, wie man die Aufgaben der Kindererziehung miteinander teilt, sollten Sie immer daran denken, dass das Ziel beim wirklich gemeinsamen Elternsein darin besteht, dass beide Partner im Allgemeinen etwa gleich viel Zeit und Engagement aufbringen; das Ziel ist nicht unbedingt eine exakte Gleichheit bei jeder einzelnen Aufgabe. Bei Ihrer Analyse können Sie die folgenden Aktivitäten (und andere) berücksichtigen:

- Abend- und Schlafensroutine
- An Schulprojekten teilnehmen
- Ärztliche/Zahnärztliche Versorgung der Kinder (Termine vereinbaren, Termine wahrnehmen)
- Aufräumen / Einsammeln von Spielsachen beziehungsweise anderen Ausrüstungsgegenständen

Außerschulische Kurse/Sportveranstaltungen/Ferienlager (Auswahl und Anmeldung)

Außerschulische Kurse/Sportveranstaltungen/Ferienlager (Teilnahme oder Übernahme des Transports)

Außerschulische Lernaktivitäten (Hilfe beim Klavierspiel etc.)

Das Kind versorgen, wenn es krank ist

Den Kindern etwas beibringen (zum Beispiel Fahrradfahren, Lesen, Kochen)

Disziplin

Essensvorbereitung für Kinder (Kochen, Fläschchen fertig machen)

Geschenke kaufen (für die eigenen Kinder und Freunde der Kinder)

Hausaufgaben beaufsichtigen und/oder dabei helfen

Hobbys, Projekte und andere Aktivitäten

Kinder baden

Kleiderkauf für Kinder (einschließlich der Entscheidung, was gekauft werden soll)

Kleiderwechsel (jahreszeitliche Verfügbarkeit, Aussortieren von Sachen, die zu klein geworden sind; Aufbewahrung von Sachen, die noch zu groß sind; Verschenken/Annehmen von gebrauchten Sachen)

Koordinierung von Kinderbetreuung/Babysitting

Koordinierung von Treffen mit Spielkameraden/ von Terminen in Spielgruppen /von anderen sozialen Aktivitäten

Lunchpakete und andere Sachen für Schule/Ferienlager packen
Mit Kindern spielen
Morgenroutine (Anziehen, Kämmen/Styling, Zähneputzen)
Planung von Festivitäten (Kindergeburtstag, Taufe, Bar Mizwa, Einschulung, Schulabschluss etc.)
Sachen packen für Ferien oder Tagesausflüge
Sich mitten in der Nacht um die Kinder kümmern (Trösten nach Alpträumen, Saubermachen, Bettnässen etc.)
Unterricht zu Hause
Vorräte für die Kinder einkaufen (Windeln, Wischtücher, Schulsachen, Zahnpasta etc.)
Windelwechseln, Reinlichkeitserziehung und Badezimmer-Aufsicht
Zur Schule bringen und abholen

5

Beruf:

MEHR ALS NUR EIN JOB/NICHT ALLES IM LEBEN

Eine faire Aufgabenverteilung bei der wirtschaftlichen Versorgung der Familie ist zweifellos derjenige der vier ESP-Bereiche, der den größten Mut erfordert. Bei einer gleichmäßigen Verteilung der Arbeitslast in der Kindererziehung ebenso wie in den Bereichen Hausarbeit und persönliche Interessen, auf die wir später eingehen werden, müssen die Partner sich nur untereinander einigen. Doch um als gleichgestellte Partner einer Erwerbstätigkeit nachzugehen und das Geld zu verdienen, müssen wir unser Leben auch an äußere Bedingungen anpassen: an die Unternehmenspolitik, an die Akzeptanz von Vorgesetzten und Kollegen und an die logistischen Anforderungen jeder Berufstätigkeit. Auf so vieles davon scheinen wir gar keinen Einfluss zu haben. Sich zu gleichen Teilen in die Berufswelt einzubringen ist zweifellos am einfachsten, wenn beide Elternteile starre Vollzeitjobs und Arbeitszeitregelungen (und vielleicht sogar vergleichbare Pendelstrecken) akzeptieren und in Kauf nehmen, dass sie einander und die Kinder nur kurz am Abend sehen; dieses Szenario spielt sich tagtäglich in vielen Familien ab und könnte als berufliche Gleichstellung betrachtet werden. Doch erfüllt es auch die Kriterien eines erfüllten, ausgewogenen Lebens?

Oder denken wir an die äußeren Kräfte, die auf Paare einwirken, wenn sie die berufliche Gleichstellung völlig aufgeben – im Namen der reiner finanzieller Ad-hoc-Logik und um sich dem Unternehmensdruck zu beugen, der auf den »idealen Mitarbeiter«[2] drängt.

Wir finden es faszinierend – und sehr bedauerlich –, dass so viele Paare die Kosten externer Kinderbetreuung automatisch nur mit dem Einkommen eines Partners vergleichen. Diese Praxis lässt so viele Punkte aus, die man berücksichtigen könnte, wenn man die Frage »Wer bleibt zu Hause?« erörtert. Bei diesem Ansatz geht man davon aus, dass eine Berufstätigkeit quasi gleichbedeutend mit einem Gehaltsscheck sei, setzt in finanzieller Hinsicht alles auf eine Karte und lässt die kurz- und langfristige Zufriedenheit der beiden Partner oder ihre künftigen Möglichkeiten im Erwerbsleben völlig außer Acht. Wer sagt, dass ein Kardiologe oder Anwalt nicht einen Weg finden kann, um seine Arbeitszeit an die seines Partners anzugleichen? Es mag schwer zu bewerkstelligen sein, aber wir fordern Sie auf, uns zu beweisen, dass es unmöglich ist!

Und warum sollte eine Krankenschwester oder Sekretärin nicht *genug* zum Familieneinkommen beitragen können, vor allem wenn sie keine Lücke im Lebenslauf erklären muss und wenn sie einen gemeinsamen Plan mit ihrem Ehemann entwickelt, der ihre externen Kinderbetreuungskosten senkt?

Denken Sie daran, dass ESP uns auffordert, in jedem Lebensbereich nach Gleichheit zu streben. Und es fordert auch das gleiche Streben nach Ausgewogenheit für beide Partner. Also müssen wir die Erwartungen etwas höher ansetzen: Wir erstreben nicht nur eine Partnerschaft von *zwei* erwerbstätigen Elternteilen, sondern wollen auch jedem Partner ein *ausgewogenes* Leben verschaffen, in dem die Berufstätigkeit ihren angemessenen Raum erhält. Und das alles unter Einhaltung der Regeln unserer von der Wirtschaft geprägten Kultur.

So wie Mütter in unserer Gesellschaft über die Kindererziehung definiert werden, gilt die Ernährerrolle als das Wesentliche der Männlichkeit. Von daher stellt eine partnerschaftliche Arbeitsteilung in der beruflichen Domäne das Verständnis »echter Männer« auf den Kopf. ESP fordert Männer auf, sich selbst vollständig umzukrempeln – nicht bei einem kompletten Rollentausch aufzuhören, wie ein Vollzeithausmann, sondern eine innige, ausgewogene und gleichrangige Partnerschaft mit ihren Frauen anzustreben. Frauen – als Gruppe – wird beim ESP-Modell eine etwas andere Aufgabe zugeteilt. In einer Kultur, die einer Mutter gestattet, sich aus der Welt der Erwerbstätigkeit zu verabschieden (vorausgesetzt, die persönlichen Finanzen lassen es zu), müssen ESP-Mütter dieses Angebot ablehnen und ihre Verantwortung als vollwertige Partnerin bei der wirtschaftlichen Absicherung der Familie übernehmen.

Bevor wir diese geschlechtsspezifischen Herausforderungen näher untersuchen, möchten wir auf eine unkonventionelle Sichtweise von Berufstätigkeit und Karriere eingehen – die direkt mit den Grundgedanken von ESP zusammenhängt.

Der Handwerker

Zentral für die herkömmliche Karriereauffassung ist die Überzeugung, dass wir immer arbeiten, um *irgendwo anders* hinzukommen. Unser derzeitiger Arbeitsplatz bereitet uns auf den nächsten vor. Unser derzeitiger Titel wird durch einen noch höherrangigen ersetzt, wenn wir unsere Karten richtig ausspielen – mit den richtigen Leuten netzwerken, die richtigen Gelegenheiten beim Schopfe packen und uns entlang des Weges immer wieder bewähren. Wir können eine Managerposition anstreben oder auf andere Weise zu mehr Verantwortung und mehr Macht aufsteigen. Sogar eine feste Anstellung im Wissenschaftsbetrieb bedeutet für die meisten kein dauerhaftes Karriereplateau, weil wir immer ermutigt werden, noch mehr Prestige zu erringen als andere auf unserem Fachgebiet. Der herrschenden Meinung zufolge sollten wir unseren Weg zum »Guten Leben« sorgfältig und strategisch planen, jeden Schritt als genau das betrachten – als vorübergehenden Zustand oder temporäres Mittel zum Zweck. Doch diese Gewohnheit, stets in die Zukunft, auf den nächsten Karrieresprung zu schauen, hält uns in gewisser Weise davon ab, zu bemerken, dass das Leben auf jedem Haltepunkt entlang des Weges ziemlich gut sein könnte.

Wenn wir dagegen ein ausgewogenes Leben führen, so dass wir Zeit für alle Dinge haben, die uns wichtig sind, haben wir die Möglichkeit, Entscheidungen zu treffen, die auf mehr basieren als der Vermutung, was uns in Zukunft vielleicht glücklich machen wird. Dieser Paradigmenwechsel erlaubt uns, *unseren Beruf* jetzt *zu lieben*, und ist zentral für die Fähigkeit des ESP-Paares, den beruflichen Bereich wirklich gemeinsam zu bewältigen. Es ist der Wechsel zur Mentalität eines Mitarbeiters, der wie ein Handwerksmeister oder Künstler denkt – der sich um Meisterschaft in seinem Bereich bemüht.

Meister ihres Fachs – ob ein Tischlermeister, ein meisterhafter Musiker oder ein begnadeter Schriftsteller – arbeiten hart, um ihr Handwerk zu erlernen und extrem gut darin zu werden. Sie schätzen ihre Tätigkeit, und diese Haltung zeigt sich in ihrem handwerklichen Können und ihrer Kunstfertigkeit. Ihr Selbstwertgefühl im Beruf beruht darauf, dass sie sich einer hervorragenden Qualität verschrieben haben und sich engagiert um Spitzenleistungen als solche bemühen und nicht irgendwelchen äußeren Belohnungen nachjagen (obwohl sie wahrscheinlich jede Menge davon erhalten). Nicht nur Weltklasse-Künstler können große Meister sein – man kann ein Meister in allem sein: Rohrverlegen, Unterrichten, Managen, Kellnern, sogar bei der Annahme von Beschwerden in einer Versicherungsfirma. Als Mitarbeiter, die ihr Handwerk verstehen, können wir der Welt unsere Erfahrung, unser fachliches Können und unsere Leidenschaft geben und unsere aufrichtige Bemühung, gute Arbeit zu leisten. Wir können unsere Arbeit um der Tätigkeit selbst willen genießen – nicht weil sie ein Trittbrett ist (auch wenn sie sich als solches erweist) oder ein Mittel, um unseren Platz in der Welt zu rechtfertigen. Und die echte Begeisterung für unsere Arbeit bringt uns in der Regel ganz von allein den Ruf ein, kluge und präsente Mitarbeiter zu sein.

Kennzeichnend für diese Arbeitsethik, die auf dem Streben nach handwerklicher Meisterschaft beruht, ist, dass man seine Arbeit gut erledigt und ständig bemüht ist, sein Handwerk noch besser zu beherrschen – eine Investition, die sich später auszahlen kann. Obwohl nicht in der Form, wie Sie vielleicht denken. Es stimmt nicht mehr, dass diese Strategie automatisch zu einem steten Aufstieg auf der Karriereleiter in der Unternehmenswelt führt, bis man schließlich irgendwann in Rente geht. Dennoch ist der »Handwerker« offen für die Erkenntnis, dass die wahre Schönheit früher Anstrengung einfach im persönlichen Wissen und Können und der damit einhergehenden Reputation liegt. Ein Klempnerazubi bringt einen moderaten Lohn nach Hause, aber ein Klempnermeister, der in dem Ruf steht, effiziente, qualitativ hochwertige Arbeit zu leisten, kann weit mehr Geld in weit weniger Zeit verdienen. Wer in seinen Zwanzigern fleißig arbeitet und sich einen Ruf als exzellenter, loyaler und handwerklich versierter Mitarbeiter erwirbt, wird später, wenn er bereit ist, seine Arbeitszeit herunterzuschrauben und mehr Raum für Ehe und Elternschaft in seinem Leben zu schaffen, die Früchte ernten können. Ihr Wert als Meister Ihres Fachs ist ein bekannter Rohstoff, den jeder Arbeitgeber gern zur Verfügung hätte. Und Sie haben die Möglichkeit, weniger für dieselbe Bezahlung zu arbeiten wie jemand, der weniger »wertvoll« ist. Sie können die Kompromisse machen, die ESP-Paare so häufig eingehen, und haben gute Aussichten, genügend zu verdienen, um sorgenfrei leben zu können. Anstatt Ihren Lebenslauf zu nutzen, um eine Stufe höher zu klettern, können Sie ihn nutzen, um intelligenter zu arbeiten!

Jan und Saskia sind ein ESP-Paar aus dem niederländischen Haarlem und teilen sich die Erziehung ihres zweijährigen Sohnes Manu. Als Manu zur Welt kam, blieb Saskia nur acht Wochen zu Hause, bevor sie wieder in Teilzeit zu ihrem Job als Projektleiterin bei einer staatlichen Institution zurückkehrte, die ehrenamtliche Tätigkeiten unterstützt. Jan, ein freiberuflicher Tontechniker, nahm sich acht Monate frei, um sich um den Neugeborenen zu kümmern. Dann fing er wieder an, neue Aufträge anzunehmen – aber genau wie Saskia nur noch auf Teilzeitbasis. Heute ist der Montag Papa-Tag für Manu, dienstags kümmern sich die Großeltern um ihn, donnerstags ist er bei Sakia und die restlichen beiden Wochentage verbringt er in einer Kindertagesstätte. Der Job beider Eltern nimmt jeweils etwa drei bis vier Tage die Woche in Anspruch. Jan hat hart gearbeitet, bevor er Vater wurde, und sich einen Ruf als Tontechniker-As aufgebaut. Heute sagt er: »Ich kann meine Kunden auswählen und ich wähle diejenigen, die gut bezahlen und weniger Stunden verlangen. Wenn eine Band auf Tour gehen will und jemanden für sechs bis sieben Tage pro Woche braucht, frage ich, ob ich einen Kollegen mitbringen kann. Wenn sie ›Nein‹ sagen, lehne ich den Auftrag ab.«

Saskia und Jan lieben ihre Tätigkeiten und haben sich

einen soliden Ruf auf ihren Gebieten aufgebaut. Dennoch ist keiner von beiden auf den klassischen Aufstieg zur nächsten Sprosse der Karriereleiter ausgerichtet und sie bringen den Beruf in Einklang mit ihrem übrigen Leben. Sie haben ihr Können als Mittel genutzt, um völlig ausreichende, wenn auch keine maximalen Gehaltsschecks nach Hause zu bringen. Eine ähnliche Einstellung haben wir bei vielen ESP-Paaren festgestellt – wie zum Beispiel bei Tara und Brian, die seit 17 Jahren ihr eigenes Karate-Studio in Watertown, Massachusetts, betreiben und ohne Bedauern viele Möglichkeiten zur Expansion ihres Geschäfts zugunsten der Zeit mit ihren beiden Kindern ausgeschlagen haben. Ähnliches gilt für Liz und David, das Ärzte-Ehepaar aus Pittsburgh, Pennsylvania, die ihre Arbeitszeit beide um 50 Prozent reduziert haben, glücklich in ihrem Beruf sind und sich die Betreuung ihrer vier Kinder teilen (sie sogar zu Hause unterrichten).

Und was ist mit der Vorstellung, dass junge Berufstätige nicht ewig am selben Arbeitsplatz oder nicht einmal im selben Beruf bleiben wollen? Einige ESP-Eltern sind zufrieden damit, es auf einem bestimmten Gebiet zur Meisterschaft zu bringen, insbesondere wenn sie eine mehrjährige Ausbildung absolviert haben, um dorthin zu gelangen, aber viele Menschen wünschen sich eine kleinere oder größere Portion Abenteuer in ihrem Lebenslauf. Auch dieser Wunsch passt zur Berufseinstellung des »Handwerkers«, wenn wir unser »Handwerk« oder unsere »Kunst« nicht mit einem bestimmten Fachgebiet gleichsetzen, sondern es als stetes Streben nach Spitzenleistung bei unserer aktuellen Tätigkeit auffassen. Wer um Meisterschaft bemüht ist, liebt seine Arbeit, ganz gleich, was er im Moment gerade tut. Man kann heute Führungskraft im mittleren Management oder Trompeter (oder beides) sein und nächstes Jahr vielleicht seinen alten Traum verwirklichen und stattdessen als Bildhauer arbeiten. Doch ESP verlangt, dass man seine Begeisterung auf die gerade anliegende Tätigkeit konzentriert. Um großartig darin zu werden. Und sich dann nötigenfalls weiterzubewegen, solange man nicht vergisst, dass *zu* viel Job-Hopping die Fähigkeit zu Spitzenleistungen untergraben und die konzentrierte Hingabe an die gegenwärtige Tätigkeit behindern kann. Entscheidend ist die Freude an der Arbeit – ganz gleich, ob man seine Führungsfähigkeiten aufpoliert, die Lippen als Trompeter spitzt oder seine Kreativität als Bildhauer ausfeilt.

Dieses Streben nach Meisterschaft hat fast etwas Ketzerisches. Wir haben gelernt vorauszudenken – zur nächsten sich bietenden Chance – und nicht zu lange bei der Gelegenheit zu verweilen, die sich bereits vor uns entfaltet. Einige Menschen haben Angst, den Eindruck von Stillstand zu erwecken, wenn sie zu lange in einer bestimmten Stellung bleiben, und natürlich möchte niemand einen solchen Makel wie einen Karriererückschritt in seinem Lebenslauf haben. Viele klettern immer weiter nach oben, bis Leben und Können nicht mehr besonders gut zur ausgeübten Tätigkeit passen, bis wir diejenigen Teile der Arbeit, die uns echte Freude bereitet haben, eingetauscht haben oder bis zum Burnout, zur Rente oder zum Tod. An jedem Punkt könnte jeder von uns vollständig aus der Tretmühle hinausfliegen – sei es durch eine Entlassung, eine Erkrankung oder eine andere Katastrophe. Dennoch wird von uns erwartet, dass wir immer weiter hochklettern – und sich anders zu verhalten, kommt einem riskant vor.

Die Herausforderung, vor der Paare bei der Schaffung gleichwertiger Berufstätigkeiten stehen, ist, dass sie bereit sein müssen, anders zu leben. Wir fordern Sie nicht auf, Ihren wunderbar lukrativen Job zu kündigen, um fortan in den Bergen Ziegen zu züchten. Doch fast alle ESP-Paare, die wir kennengelernt haben, haben sich innerlich von der Vorstellung gelöst, dass sie auf der Karriereleiter immer weiter nach oben klettern müssen. Nicht zuletzt, weil sie entdeckt haben, dass sich eine Welt an neuen Möglichkeiten öffnet, wenn sie sich von dieser Idee verabschieden. Sie können genießen, wo sie sind. Es tut ihnen gut, bei der Arbeit jeden Tag ihr Bestes zu geben. Und anstatt darum zu kämpfen, bei der nächsten Beförderung, großen Chance oder Gehaltserhöhung berücksichtigt zu werden, können sie ihre Kraft nutzen, um für eine bestimmte Regelung, Verkürzung oder Umwandlung der Arbeitszeit zu kämpfen, durch die sie ihren Beruf in ein ausgewogenes Verhältnis zu all den anderen Dingen bringen, die ein erfülltes Leben ausmachen.

Wenden wir uns nun den Fragen zu, die typischerweise auftauchen, wenn der Mann oder die Frau versucht, sich die Ernährerrolle zu teilen.

Eine neue Identität: Partnerschaftliches Brötchenverdienen für Männer

Die Herausforderung in der beruflichen Domäne für ESP-Männer (und auch für viele Frauen) besteht darin, die fest verwurzelte Überzeugung aufzugeben, dass der Beruf gleichbedeutend mit der Identität sei. Man kann seinen Beruf lieben, die Zeit, die man ihm widmet, genießen und sich sogar im Glanz des Erfolgs sonnen, aber man muss daraus kein Leben füllendes Programm machen. Sie sind so viel mehr als das, was Sie bei der Arbeit tun. Sie sind auch Vater, Ehemann, Sohn, Nachbar, Freund. Ohne dieses Gesamtbild von sich selbst hat man leicht das Gefühl, sich selbst zu verlieren, wenn man sich die Verantwortung für die wirtschaftliche Versorgung der Familie mit der Ehefrau teilt. Durch die Erweiterung des Blickwinkels, aus dem Sie sich selbst betrachten, können Sie sich von der Last befreien, die alleinige oder den Großteil der Verantwortung für das Familieneinkommen zu tragen. Sie können alle Facetten dieser Verantwortung mit Ihrer Partnerin teilen.

Ähnlich schwierig ist es, Raum für andere Lebensaspekte zu schaffen, wenn Sie sich gezwungen fühlen, immer in die eine Richtung voranzupreschen, über die Sie sich definieren. Doch das Streben nach einem ausgewogenen Leben bietet eine tragfähige Alternative dazu, sich ausschließlich mit der Karriere zu identifizieren. Ganz gleich, ob Sie je die Initiative ergreifen (oder es überhaupt wollen): Eine ausgewogene Berufsperspektive eröffnet Ihnen die Einsicht, dass Sie jeden Arbeitsplatz (oder Beruf) aufgeben *könnten*, wenn er Ihr Glück verhindert. Für einen ESP-Vater ist kein Arbeitsplatz, Gehaltsscheck oder öffentlicher Ruf das Opfer Wert, dass er sich selbst, die Beziehung zum Partner oder zu den Kindern oder auch nur die tiefe Verbundenheit mit seinem Zuhause aufgibt.

John und seine Frau Annie teilen sich die Erziehung ihrer drei Kinder im Alter von acht, sechs und zwei Jahren. John hat als Luftfahrt-Ingenieur bei der NASA in Houston gearbeitet, während Annie in einer Nonprofit-Organisation tätig war, als ihr erstes Kind zur Welt kam. Doch als sie zwei Jahre später ihr zweites Baby bekamen, gab Annie ihren Job auf. Sie übernahm als freiberufliche Autorin einige Aufträge, die sie von zu Hause aus erledigen konnte, aber John übernahm die Hauptverantwortung für die wirtschaftliche Versorgung der Familie (was in Folge der Columbia-Katastrophe bedeutete, dass er häufig mehr als 60 Stunden die Woche arbeitete). Schnell wurde klar, dass weder John noch Annie glücklich mit diesem Arrangement waren. Deshalb stellte John die eisernen Regeln seines staatlichen Arbeitgebers auf die Probe und bat seinen Vorgesetzten um mehr Flexibilität, während Annie ihrem leidenschaftlichen Interesse an internationalen humanitären Projekten folgte und ein entsprechendes Studium aufnahm. So begann eine Reihe von unorthodoxen Arbeitsstunden für John (wozu auch gehörte, dass er ein Jahr lang vom heimischen Computer aus arbeitete) – ermöglicht durch einen großzügigen Chef und extrem harte Arbeit. Doch das alles hatte ein Ende, als John einen neuen Vorgesetzten bekam, der diese flexible Arbeitszeitregelung untersagte.

Nachdem John einmal auf den Geschmack einer flexiblen Arbeitszeitgestaltung gekommen war, wollte er nicht in die Tretmühle zurückkehren, die ihn zwang, zu viele Stunden im Büro und zu wenige Stunden bei seinen Kindern zu sein. Johns »Augenblick der Erkenntnis« kam an dem Tag, an dem sein Vorgesetzter seine Bitte, früher gehen zu dürfen, um seine Kinder beim Fußball zu trainieren, ablehnte. »Die Blase war geplatzt und wir konnten klar erkennen, wie wir leben wollten«, erinnert sich John. Er und Annie beschlossen, dass sie gern ein drittes Kind wollten, und John brachte den Mut auf, den großen Schritt zu tun. Er verließ die Sicherheit eines guten Jobs beim Staat und den Raumfahrt-Karrierepfad, um sich bei einem Studiengang für Umwelttechnik in New York City einzuschreiben, und Annie setzte ihr Studium an derselben Uni fort. Sie zogen ans andere Ende des Landes.

Nachdem sie inzwischen seit einigen Jahren an ihrer Promotion arbeiten, sind John und Annie beide glücklich. Wie John es beschreibt: »Das Wichtige ist, dass wir jetzt so leben, wie es unserem Ideal entspricht. Es ist nicht leicht, mit dem Doktoranden-Einkommen über die Runden zu kommen, aber wenigstens kann mir niemand vorschreiben, dass ich meine Kinder nicht sehen darf. Ich weiß, dass wir beide irgendwann unseren Abschluss haben und ein neues Zuhause für unser einzigartiges Arrangement finden müssen, aber zumindest habe ich das neu erwachte Vertrauen gewonnen, dass ich dem System des »Beruf über alles« widerstehen kann – dass wir überleben und glücklich sein können, auch wenn das System unsere Werte ablehnt. Wenn wir tatsächlich in traditionellere Jobs zurückkehren, wird es zu unseren Bedingungen sein müssen, oder wir sagen einfach: ›Nein danke, in unserem Leben gibt es zur Zeit Wichtigeres!‹« Annie betont mit Nachdruck, was sie aufrechterhalten wird: »Wir sind so glücklich! Die Dankbarkeit für unsere liebevolle Familie und ihren Zusammenhalt gibt uns Rückhalt für alles, was wir tun.«

Viele Menschen würden es schwierig finden, Johns Beispiel zu folgen und ihre Karriere aufs Spiel zu setzen, ohne eine gleichermaßen lukrative Alternative in Aussicht zu haben. Und wir behaupten nicht, dass ein solcher Schritt notwendig ist. Doch als ESP-Mann müssen Sie gemeinsam mit Ihrer Partnerin daran arbeiten, eine fantastische Karriere für sich selbst (ebenso wie für Ihre Partnerin) aufzubauen, die über den typischen Weg der Einkommens- und

DER FALSCHE WOHLTÄTER

Die Gesellschaft preist einen Mann vielleicht für seine Großzügigkeit, wenn er seiner Frau sagt: »Liebling, ich unterstütze gern alles, was du tun möchtest – du kannst berufstätig sein, wenn du möchtest, oder ich sorge für uns, wenn du lieber zu Hause bleiben willst.« Doch in Wahrheit besagt diese Botschaft, dass sein Beruf derjenige ist, der zählt. Die Berufstätigkeit seiner Frau ist einfach ein kleines Liebhaberprojekt; optional, eine nette Sache, aber nicht wirklich wichtig. Das äußerliche Ergebnis einer solchen Haltung mag nach Gleichheit aussehen. Doch im Innern solcher Beziehungen behalten die Männer die Oberhand im beruflichen Bereich.

Was geschieht, wenn die Schule wegen eines Schneesturms ausfällt? Wenn beide zur gleichen Zeit auf Geschäftsreise gehen müssen? Wenn sie verhandeln müssen, wer in einer bestimmten Woche länger arbeitet und wer das Essen für die Kinder vorbereitet? Wenn die Schulkrankenschwester anruft? Wenn die Kinder zur Tanzstunde gefahren werden müssen oder das Theaterstück in der Schule an einem Mitt-

Statusmaximierung hinausreicht. Wie die meisten Mütter nur zu gut wissen, ist die Fortsetzung der Berufstätigkeit schwieriger, wenn man aufgefordert wird, dabei auch die Kindererziehung und die anderen Lebensbereiche im Blick zu behalten. Beim Mann wirkt sich die Vaterschaft häufig entweder gar nicht oder sogar fördernd auf die Karriere aus, weil es praktisch und nützlich für sein Ansehen ist, wenn er eine Frau hat, die sich um die Kinder kümmert und seine Geschäftskunden bewirtet. Doch beim ESP-Modell müssen Sie auf diesen geschlechtsspezifischen Vorteil verzichten. Wir *alle* müssen verstärkt unse-

woch um 13:30 Uhr stattfindet? Wenn ihm eine Beförderung angeboten wird, die einen Umzug ans andere Ende des Landes erfordert? Mutters Job wird – wieder und wieder – in die Tonne getreten.

Und was geschieht, wenn Mutters Gehaltsscheck ziemlich mager ausfällt, nachdem ihr Beruf eine ganze Weile als unwichtiger abgetan wurde, während das Gehalt und die Bedeutung des Jobs, den ihr Mann ausübt, die ganze Zeit raketenhaft angestiegen sind, weil er die Zeit hatte, sich ihm zu widmen? Mutter erkennt, dass ihr Einkommen kaum die externe Kinderbetreuung deckt. Sie revidiert ihre Entscheidung, auf dem Arbeitsmarkt zu bleiben – so großzügig es auch von ihrem Mann war, es zu erlauben –, und bleibt schließlich doch zu Hause.

Wir skizzieren eine extreme, wenn auch nicht ungewöhnliche Situation. Doch Sie verstehen, worauf wir hinauswollen. Das Geschenk, das Sie Ihrer Frau machen, indem Sie ihre weniger wichtige Karriere unterstützen, ist im Rahmen des ESP-Modells alles andere als ein Geschenk.

ren eigenen Anteil der Baby-Auswirkungen auf unser Berufsleben übernehmen. Mit Freuden.

Ihr rechter Arm: Partnerschaftliches Brötchenverdienen für Frauen

In vielerlei Hinsicht haben Frauen in diesem Bereich die leichtere Aufgabe: Sie stehen vor der Herausforderung, ihren gleichen Anteil an der Ernährerrolle zu übernehmen und haben jede Menge Gesellschaft in der Arbeitswelt. Frauen sind seit Jahrzehnten erwerbstätig und verfolgen berufliche Karrieren, was wir der ersten Welle der Frauenbewegung verdanken, die uns den Weg geebnet hat. Frauen bekommen vielleicht noch nicht den gleichen Lohn für gleiche Arbeit (dies gilt insbesondere, wenn sie Mütter werden[3]) und befinden sich in der absoluten Minderheit, was die Vorstandssessel von Top-Unternehmen betrifft (ein komplexes und frustrierendes Thema, das den Rahmen dieses Buches sprengen würde), haben aber durchaus schon vielfältige Möglichkeiten, sich den Lebensunterhalt zu verdienen. Kollektiv betrachtet, sind Frauen außerdem viel weiter als die Männer, wenn es darum geht, pfiffige Methoden auszutüfteln, um die Arbeitszeit mit den Bedürfnissen der Kinder zu verbinden. Die Arbeitswelt legt ihnen dabei häufig immer noch große Steine in den Weg, aber Frauen werden nicht völlig ungläubige Blicke ernten, wenn sie die Mutterrolle als Erklärung dafür heranziehen, warum sie sich nicht zu Tode schuften wollen. Eine Mutter, die eine flexible Arbeitszeitregelung wünscht, ist zumindest ein bereits bekanntes Phänomen.

Hinsichtlich der gleichen Verteilung müssen sie noch einige Anstrengungen auf sich nehmen. Zuallererst müssen sie genauso stark davon überzeugt sein wie jeder Mann, dass die wirtschaftliche Versorgung der Familie in ihrer Verantwortung liegt. Auch wenn es hart auf hart kommt (sie hassen Ihren Job, sie vermissen ihre Kinder, sie können keine gute Betreuung organisieren, sie müssen Kurzzeit arbeiten oder werden entlassen), müssen sie es vermeiden, die Reißleine mit dem Etikett »Ich bleibe zu Hause« zu ziehen. Es gibt andere Lösungen und Sie müssen diese Alternativen (gemeinsam mit Ihrem Partner) gründlich erforschen. Vielleicht ist die Suche nach einer Nanny angebracht, wenn die örtlichen Betreuungsmöglichkeiten unbefriedigend sind – oder ein gänzlicher Verzicht auf externe Betreuung, wenn Sie beide Ihre Arbeitszeit entsprechend koordinieren können. Vielleicht wären Sie mit einem ganz neuen Job oder anderen Berufsfeld besser dran – ganz gleich, an wie vielen Bewerbungsgesprächen, Auffrischungskursen oder Fortbildungsseminaren Sie teilnehmen müssen. Sicher können Sie sich auf die Tatsache konzentrieren, dass Ihre Kinder nicht nur von Ihrer eigenen physischen Präsenz profitieren, sondern dass die Anwesenheit Ihres Mannes genauso wertvoll und wichtig ist. Vielleicht besteht auch die Möglichkeit, dass Sie Teilzeit arbeiten und Raum schaffen, damit Ihr Mann das Gleiche tun kann. All diese Lösungen und viele weitere sind akzeptabel. Nur nicht, dass Sie das Handtuch werfen. Die Berufstätigkeit ist für Frauen so wichtig wie ihr rechter Arm. Sie sind genauso verantwortlich wie ihre Partner für die wirtschaftliche Versorgung der Familie, und ihr Ziel ist, die gleiche Anzahl an Stunden zu arbeiten, um das Geld zu verdienen.

Sogar ein mickriges Gehalt ist keine Entschuldigung, um aus der Arbeitswelt auszuscheren. Wir alle kennen Mütter, die zu Hause bei den Kindern bleiben, weil die Eheleute ihre jeweiligen Gehälter verglichen haben. Er ist Anwalt, sie Sekretärin. Oder er ist Arzt und sie Krankenschwester. Sein Gehalt würde mehr als ausreichen, um all ihre Ausgaben zu decken, während ihr jährliches Einkommen kaum über den Kosten der Kinderbetreuung liegt – wenn man Steuern und andere Ausgaben berücksichtigt. Doch die faire Aufteilung der Ernährerrolle fordert kein gleiches Gehalt. Ein etwa gleiches Einkommen der Eheleute macht ESP nur einfacher und plausibler für Außenstehende. Doch der Geist von ESP lässt viel Raum für Partner mit ganz unterschiedlichen Gehaltsschecks, unterschiedlichen künftigen Lebenseinkünften und Berufen mit unterschiedlichem sozialen Status. Tatsächlich ist es entscheidend, dass Sie sich über solche Unterschiede hinwegsetzen, wenn Sie eine reelle Chance auf eine gleichberechtigte Partnerschaft haben wollen, weil diese Unterschiede so häufig zur galoppierenden Ungleichheit führen – erst im Job, dann zu Hause und schließlich bei der Kindererziehung.

Debby und Carl liefern ein Beispiel für eine partnerschaftliche Aufteilung der Erwerbstätigkeit und damit für einen Ansatz, der über eine scheinbar logische, aber ungleiche finanzielle Lösung siegte. Die Elternschaft begann bei diesem Paar aus dem kanadischen Saskatoon recht traditionell: Debby, die als klinische Psychologin tätig war, ging in Mutterschutzurlaub, während Carl weiter Vollzeit als frisch berufener Psychologieprofessor arbeitete. Doch Debby und Carl dachten lange und angestrengt über ihre beruflichen Pläne nach und starteten schließlich ein kleines Experiment. Debby gewährte Carl eine volle Woche allein zu Hause mit ihrer vier Monate alten Tochter. Das Experiment veränderte ihre Perspektive – und ihr Leben.

Debby handelte aus, dass sie in einem neuen Teilzeitjob in ihr berufliches Arbeitsgebiet zurückkehren konnte, und Carl überlegte, wie er am besten zu einer ähnlichen Stundenzahl gelangen könnte. Eine halbe Stelle als Professor bot damals wenig Vergünstigungen und wenig Urlaub; zudem wusste Carl, dass sich eine wissenschaftliche Tätigkeit in seinem Fachgebiet nur schwer auf eine bestimmte Stundenzahl begrenzen ließ; deshalb gab er seine Stellung an der Universität auf und trat eine halbe Stelle als klinischer Psychologe in einem Krankenhaus an. Das Ergebnis war, dass dieses Paar Carls begehrte Uni-Stellung opferte und die nächsten elf Jahre als gleichberechtigte Partner die Aufgaben der Kindererziehung und des Geldverdienens teilte. Debby setzte ihre Tätigkeit als Psychologin mit unterschiedlichen Arbeitszeitregelungen fort, als die Kinder heranwuchsen. Schließlich fing Carl wieder probeweise als Lehrbeauftragter an seiner alten Universität an und erhielt wesentlich später wieder eine Festanstellung. Heute haben die Töchter von Carl und Debby das Elternhaus verlassen, um ihre eigenen Träume zu verwirklichen, und das Paar schaut ohne jedes Bedauern auf seine Entscheidung zurück. Ihre Erinnerungen daran, dass sie alles Wichtige im Leben miteinander geteilt haben, überstrahlt alles andere.

Damals hielten einige von Carls Universitätskollegen ihn für völlig verrückt. Und vielleicht werden auch einige Ihrer Freunde Sie für Spinner halten. Doch wie Debby und Carl und alle anderen ESP-Paare können Sie sich dafür entscheiden, Ihre finanzielle Zukunft zu sichern, indem Sie sich auf zwei Einkommensströme umstellen und den gleichen Chancen auf Erfüllung für beide Partner Vorrang einräumen. Ihre große Aufgabe als Frau besteht einfach darin, die kulturellen Signale zu ignorieren, die Ihnen sagen, Ihr Job oder Ihr Beruf sei weniger wichtig oder Sie hätten das Recht, sich aus der gleich verteilten Verantwortung für das finanzielle Wohl der Familie zu verabschieden. Und natürlich gilt dasselbe Konzept der Gleichheit auch, wenn Sie mehr Geld verdienen als Ihr Partner oder einen Beruf ausüben, der auf lange Sicht vielleicht lukrativer ist als seiner.

Beide Karrieren nur halb so stark strapazieren

Wenn Sie Eltern werden, entsteht dieser Lebensbereich völlig neu – Ihre Chance, sich die Kindererziehung zu teilen. Um Raum zu schaffen, werden Sie beide Zeit von anderen Bereichen, häufig einschließlich des beruflichen Bereichs, abzweigen müssen. Um Ihr Berufsleben anzupassen, greifen Sie auf all die Strategien zurück, die seit langem von frischgebackenen berufstätigen Müttern angewendet werden – nur dass sie in der ESP-Familie jetzt von beiden Geschlechtern genutzt werden. Die gute Nachricht für ESP-Paare ist, dass Sie beide typischerweise viel geringere Veränderungen an Ihrer beruflichen Arbeit vornehmen müssen als einer der Partner in einem traditionellen Modell. Und kleine Veränderungen können große Wirkungen haben, wenn Sie und Ihr Partner als Team arbeiten. Sie können beispielsweise über folgende Optionen nachdenken:

- **Verschieben Sie Ihre momentane Arbeitszeit:** Einer von Ihnen könnte ein oder zwei Stunden früher mit der Arbeit beginnen und der andere einige Stunden später. So erhalten Sie beide eine ordentliche Portion alleiniger Kinderbetreuung pro Tag. Möglicherweise verkürzt sich durch dieses Arrangement auch die Pendelzeit, weil Sie nicht mehr zu den Stoßzeiten unterwegs sind.
- **Komprimieren Sie die Arbeitswoche:** Arbeiten Sie vier 10-Stunden-Tage pro Woche. Wenn Sie das beide tun können, haben Sie die Notwendigkeit externer Kinderbetreuung auf drei (wenn auch lange) Tage pro Woche verringert. Kombinieren Sie dies mit Gleitarbeitszeiten – so können Sie diese Betreuungstage auf eine reguläre Länge reduzieren. Übrigens plädieren wir keineswegs gegen eine externe Kinderbetreuung per se, doch durch diese und andere Optionen können Eltern, die sich dafür entscheiden, die externe Betreuung begrenzen und die Kosten erheblich senken.
- **Arbeiten Sie von zu Hause aus:** Begrenzen Sie die Zeit, die Sie zum Pendeln brauchen, und gewinnen Sie die Freiheit, den ganzen Arbeitstag über etwas Zeit für die Kinder abzuzweigen. Wenn allerdings nur einer von Ihnen per Telekommunikation von zu Hause aus arbeiten kann, müssen Sie darauf achten, dass dieses Szenario nicht dazu führt, dass sich Ungleichheiten bei der Verteilung der Haus- und Familienarbeit einschleichen.
- **Reduzieren Sie Ihre Wochenarbeitszeit:** Unser Favorit! Wahrscheinlich diejenige Methode, die ESP-Paare

am häufigsten anwenden, um Beruf und Familie zu vereinbaren. Wenn Sie eine leichte Reduzierung der Stundenzahl (sagen wir, auf 30 bis 35 Stunden die Woche) mit Gleitarbeitszeit und einer komprimierten Arbeitswoche verbinden, eröffnen sich zahlreiche Möglichkeiten.

- **Machen Sie sich selbstständig:** Eine weitere verbreitete Strategie. Selbstständigkeit ist ein Mittel für eine flexible Arbeitszeitgestaltung und für Ausgewogenheit, wenn Sie wirklich gemeinsames Elternsein eigenständig ansteuern.
- **Arbeiten Sie nach einem akademischen oder jahreszeitlichen Kalender:** Lehrer, Gärtner, Fassadenstreicher und Sporttrainer können die Ernährerrolle auf zyklische Weise teilen, indem sie mehr berufliche Arbeitsstunden während der Hauptsaison und mehr Kinderbetreuungsaufgaben während der Saure-Gurken-Zeit übernehmen.
- **Arbeiten Sie in unterschiedlicher Schicht:** Vielen Paaren gelingt es, eine externe Kinderbetreuung gänzlich zu vermeiden, indem sie zu unterschiedlichen Schichten oder an verschiedenen Wochentagen arbeiten (einschließlich Wochenende). Wählt man diese Option allerdings bei voller Stundenzahl, bleibt häufig wenig Zeit für die Zweierbeziehung und die Gesamtfamilie, und auch die persönliche Regeneration kommt häufig zu kurz.

Marco, der ESP-Vater aus Petaluma, ist ein Beispiel für großen Erfindungsreichtum bei der flexiblen Arbeitszeitgestaltung. Fragt man ihn nach seiner Arbeit als Englisch-

und Geschichtslehrer, antwortet er mit übersprudelnder Begeisterung. Dieser Mann liebt seine Arbeit tatsächlich heiß und innig. Doch als seine erste Tochter geboren wurde, war er der Einzige unter allen männlichen und weiblichen Mitarbeitern (die Schule war relativ neu), der um Elternzeit nachsuchte – die ihm, einfach weil er fragte, für drei Wochen bei voller Bezahlung gewährt wurde. Er wiederholte die Bitte, als seine Zwillinge zur Welt kamen, und teilt sich die Kindererziehung jetzt zu gleichen Teilen mit seiner Frau Megan.

Auf dem Weg dorthin hat Marco mit seiner Rolle in der Schule experimentiert. Eine Zeit lang akzeptierte er eine Stellung mit quasiadministrativen Zuständigkeiten, erkannte aber schnell, dass seine wahre Leidenschaft das Unterrichten im Klassenraum war; deshalb gab er diese Stellung bald wieder auf (trotz der Tatsache, dass sie mit einem Stipendium einherging) und kehrte zu der Tätigkeit zurück, die am besten zu ihm passte. Vor kurzem fiel Marco auf, dass er sich von der Doppelbelastung der Familien- und Schularbeit gestresst fühlte, und nutzte sein Dienstalter, um seine derzeitige Zweidrittelposition in der Schule auszuhandeln. Jetzt unterrichtet er nachmittags und verbringt den Morgen mit seinen Kindern. »Meine neue Arbeitszeitregelung entschärft die Situation und ermöglicht mir genau das richtige Maß an Ausgewogenheit – mehr Zeit zu Hause, genug Zeit im Klassenraum und Zeit für all die ›anderen Dinge‹«, erklärt er.

Viele Frauen gehen auf diese Weise an ihre berufliche Laufbahn heran, nachdem sie Mütter geworden sind, aber wie Marcos Weg illustriert, sind auch Männer fähig und willens, die oben beschriebenen Ideen – und andere – zu nutzen, um den Beruf, den sie lieben, an das Leben, das sie wollen, anzupassen.

Welcher Ansatz gefällt Ihnen am besten? Stellen Sie fest, dass Sie innerlich eine Möglichkeit nach der anderen für sich streichen? Es erfordert eine Mischung aus Sehnsucht und Fantasie, um zu erkennen, wie Ihr Job auf eine Weise funktionieren könnte, die im Moment noch nicht vorstellbar ist. Sie können sich natürlich auch geschlagen geben und Ihre berufliche Laufbahn mit einer herkömmlichen Arbeitszeitregelung beschreiten, die nicht besonders gut

DIE ALLMÄCHTIGE 40-STUNDEN-WOCHE IM BERUFSLEBEN

Irgendwo entlang des Weges hat man uns gesagt, dass ein Vollzeitjob 40 Stunden die Woche in Anspruch nimmt. Das ist die Vollzeitstelle im Budget eines Managers und die richtige Mindestzahl der Stunden, deren Ableistung man automatisch von jedem Vollzeitmitarbeiter verlangen kann.

Problematisch wird es, wenn wir diesen Wirtschaftsmaßstab nehmen und ihm einen sozialen Wert zuschreiben – wenn wir uns zum Beispiel in einem Job weniger wichtig fühlen, weil wir nur 39 Stunden arbeiten. Durch den Unterschied von einigen Pausen am Kaffeeautomaten mutieren wir schlagartig zu gefürchteten Teilzeitbeschäftigten – zu Faulpelzen, die sich nicht mehr richtig in ihren Job reinknien. Wie albern! In einer idealen Welt würden wir alle nach der Leistung und den Ergebnissen bezahlt werden, die wir erbringen, unabhängig davon, wie lange wir für unsere Arbeit brauchen. Wir wären höchst motiviert, effizient zu arbeiten, damit wir den Arbeitsplatz früh verlassen könnten (oder mehr arbeiten könnten, wenn wir uns nichts Schöneres vorstellen können).

zu Ihrem Lebensideal passt. Doch wenn Sie etwas anderes ersehnen – und daran glauben, dass der persönliche Gewinn die möglicherweise auftretenden Widrigkeiten wert ist –, sind Sie möglicherweise angenehm überrascht, wie viel Einfluss Sie tatsächlich haben. Wir werden im nächsten Abschnitt darauf eingehen, wie Sie auf Ihren Boss zugehen und erfolgreich unkonventionelle berufliche Arbeitsarrangements aushandeln können. Doch konzentrieren wir uns noch einen Moment länger auf SIE. Lassen Sie sich von verwegenen, verrückten, brillanten Ideen davontragen.

ESP-Paare bezeichnen sich selbst häufig als effizient – geben manchmal ein bisschen damit an, dass sie einen Vollzeitjob in einem Bruchteil der Zeit erledigen, die alle anderen, die sie kennen, dafür brauchen. Einige arbeiten Vollzeit, finden aber Methoden, um »Nein« zu noch mehr Arbeit zu sagen, die ihr Leben aus dem Gleichgewicht bringen würde. Die Glücklichen von uns erhalten tatsächlich vollen Lohn dafür, wenn sie normale Vollzeitergebnisse in weniger Wochenarbeitsstunden erbringen. Wir anderen nehmen Gehaltseinbußen in Kauf, wenn wir offiziell berechtigt sein wollen, unsere Arbeitszeit etwas zu verkürzen – und setzen uns über das soziale Stigma, das diesem Vorgehen anhaftet, hinweg.

Tappen Sie nicht in die Falle, dass Sie unbedingt in den typischen Vollzeitjob passen müssen. ESP erlaubt uns, dass wir zumindest versuchen, Ausgewogenheit durch eine Reduzierung der Arbeitszeit zu erreichen – dass wir in Betracht ziehen, über das 08/15-Schema hinauszudenken, und uns bemühen, einen Job zu finden oder zu kreieren, der nicht an die magische Grenze der 40 Stunden gebunden ist. Die richtige Anzahl der Stunden am Arbeitsplatz ist die Zahl, die genügend Geld einbringt und uns genügend freie Zeit lässt. Das kann ein Vollzeitjob sein, muss es aber nicht.

Oder wenn Sie sich nicht einmal ansatzweise vorstellen können, wie eine berufliche Veränderung aussehen sollte, fangen Sie einfach mit ein paar Experimenten an: Nehmen Sie verfügbare Zeit (Urlaub, Sabbatical und den Ihnen zustehenden Elternurlaub), um gründlich nachzudenken. Vor allem ESP-Väter berichten uns häufig, dass die Zeit, in der sie ins Familienleben eingetaucht sind oder sogar in ein Hobby oder Abenteuer, ihnen geholfen habe, fundierte Entscheidungen darüber zu treffen, wie sie ihre Wachzeit auf lange Sicht verbringen wollen.

Machen Sie sich selbst – mindestens – dieses Geschenk, so dass Sie mutigere Ideen entwickeln können, wenn Sie so weit sind. Ihr Boss wird Ihnen kaum voll Begeisterung eine Bitte erfüllen, von der Sie nicht selbst überzeugt sind. Wie könnten Sie diese Bitte vortragen?

Das »Ja« bekommen

Nachdem Sie eine gute Idee hatten, wie Ihre ideale Arbeitszeitregelung aussehen könnte, sind Sie bereit, die Strategien auszuprobieren, die ESP-Paare anwenden, um tatsächlich das zu bekommen, was sie von der Arbeitswelt wollen. Gehen wir zunächst einmal von der Annahme aus, dass Sie eine Tätigkeit ausüben, die Ihnen im Großen und Ganzen viel Freude bereitet, aber dass Sie gern eine Veränderung an ihrem Arbeitsablauf vornehmen möchten – vielleicht nur noch vier Tage die Woche arbeiten oder dienstags und donnerstags früher gehen wollen. Wie könnten Sie das bewerkstelligen? Es gibt viele hervorragende Hilfsmittel, die Sie durch diese Verhandlungen leiten und Ihnen helfen, Ihren Boss auch nach seinem »Ja« bei Laune zu halten. Wir haben einige unserer Lieblingstaktiken am Ende dieses Buches in dem Abschnitt »Weiterführende Literatur« aufgenommen. Doch hier zunächst die Regeln, die bei anderen ESP-Paaren funktioniert haben:

1. Regel: Übernehmen Sie die volle Verantwortung. Es ist nicht Aufgabe Ihres Chefs, für Sie herauszufinden, wie und ob Ihr Plan funktioniert. Das ist *Ihre* Aufgabe. Bitten Sie Ihren Boss nicht um ein Gespräch, solange Sie keinen ausgearbeiteten Plan haben, der auch umfasst, was Sie an Ihrer Arbeitszeit oder Ihrem Zuständigkeitsbereich ändern wollen und – noch wichtiger – inwiefern sich diese Veränderung positiv auf den Betrieb auswirken wird. Beschreiben Sie nicht einfach nur, inwiefern die Veränderung *Sie* glücklich machen wird. Bei Ihrer Argumentation sollten Sie detailliert darauf eingehen, wie Sie Ihr Pensum auch künftig – erfolgreich und rechtzeitig – erledigen werden, und darlegen, warum die Kollegen in keiner Weise unter der Neuregelung zu leiden haben. Wenn Ihr Plan eine Reduzierung der bezahlten Arbeitsstunden umfasst, legen Sie das als Vorteil für das Unternehmen aus. Je weniger Ihr Boss Ihnen zahlen muss, vor allem wenn Sie immer noch den Großteil Ihrer derzeitigen Aufgaben bewältigen, desto glücklicher wird er sein. Lassen Sie Ihrem Chef schließlich auch genügend Zeit, um über Ihre Bitte und die Einzelheiten Ihres Plans nachzudenken; unnötiger Druck auf eine schnelle Entscheidung ist ein sicheres Mittel, um die Stimmung zu ruinieren.

2. Regel: Seien Sie für alles offen. Viele Träume von einer flexiblen Arbeitszeit sterben, bevor sie je gehört wurden. Das liegt daran, dass der Träumer denkt, sie würden sowieso nicht funktionieren. Wenn Sie selbst von Ihrer idealen Arbeitszeitregelung überzeugt sind, müssen Sie sie Ihrem Boss schmackhaft machen. Also machen Sie den Mund auf. Gehen Sie nicht davon aus, dass Ihre Idee unrealisierbar ist, nur weil es vor Ihnen noch niemand versucht hat. Halten Sie den Plan nicht einmal dann für unmöglich, wenn er bereits 100 Mal vorgeschlagen wurde und man ihn jedes Mal abgelehnt hat. Wenn Ihr Vorschlag zum 101. Mal abgeschmettert wird, überarbeiten Sie Ihren Ansatz und fragen Sie erneut an. Und dann noch einmal. Ganz höflich. Ihr Vorgesetzter hat vielleicht Angst, dass eine Zustimmung dazu führt, dass er dauerhaft Geld im Abteilungsbudget verliert oder es unmöglich wird, Ihre Stellung neu zu besetzen, wenn Sie kündigen. Das sind berechtigte, wenn auch bedauerliche Sorgen. Bleiben Sie trotzdem beharrlich und legen Sie eine Liste mit großartigen Gründen dafür vor, warum diese Sorgen unbegründet sind. Manchmal erlauben Arbeitgeber flexible Regelungen oder reduzierte Stunden für einen begrenzten Zeitraum; nehmen Sie das Angebot an und plädieren Sie dann dafür, das Arrangement dauerhaft fortzusetzen, indem Sie allen beweisen, wie fantastisch es funktioniert.

3. Regel: Bauen Sie auf langjährige berufliche Erfahrung. Es kostet eine Riesenstange Geld für die meisten Arbeitgeber einen gut ausgebildeten Arbeitnehmer ziehen zu lassen, einen neuen anzuwerben und einzuarbeiten und auch den neuen Mitarbeiter möglicherweise wieder ersetzen zu müssen, wenn er den Erwartungen nicht entspricht. Diese Überlegung ist besonders wichtig, wenn Sie ein loyaler, langjähriger Mitarbeiter sind, der seinen Job wirklich aus dem Effeff beherrscht. Solange Sie nicht zum alten Eisen gezählt werden, ist langjährige berufliche Erfahrung oder Betriebszugehörigkeit etwas Großartiges, wenn Sie sich eine flexiblen ESP-Arbeitszeitregelung wünschen. Die langjährige Erfahrung geht Hand in Hand mit dem Konzept des um Meisterschaft bemühten Handwerker-Mitarbeiters, und das führt geradewegs zur

4. Regel: Erwerben Sie sich einen Ruf als Traum-Mitarbeiter. Kompetente hilfsbereite und produktive (und beliebte) Mitarbeiter erhalten für gewöhnlich eher, was sie sich wünschen, als andere. Bauen Sie sich einen Ruf für Ihre Kreativität, qualitativ hochwertige Arbeit und Ihre Hilfsbereitschaft gegenüber anderen auf. Übernehmen Sie Verantwortung für neue Projekte oder Programme. Bewähren Sie sich. Halten Sie Fristen und Termine ein. Beschweren Sie sich nicht ohne handfesten Grund. Wenn Sie dann nach einer anderen Arbeitszeitregelung fragen, wird Ihre Firma Ihre Bitte auch eher ernst nehmen. Ihr Vorgesetzter wird wissen, dass es ein schwerer Verlust für das Unternehmen wäre, wenn Sie gingen. Setzen Sie Ihr Engagement fort, wenn man Ihnen die Neuregelung gewährt hat, um zu beweisen, dass der Plan für alle gut funktioniert.

5. Regel: Minimieren Sie die Veränderung. Fast jeder Job lässt ein wenig Spielraum für Müßiggang. Tatsächlich haben Studien ergeben, dass fast zwei Stunden eines 8-Stunden-Arbeitstags vergeudet werden – weil die Mitarbeiter im Internet surfen, mit Kollegen klönen, Löcher in die Luft starren und sich mit anderen unproduktiven Nichtigkeiten beschäftigen.[4] Wenn Sie sich dieses Wissen zunutze machen, können Sie möglicherweise weiterhin genauso produktiv sein wie bei einer Vollzeitanstellung, auch wenn Sie Ihre Stunden reduzieren (viele ESP-Eltern bezeugen dies, wie etwa Carl, der seine Teilzeitjahre zu seinen produktivsten zählt, einfach weil er besonders glücklich war – und besonders motiviert, so effizient wie möglich zu arbeiten). Von Bürospionen einmal abgesehen, sind die meisten Mitarbeiter eher an ihrer eigenen Arbeit interessiert als daran, die der anderen zu sabotieren. Je unauffälliger Sie mit Ihrer neuen Arbeitszeitregelung (und Ihrer Bitte danach) umgehen können, desto besser. Bei Gesprächen am Arbeitsplatz sollten Sie die Veränderung nur zum Thema machen, wenn es unumgänglich ist. Erledigen Sie Ihr Pensum weiterhin in der vorgeschriebenen Zeit, nehmen Sie an Meetings teil und antworten Sie wann immer möglich auf E-Mails oder Anrufe. Vor allem wenn Sie an vielen verschiedenen Orten tätig sind, gelingt es Ihnen vielleicht sogar, dass nur ganz wenige Leute die Auswirkungen Ihrer neuen Arbeitszeit überhaupt bemerken.

6. Regel: Bleiben Sie flexibel. Was immer Sie tun, bitten Sie Ihren Vorgesetzten nicht um flexible Arbeitszeiten, wenn Sie nicht bereit sind, auch Ihre eigene Flexibilität unter Beweis zu stellen! Hören Sie beim Verhandeln aufmerksam zu, wenn Ihr Chef von seinen Sorgen erzählt, und versuchen Sie, im Rahmen Ihres Plans darauf einzugehen. Seien Sie offen für alternative Vorschläge, die für

Ihre Firma vielleicht besser funktionieren, aber trotzdem Ihren Bedürfnissen nach Ausgewogenheit und nach mehr Zeit mit den Kindern entsprechen. Sind Sie bei den wöchentlichen Betriebsbesprechungen völlig unabkömmlich? Überarbeiten Sie Ihren Traum, so dass Sie an dem Meeting teilnehmen können, und bitten Sie stattdessen an einem anderen Tag um eine Verkürzung der Arbeitszeit. Schlagen Sie keine Option aus, bevor Sie sie wirklich gut durchdacht haben. Wenn Sie dann nach dem neuen Plan arbeiten, bleiben Sie offen dafür, ihn im Laufe der Zeit erneut abzuwandeln.

7. Regel: Bleiben Sie verfügbar. Bei Teilzeitbeschäftigten mit flexibler Arbeitszeit entsteht vielleicht der Eindruck, sie stünden für Geschäftsreisen nicht zur Verfügung oder könnten außerhalb der Bürozeiten nicht an einem wichtigen Geschäftsessen teilnehmen. Diesen Eindruck sollten Sie vermeiden! Bieten Sie sich freiwillig für solche Aufgaben an und lassen Sie Ihren Chef wissen, dass Sie gelegentlich auch an zusätzlichen Tagen einspringen können, wenn Sie genügend Vorlauf haben. Solche Einsätze sind möglich, auch wenn man sie natürlich gründlich mit dem Partner/der Partnerin besprechen muss. Indem Sie zeigen, dass Sie ein Teamspieler sind, der Opfer bringt, um einzuspringen, wenn Not am Mann ist, beugen Sie der Gefahr vor, dass man Sie bei der Arbeit marginalisiert. Stellen Sie an den Tagen, an denen Sie zu Hause sind, Kontakt mit der Arbeit via E-Mail oder Telefon her, wenn die Kinder schlafen oder anderweitig beschäftigt sind, und reagieren Sie wann immer möglich auf wichtige Nachrichten. Das sendet die Botschaft aus, dass Sie trotz Ihrer flexiblen Arbeitszeit immer noch voll zur Verfügung stehen. Wenn Ihr Chef anfängt, Ihre Großzügigkeit auszunutzen, bitten Sie vorsichtig um einen Ausgleich, zum Beispiel um einen anderen freien Tag, wenn Sie an Ihren normalen Familienarbeitstagen ins Büro mussten. Doch im Allgemeinen lässt sich durch ein bisschen Flexibilität eine Menge erreichen – und je flexibler Sie wirken, desto wahrscheinlicher ist es, dass Ihr Boss sich für Sie einsetzt und Ihre Kollegen keinen Anlass haben, sich zu beschweren.

8. Regel: Informieren Sie sich über Vergünstigungen und Zuschüsse, die Ihnen zustehen. Flexible Arbeitszeitregelungen können verheerende Auswirkungen auf Ihre Krankenversicherung oder andere Sozialleistungen haben, vor allem wenn Sie gleichzeitig die Arbeitszeit reduzieren. Jedenfalls denken das viele Menschen. Deshalb sollten Sie sich genau über Details informieren. Gelten 35 Stunden immer noch als Vollzeitbeschäftigung? Was verändert sich bei den einzelnen Vergünstigungen, wenn man nur noch 32 oder 28 Stunden die Woche arbeitet? Welche Auswirkungen haben Mutterschafts- oder Vaterschaftsurlaub beziehungsweise Elternzeit? Gibt es in Ihrer Firma familienfreundliche Sonderregelungen? – Als Amy bei Maias Geburt durch Kaiserschnitt entbunden werden musste, wussten wir nicht, dass Marc noch zwei zusätzliche Wochen bei voller Bezahlung freibekommen hätte – eine Vergünstigung, die seine Firma im Rahmen des Family and Medical Leave Act (ein Gesetz, das die Vereinbarkeit von Beruf und Familie fördert) anbot. Als bei Theos Geburt die gleiche Situation eintrat, nutzten wir diese Zusatzleistung!

Wie man das »Ja« vom ersten Tag an bekommt

Alle oben beschriebenen Taktiken und andere bilden zusammen Ihren allgemeinen Strategieplan, durch den Sie die Zustimmung Ihres derzeitigen Chefs gewinnen wollen. Doch wenn Sie sich für einen neuen Arbeitsplatz bewerben (vielleicht weil Ihr derzeitiger Boss dieses Ja verweigert hat), brauchen Sie ein paar zusätzliche Tricks und Kniffe. Es kann schwierig genug sein, einen neuen Job zu finden, der angemessen bezahlt wird und Ihren Qualifikationen und Interessen entspricht – vor allem bei einer angespannten Wirtschaftslage. Soll man in dieser Situation den Druck noch weiter erhöhen und nach einem Job suchen, der auch noch die richtige Arbeitszeitregelung umfasst?

In diesem Zusammenhang ist Marcs Geschichte vielleicht ganz hilfreich:

Seit fast fünf Jahren war ich in einem großen Unternehmen der einzige Mitarbeiter, der drei Tage pro Woche arbeitete (insgesamt 27 Stunden die Woche). Meine Tätigkeit als leitender Computertechniker in der Support-Abteilung machte mir wirklich viel Freude, bis eines Tages meine gesamte Abteilung an einen IT Support Service ausgelagert wurde und ich mich – ich war Anfang 40 – auf die Suche nach einem neuen Teilzeitjob machen musste.

Ich beschloss, meine Jobsuche zu nutzen, um das System zu testen sowie mein Engagement für ein ausgewogenes Leben. Würde ich einen Arbeitgeber dazu bringen können, mich gut für mein Know-how und meine Erfahrung zu bezahlen, auch wenn ich nicht an einem Vollzeitjob interessiert war? Es gab keine Anzeigen für anständige Teilzeitjobs in meinem Bereich, deshalb bewarb ich mich zunächst auf Anzeigen, in denen nach einem Vollzeitmitarbeiter gesucht wurde, und wies in meinem Anschreiben auf meinen Wunsch nach einer reduzierten Arbeitszeit hin. Kein Glück!

Dann verfasste ich ein eher herkömmliches Anschreiben – in dem ich meine bevorzugte Arbeitszeit nicht erwähnte. Sofort erhielt ich Anrufe von interessierten Managern und konnte mehrere Bewerbungsgespräche vereinbaren. Gegenüber potenziellen Arbeitgebern, die relativ aufgeschlossen wirkten, sprach ich über meine Flexibilitätswünsche. Die einhellige Reaktion bestand darin, dass sie zu einer Verteidigung der Unternehmenspolitik ansetzten, die einer flexiblen Arbeitsgestaltung grundsätzlich positiv gegenüberstehe – dann aber mit Entschiedenheit erklärten, dass es sich bei *dieser* Position um eine nicht verhandelbare Vollzeitstelle handele. Also wieder ein Schlag ins Wasser!

Dann ging ich dazu über, meinen Wunsch nach einer Teilzeitregelung bei Bewerbungsgesprächen nicht zu erwähnen. Als ich auf diese Weise meine erste Job-Offerte erhielt, scheiterten die Verhandlungen allerdings, nachdem ich am Telefon um eine unübliche Arbeitszeitregelung bat. Mein potenzieller Chef, ein Mann, fühlte sich auf den Schlips getreten, weil ich als Grund für eine abweichende Arbeitszeitregelung angab, ich wolle mehr Zeit für meine Kinder haben. Er reagierte, indem er mir einen Vortrag darüber hielt, dass er mindestens 50 bis 60 Stunden die Wochen arbeite und dennoch ein »sehr engagierter Vater« sei. Ich hatte ihn ungewollt in die Defensive gebracht. Er bot mir mehr Geld – und ich verzichtete.

Aber ich gab nicht auf. Beim nächsten Jobangebot bat ich um ein persönliches Gespräch, um über die Arbeitszeit und soziale Leistungen des Unternehmens zu sprechen. Das Treffen begann damit, dass mein möglicher Chef wiederholte, dass es sich bei der Stelle tatsächlich um eine Vollzeitposition handele, bei der es besonders wichtig sei, während der normalen Arbeitszeit anwesend zu sein. Ich erkannte seine Argumente an und räumte ein, dass er ein gewisses Risiko eingehe, wenn er sich für eine suboptimalen Bewerber entschied. Dann wies ich allerdings darauf hin, dass jede Einstellung mit gewissen Risiken verbunden war. Ich betonte meine Qualifikationen und dass ich fähig sei, die Arbeitsanforderungen auch bei reduzierter Stundenzahl zu erfüllen. Ich unterstrich noch einmal meinen stabilen beruflichen Werdegang und meinen Wunsch, einen Job zu finden, der zu meinem Leben passte, so wie ein anderer Kandidat vielleicht den Wunsch hätte, ein anderes Gehalt zu bekommen, damit der Job zu seinen finanziellen Bedürfnissen passte. Als er mich auf eine konkrete Angabe zu meiner gewünschten Arbeitszeit festnagelte, bot ich ihm mehrere Optionen. Er ließ mich etwa eine Viertelstunde allein, um sich mit seinen Kollegen zu beraten, und akzeptierte bei seiner Rückkehr die Option, die am besten mit den Bedürfnissen des Unternehmens übereinstimmte. Ich stimmte einem niedrigeren Gehalt zu, das um denselben Prozentsatz gekürzt wurde wie die Stundenzahl. Später vereinbarten wir, wie jede der betrieblichen Vergünstigungen auf meinen Fall anzuwenden sei, und ich unterschrieb den Vertrag.

Jeder hat seine ganz eigene Geschichte darüber, wie es gelang, die richtige Arbeitszeitregelung zu erreichen. Die individuelle Mischung aus Beruf, Lebenslauf, Persönlichkeit, Ort, Mitbewerbern und zahllose weitere Faktoren beeinflussen das Ergebnis jeder ungewöhnlichen Jobsuche. Doch ob aus einer festen Anstellung heraus oder aus dem Heer der Arbeitslosen: Es ist möglich, sein Ziel zu erreichen. Es kann viel Zeit und Mühe kosten, ein Unternehmen zu finden, das Ihnen einen interessanten Arbeitsplatz bietet und einen Chef, der bereit ist, eine flexible Arbeitszeitregelung mit Ihnen auszuhandeln. Doch wenn zu Hause beide Partner an einem Strang ziehen, um das Leben so zu gestalten, wie es ihren Wünschen und Vorstellungen entspricht, dann ist eine der wichtigsten Voraussetzungen erfüllt. Wenn es Marc nicht gelungen wäre, einen Job zu finden, hätten wir Abstriche an unserem Ideal gemacht, bevor wir in ernsthafte finanzielle Schwierigkeiten geraten wären. Aber das wäre eine vorübergehende Lösung gewesen, während wir die Jobsuche fortgesetzt hätten.

Hier einige Tipps von ESP-Eltern, die bei der Suche nach einem Job, der zu ihrem Leben passte, vor schwierigen Herausforderungen standen:

- **Achten Sie auf Hinweise, die darauf hindeuten, dass die Firma flexiblen Arbeitszeitregelungen positiv gegenübersteht.** Sind andere Eltern (vor allem Mütter) in der Firma beschäftigt? Gibt es Mitarbeiter, die flexible Arbeitszeiten haben, die in Teilzeit oder von zu Hause aus tätig sind? Wie ist es um die allgemeine Unternehmenskultur bestellt? Versuchen Sie, wenn möglich mit

Ihren potenziellen Kollegen außerhalb der formalen Bewerbung in Kontakt zu kommen – und fragen Sie sie, was geschieht, wenn sie früher gehen müssen oder ob sie je von zu Hause aus arbeiten.

- **Hören Sie aufmerksam zu, was den idealen Bewerber ausmacht.** Finden Sie Möglichkeiten, Ihrem künftigen Boss zu zeigen, dass Sie dieser Bewerber sind, so dass Ihre Fähigkeiten und Erfahrungen die ungewöhnliche Bitte um Flexibilität ausgleichen. Nutzen Sie Ihre in Erfahrung gebrachten Informationen, um sich auszudenken, wie Sie die Arbeitsanforderungen auf andere Weise erfüllen und dem Untenehmen dadurch vielleicht sogar noch Geld sparen können, weil es einem Spitzenmitarbeiter ein niedrigeres Gehalt für weniger Arbeitsstunden zahlt.
- **Haben Sie keine Angst, sich auf übliche Vollzeitstellen zu bewerben.** Ihren Wunsch nach flexibler oder reduzierter Arbeitszeit nicht zu erwähnen ist nicht unredlicher, als wenn man erst spät im Bewerbungsgespräch nach einem höheren Gehalt oder mehr Urlaubstagen fragt. Nach einer Offerte haben Sie außerdem eine bessere Vorstellung davon, wie Sie Ihren Plan als etwas verkaufen können, das perfekt zu den Bedürfnissen des Unternehmens passt.
- **Erkennen Sie, wann es Zeit zum Nachgeben ist.** Wenn Sie ein Jobangebot erwarten und wissen, dass Sie das Thema flexible Arbeitszeitregelung anschneiden müssen, sollten Sie noch einmal gründlich mit Ihrem Partner/Ihrer Partnerin besprechen, was es bedeuten würde, wenn Sie das Angebot ablehnen. Haben Sie zur abschließenden Verhandlung eine Liste akzeptabler Ar-

beitszeit-Optionen im Hinterkopf, so dass Sie nicht starrköpfig wirken und damit Sie sich selbst als jemanden präsentieren können, der die Verhandlungen gern zu einem guten Abschluss bringen und mit der Arbeit beginnen würde.

Gleiche Verantwortung für die Ernährerrolle im Alltag

Wenn Sie und Ihr Partner einmal das ESP-Job-Nirwana erreicht haben – eine Erwerbstätigkeit, die Ihnen Freude bereitet, mit etwa gleicher Stundenzahl und mit Arbeitszeitregelungen, die ein ausgewogenes Leben ermöglichen –, müssen Sie das Projekt am Laufen halten. Eine faire Aufgabenverteilung beim Geldverdienen bedeutet, dass man alles teilt, was zur wirtschaftlichen Sicherung der Familie gehört und den Beruf beider Partner gleichermaßen wichtig nimmt. Paare, die diese Aufgabe erfolgreich bewältigen, wenden folgende Strategien an:

- **Wöchentliche Überprüfung des Terminplans.** Da diese Familien nicht um einen einzigen Versorger kreisen, finden die meisten ESP-Paare es nützlich, sich über ihre Arbeitswoche auszutauschen. Einige tun dies, indem sie sich jeden Sonntagabend zusammensetzen und die Aktivitäten der kommenden Woche besprechen – wer an welchen Tagen an abendlichen Meetings teilnehmen muss und vor oder nach der Arbeit Termine hat, wie der Stundenplan der Kinder aussieht und welche anderen Verpflichtungen anliegen. Einige nutzen einen Online- oder Papierkalender, um diese Aktivitäten zu markieren.

Eine routinemäßige Terminbesprechung ist auch wichtig, um zu bestätigen, welcher Elternteil an welchen Tagen mit der Hausarbeit oder den Kindern »dran« ist; zudem vermeidet man auf diese Weise, dass einer allein für die sozialen Termine der Familie zuständig ist.

- **Minimieren oder verbessern Sie die Pendelzeit.** Das Pendeln kann ein riesiger Zeitfresser sein und viele Experten halten lästige Fahrten für den Hauptgrund der Arbeitsunzufriedenheit. ESP-Paare sind häufig sehr findig, was dieses Problem betrifft – nutzen öffentliche Verkehrsmittel, damit sie auf der Fahrt noch Arbeit erledigen können, oder nutzen den Weg, um sich sportlich zu betätigen, indem sie das Fahrrad nehmen oder walken. Viele arbeiten von zu Hause aus und schaffen auf diese Weise das Thema Pendeln aus der Welt. Und viele weitere ESP-Paare wählen bewusst einen Wohnort, der in der Nähe ihrer Firma liegt.
- **Achten Sie darauf, dass beide ungefähr gleich viel Zeit in die berufliche Arbeit investieren.** Gleichheit bei der Ernährerrolle bedeutet per definitionem, dass beide Partner in etwa die gleiche Stundenzahl pro Woche für die Erwerbstätigkeit aufwenden. Das ist keine starre Vorschrift, aber wichtig, weil die Zeit bei der Arbeit sich direkt auf das Leben des Partners und die allgemeine Gleichstellung auswirkt. Gleiche Arbeitszeit umfasst alle Aspekte, die zur beruflichen Tätigkeit gehören – normale Bürostunden, Pendelzeit, Überstunden, »Bereitschafts«-Verpflichtungen, Arbeit außerhalb der Bürostunden, beruflich bedingte soziale Verpflichtungen, Geschäftsreisen etc. Dazu kann sogar die Zeit gehören, die für die berufliche Ausbildung erforderlich ist, ob für weiter-

führende Studiengänge am College oder andere Fortbildungsmaßnahmen, solange Sie die Absicht haben, diese Ausbildung eines Tages zu nutzen, um den gleichen Beitrag zum Familieneinkommen zu leisten.
ESP-Paare stellen mitunter fest, dass eine ungefähr gleiche berufliche Arbeitszeit nicht nur durch äußere Faktoren behindert wird, sondern auch innerhalb der eigenen Paarbeziehung. Die ESP-Mutter Angela berichtet, dass sie, wenn sie sich selbst überlassen wäre, leicht und gern 50 Stunden die Woche arbeiten könnte, während ihre Partnerin Dorea mit einer Zwei-Tage-Woche zufrieden wäre. Doch wenn sie sich in diese Richtung bewegen, merken sie, dass die Ausgewogenheit in ihrer Beziehung zu leiden beginnt. Wie Angela es formuliert: »Wir haben das Gefühl, dass wir haarscharf einem Riesenknall ausgewichen sind, weil wir den Kurs korrigiert haben. Wir haben gelernt, dass wir bei unsere entgegengesetzten Tendenzen die Bremsen ziehen müssen.«

- **Messen Sie beiden Berufen dauerhaft die gleiche Bedeutung zu.** ESP-Paare bemühen sich nicht nur um einen ungefähr gleichen Zeitaufwand für die Erwerbstätigkeit, sondern sind auch bestrebt, ihren Tätigkeiten die gleiche Bedeutung in der sozialen Struktur der Familie zu geben. Keiner hat den wichtigeren Job, auch nicht, wenn einer an der vordersten Front der Umweltforschung und der andere an einem Imbissstand arbeitet. Das bedeutet, beide haben den gleichen Anspruch darauf, um Zeit zu bitten, weil sie an einer beruflichen Konferenz teilnehmen oder gelegentlich länger bei der Arbeit bleiben wollen, und beide können die Familie bitten, einen Umzug in Erwägung zu ziehen, weil ein interessantes Job-Angebot in einem anderen Bundesland lockt. Die Außenwelt wird bei dieser Frage nicht Ihrer Meinung sein, trotzdem sollten Sie an der Überzeugung festhalten, dass es im Leben nicht nur ums Geldverdienen geht.

- **Bleiben Sie abwechselnd bei den Kindern zu Hause, wenn sie krank sind.** Traditionell bleibt die Mutter zu Hause, wenn die Kinder zu krank sind, um zur Schule zu gehen. Nicht so in ESP-Familien. Sie wechseln sich ab. Oder sind jeweils an festen Wochentagen dafür zuständig. Auf diese Weise herrscht immer Klarheit darüber, wer gerade an der Reihe ist. Dadurch lassen sich eine Menge Streitigkeiten vermeiden; außerdem weiß der Chef bei dieser Methode, an welchen Tagen er ziemlich sicher mit seinem Mitarbeiter rechnen kann, was er wahrscheinlich auch zu schätzen weiß. Denken Sie daran, dass Sie durch eine Reduzierung der Arbeitstage auch den Bedarf an externer Kinderbetreuung senken. Dadurch verringert sich auch die Wahrscheinlichkeit, dass Sie sich überhaupt an irgendeinem Werktag um ein krankes Kind kümmern müssen, weil ein Elternteil meist ohnehin zu Hause ist. Ein abwechselnder Einsatz eignet sich auch für Tage, an denen die Schule aus wetterbedingten Gründen ausfällt. Oder für absehbare Ereignisse wie Schulferien, Tage mit frühem Schulschluss, innerschulische Festivitäten oder Elternsprechtage. Die Aufteilung der Verantwortung zwischen den Eltern gleicht die Auswirkungen auf die Erwerbstätigkeit beider aus.

Es hat nichts mit Glück zu tun

Der generellen Skepsis, mit der traditionellere Kreise reagieren, sobald ein egalitäres Versorgermodell diskutiert wird, liegt die Vorstellung zugrunde, dass ESP-Paare einfach irgendwie Glück gehabt haben. Sie haben jobmäßig ein Sahnestück erwischt, mit weichherzigen Chefs, die sie vor der harten Wirklichkeit der »echten« Berufswelt beschützen. Und in einigen Fällen stimmt das. Manche Paare betrachten sich selbst als Glückspilze und rechnen damit, dass ihre spezielle Arbeitssituation irgendwann endet. Doch wir möchten betonen, dass der glückliche Zufall einer bestimmten Arbeitszeitregelung sich nicht vom Glück in irgendeinem anderen Lebensbereich unterscheidet. Manchmal haben wir Glück. Manchmal nicht.

Alle ESP-Paare, die wir kennengelernt haben, stimmen darin überein, dass ihr Leben auf weit mehr als Glück beruht. Sie sind entweder auf die Probe gestellt worden, wie wir, als Marc entlassen wurde, oder sie haben angefangen, über die mögliche Prüfung, die ihnen bevorstehen könnte, nachzudenken. Wie die ESP-Mutter Liz es formuliert: »Dann kommt es hart auf hart. Wenn ich meine großartige Arbeitszeitregelung verliere, werde ich eher einen Job annehmen, der mir weniger Spaß macht, als einen, bei dem ich länger arbeiten muss. Mist! Wir würden nötigenfalls auch wegziehen, um unsere Lebensweise beizubehalten.« ESP-Paare leben generell verantwortungsbewusst, so dass ihr Lebensunterhalt auch noch gesichert wäre, wenn einer der Partner seinen Arbeitsplatz verlöre (mehr dazu in Kapitel 8). Sie achten auf die Richtung, die ihre berufliche Laufbahn einschlägt, damit sie nicht in Positionen landen, die ihre

Ausgewogenheit und Gleichheit bedrohen und aus denen sie sich nur unter extremen Opfern befreien könnten. Oder Sie planen voraus, damit sie die finanziellen Belastungen tragen können, falls ein Elternteil eine weitere Ausbildung für einen flexibleren Beruf macht oder eine Gehaltskürzung in Kauf nimmt, um sich beruflich völlig neu zu orientieren. Viele sind mit früheren Arbeitgebern aneinandergeraten und haben die Erfahrung gemacht, dass sie ihren Anspruch auf einen Arbeitsplatz, der in ihr Leben passt, gewonnen, dann verloren und dann wieder gewonnen haben. Viele kämpfen jeden Tag darum, die berufliche Arbeit in Schach zu halten, auch wenn ihre Vorgesetzten einem »eingeschränkten« Zuständigkeitsbereich zugestimmt haben. Aber wir haben noch kein ESP-Paar getroffen, das diese Kämpfe nicht für lohnend hält oder das davon ausgeht, dass ihre ausgewogene und gleichgestellte Lebensweise endet, wenn einer von ihnen seinen flexiblen Job verliert.

Wirklich gemeinsam das Geld zu verdienen bedeutet, dass man die bewusste Wahl trifft, sein Leben zu optimieren, anstatt seinen Gehaltsscheck zu maximieren. Diese innere Einstellung wirkt als eine Art Leitstern für ESP-Paare und gibt ihnen auch angesichts von Unwägbarkeiten Kraft und Zuversicht – drohender Stellenabbau, eine Wirtschaftsflaute, eine Flut qualifizierter junger Arbeitnehmer. Sie verleiht ihnen auch den Mut, sich der kritischen Betrachtung von außen zu stellen – den Zweiflern (Bekannte und selbst die eigenen Eltern), die an der Männlichkeit zweifeln, wenn ein Vater beruflich zurücksteckt, um mehr Zeit für seine Kinder zu haben, oder der Eifersucht oder sogar Sabotage von Kollegen, die nicht bereit sind, eigene berufliche Veränderungen vorzunehmen.

DAS ENDE FÜR UNSEREN EHRGEIZ?

Wenn ein Elternteil seine Power-Karriere energisch vorantreibt – in den Wahlkampf zieht, um Gouverneur zu werden, oder Partner in einer Top-Kanzlei werden will –, braucht er jede Menge Zeit und Energie, die ihm in einer traditionellen Ehe reichlich zur Verfügung gestellt werden. Doch bei ESP ist eine solche Karriere für beide Partner aufgrund der angestrebten Ausgewogenheit und Gleichheit nur selten möglich. Bedeutet dies, wie einige meinen, eine doppelte Katastrophe – das Ende einer erfolgreichen Karriere für beide?

Ehrgeiz ist eine seltsame Sache. Wie Geld kann es zum Selbstzweck werden. Und in unserer Kultur scheint Ehrgeiz fast ausschließlich auf die Karriere angewendet zu werden. ESP-Paare sind nicht weniger ehrgeizig als andere (viele, wie John und Annie, bezeichnen sich selbst als »außergewöhnlich ehrgeizig«); sie definieren ihre Ziele allerdings im Hinblick auf ein glückliches Leben – durch einen sinnvollen Beruf, eine lohnende Ehe, innige Beziehungen zu ihren Kindern und den Luxus, sich Zeit zu nehmen.

Natürlich müssen wir immer noch so viel Zeit für unseren Beruf bewahren, dass er genügend Geld einbringt. Verhindert ESP also zwei erfolgreiche Karrierewege? Werfen wir einen Blick auf die ESP-Paare in unserem Umfeld, um die Frage zu beantworten. Wir sehen eine Architektin, die mit einem Webdesigner verheiratet ist, einen Wirtschaftsanalysten und eine Psychotherapeutin. Einen Umweltberater und eine Anwältin. Ein Ärzte-Ehepaar und ein Psychologen-Ehepaar. In späteren Kapiteln werden Sie von ESP-Eltern erfahren, die in der Softwarebranche, Krankenpflege, Mathematik und weiteren Berufen tätig sind. Klingt irgendetwas davon ärmlich? All diese Personen haben die beruflichen Opfer gebracht, die viele von uns bei der Verfolgung dieser Lebensweise fürchten, und ihre attraktive und lukrative Karriere trotzdem fortgesetzt.

In der heutigen Welt ist es nicht leicht, zwei flexible Arbeitszeitregelungen auszuhandeln, die ineinandergreifen! Als ESP-Paar werden Sie garantiert irgendwann vor einer Situation stehen, in der es sehr schwierig wird, sich die Versorgerrolle gerecht zu teilen. Vielleicht müssen Sie sich sogar für eine Weile mit einer traditionellen Job-Situation zufriedengeben, während Sie sich neu aufstellen. Doch die wirklich gemeinsame Wahrnehmung der Versorgerrolle hängt von wesentlich mehr ab als von reinem Glück!

Ihre beste Arbeit

Letzten Endes kommt es bei einer gerechten Aufteilung des beruflichen Bereichs vor allem auf Mut und Ausdauer an. Sie und Ihr Partner sind ein Team, das ein Nein als Antwort nicht akzeptiert. Manchmal kommt es einem vor, als sei man im Kriegszustand mit der Außenwelt. Glücklicherweise spricht auch aus wirtschaftlicher Sicht immer mehr für flexible Arbeitszeiten – vor allem in einer Flaute. Arbeitgeber erkennen allmählich, dass es ratsam ist, reduzierte oder komprimierte Arbeitsstunden zu nutzen, um Entlassungen zu vermeiden, und bieten unkonventionelle Arbeitszeitregelungen an, um Spitzenkräfte anzuwerben und zu halten. Vorausschauende Arbeitgeber können ihre Vergünstigungsstrukturen zudem so zurechtschneidern, dass sie nichts (oder sehr wenig) dabei verlieren, wenn sie diesen Mitarbeitern reduzierte Sozialleistungen anbieten.

Wir alle stehen vor der wichtigen Aufgabe, die Wirtschaft und unsere Regierung dabei anzuleiten, flexible, sinnvolle Arbeit allgemein verfügbar zu machen. Doch bis dahin sind wir auch gezwungen, selbst zu kontrollieren, wie wir arbeiten – indem wir mutig nach Positionen suchen, die uns (und unsere Partner) glücklich machen können, und indem wir uns auf jedem Schritt des Weges für die Arbeit, die wir tun, begeistern. Wir arbeiten nicht nur, weil wir unseren Lebensunterhalt verdienen müssen. Unsere Beiträge zu unserem gewählten Berufsfeld oder Arbeitsplatz beflügeln uns als Individuen und verleihen unserem Leben eine Bedeutung, die über die Familie hinausreicht. Mit der Geisteshaltung eines um Meisterschaft bemühten Handwerkers können wir durch das, was wir – mit Liebe und Engagement – bei der Arbeit tun, einen Beitrag zu unseren Gemeinschaften leisten. Andererseits ist Arbeit auch nicht alles im Leben. Sie ist nicht unser einziger Lebenssinn, auch wenn die Arbeitswelt dazu neigt, unsere Kinder lediglich als Fotos auf unserem Schreibtisch oder in unseren Brieftaschen zu betrachten, unsere Partner als Figuren, die gelegentlich auf Betriebsfeiern auftauchen, und unsere Hobbys als etwas, über das wir plaudern, um nicht als Loser dazustehen. Auch wenn sich einige Firmen damit brüsten, dass sie ihre Konferenzräume mit Poolbillardtischen ausstatten und einen kostenlosen Wäscheservice oder Gourmet-Mahlzeiten für ihre Spitzenmitarbeiter anbieten, um die Verbundenheit mit dem Arbeitsplatz noch weiter zu verstärken, dürfen wir nicht so töricht sein, den Beruf für unser Leben zu halten.

Natürlich ist unsere berufliche Arbeit wichtig. Ja, unsere Arbeitgeber sollten unser Bestes bekommen, solange wir da sind. In einer ESP-Beziehung erfüllt die Berufstätigkeit eine vitale, dynamische, bereichernde Funktion, die beide Elternteile weder aufgeben noch zum alles beherrschenden Inhalt werden lassen. Die Botschaft an Arbeitgeber lautet nicht mehr: »Zahlt mir mehr Geld und ich werde länger und härter arbeiten.« Jetzt lautet sie: »Bezahlt mich gerecht, lasst mich Leben und Beruf vereinbaren und ich leiste großartige Arbeit für euch.«

6

Zuhause:

BURG FÜR DEN MANN/
ZUFLUCHT FÜR DIE FRAU

Manchmal muss man die Sache von hinten aufrollen, um ein gutes Rätsel zu lösen, vor allem wenn schon viele vor uns an der richtigen Lösung gescheitert sind. Das ist der Fall, wenn es darum geht, den Code für eine gerechte Verteilung der Hausarbeit zu knacken. Bevor wir entscheiden, wer die Wäsche macht und wer den Abwasch erledigt, müssen wir an einigen wichtigen Voraussetzungen arbeiten, damit wir nicht über die klassischen Fallstricke der Ungleichheit stolpern, die auf uns lauern.

Eine Ungleichverteilung der Hausarbeit hat bereits viele Partnerschaften untergraben und zahllose Paare leben mit dieser toxischen Mischung aus Wut und Schuld, erzeugt durch gescheiterte Versuche, die lästigen Arbeiten, die sich Tag für Tag anhäufen, gerecht zu teilen. Ein Grund, weshalb das Problem der fair verteilten Hausarbeit sich so hartnäckig hält, ist, dass es schwer in Angriff zu nehmen ist, wenn es immer irgendetwas Wichtigeres gibt, das unsere Aufmerksamkeit ablenkt. Wer will schon Zeit und Energie darauf verwenden, um sich mit solchen Themen wie schmutzigen Socken auf dem Fußboden herumzuschlagen, wenn andere drängende Probleme anstehen – finanzielle Sorgen oder schulische Probleme der Kinder? Doch dass man für eine gerechte Verteilung der häuslichen Pflichten sorgt, ist ein fundamentaler Bestandteil von ESP. Die Hausarbeit gemeinsam zu bewältigen fördert das Zusammenleben, so dass man fähig ist, die größeren Probleme in Angriff zu nehmen. Die Bereitschaft, sich aktiv mit dem Thema auseinanderzusetzen und es nicht ständig beiseitezuschieben, ist entscheidend, um eine echte Partnerschaft zu entwickeln. Es steht eine Menge auf dem Spiel.

Seit Jahren versuchen Frauen, ihre männlichen Partner dazu zu bringen, mehr Hausarbeit zu leisten. Regelmäßig werden Statistiken erhoben, die zeigen, wie viele Stunden Hausarbeit jedes Geschlecht – im Durchschnitt – ableistet.[5] Es tobt ein heftiger Streit darüber, ob wir die langsamen, aber stetigen Fortschritte, die wir in Richtung Gleichberechtigung bei der Hausarbeit machen, feiern sollten oder eher die Tatsache betrauern müssen, dass es nicht schneller vorangeht. Wir wissen, dass keine gute langfristige Lösung zu erwarten ist, wenn man den Männern (oder den Frauen, was das angeht) ständig ihre Unzulänglichkeit unter die Nase reibt, um eine Veränderung zu erzwingen. Weniger offensichtlich ist hingegen, dass wir auch nicht ans Ziel gelangen, wenn wir die Arbeiten einfach wie reife, vernünftige Erwachsene untereinander aufteilen.

Viele Paare probieren genau das aus. Und es funktioniert eine Weile, aber dann geschieht etwas Interessantes. Die eine Person wird den Reinlichkeitsansprüchen der anderen nicht gerecht. Letztere fängt an, eine bestimmte Aufgabe des anderen zu übernehmen, damit sie »ordentlich« gemacht wird. Die andere Person merkt gar nicht, dass irgendeine lästige Pflicht anliegt, bis der Partner vor Wut kocht. Oh, und vergessen wir nicht, dass unsere Kultur ebenfalls eine Rolle bei dieser Sache spielt, weil sie den Zustand des Hauses als Maßstab für den Wert der Frau betrachtet und von ihr erwartet, den Großteil der Hausarbeit zu übernehmen, und ihren Partner jedes Mal belohnt, wenn er auch nur den kleinen Finger rührt, um ihr zu helfen. Und so hält früher oder später, außer in seltenen Ausnahmefällen, die Ungleichheit Einzug.

Im Interesse des »Von-hinten-Aufrollens«, um dieses Rätsel zu lösen, wollen wir zunächst erörtern, was Sie *nicht* tun sollten, wenn Sie eine harmonische Aufteilung der Hausarbeiten anstreben. Dann befassen wir uns mit einem neuen Ansatz, der nur zwei einfache Schritte umfasst: Man legt die anstehenden Aufgaben gemeinsam fest und dann, erst nachdem sich beide Partner die Definition zu eigen gemacht haben, teilen sie die Arbeit.

Wenden wir uns nun den Details zu – bei einer partnerschaftlichen Verteilung der häuslichen Pflichten spielen Details eine entscheidende Rolle.

Wie Sie die Hausarbeit nicht teilen sollten

Es gibt zahllose Fallen, in die man bei dem Streben nach einer fairen Verteilung der Hausarbeit tappen kann! Rollenmodelle aus der Generation unserer Eltern, ein Partner, der null Erfahrung in der Küche mitbringt, persönliche Methoden der Haushaltsführung (oder deren Abwesenheit) – diese und viele andere Dinge können dafür sorgen, dass Paare dauerhaft auf einen Weg der Ungleichheit im Haushalt geraten. Sogar wer nicht mit offener Feindseligkeit auf die vermeintliche Faulheit des geliebten Partners reagiert, fällt leicht auf Verhaltensmuster zurück, die keinen von beiden ans Ziel bringen. Wir haben fünf verbreitete Fehler beobachtet, die meistens ursächlich dafür sind, wenn es Paaren nicht gelingt, die Aufgaben dauerhaft und zur beiderseitigen Zufriedenheit zu teilen.

Fehler Nr. 1: Festhalten an der Aufgabe. »Wenn ich meinen Mann das Bad sauber machen lasse, richtet er ein Chaos an. Also mache ich es doch wieder selbst.« »Er würde nie von allein auf die Idee kommen, mal zu staubsaugen. Er sieht den Schmutz einfach nicht.« »Wenn ich ihn nicht ständig damit nerven würde, dass er den Müll rausbringen soll, würde wir wahrscheinlich darin ersticken.« Oder manchmal hört man auch: »Ich liebe sie über alles, aber sie ist total schlampig. Es endet damit, dass ich meine Wochenenden damit verbringe, das Haus sauber zu machen.« Das sind die Klagen der Alpha-Haushaltsarbeiter, die es gut meinen, aber nicht merken, dass sie, ohne es zu wollen, dazu beitragen, eine gleiche Verteilung der Hausarbeit zu untergraben.

Das Thema hier ist Kontrolle, auch wenn es aussehen mag, als wollten wir unseren Partnern nur aus der Klemme helfen: Wir erinnern sie freundlich an die auf sie wartenden Aufgaben, zeigen ihnen, wie es geht, erledigen die Arbeit stillschweigend selbst, korrigieren ihre Fehler oder erlösen sie aus einer vermurksten Situation. Doch all diese Handlungen verkünden die Botschaft: »Ich habe dich immer noch im Auge«. Wir müssen aufhören, unseren Partnern ungebetene Ratschläge zu erteilen, wenn es darum geht, wie man den Geschirrspüler ordentlich einräumt, eine Bohrmaschine benutzt oder Zwiebeln richtig schneidet. Wir müssen aufhören, an ihnen herumzunörgeln, wenn sie etwas nicht termingerecht erledigen. Wir müssen uns davon abhalten, die Aufgaben aus lauter Frust selbst zu erledigen – was dem anderen die deutliche Botschaft übermittelt, dass er dem Job nicht gewachsen ist. Mit anderen Worten, wir müssen lernen, uns um unseren eigenen Kram zu kümmern. Das ist die Direktive des Machtgleichgewichts in der Hausarbeitsdomäne, ein Hauptbestandteil der ESP-Gleichheit.

Wenn wir die Kontrolle behalten, bekommen wir, was wir verdienen. Wir erhalten die zusätzliche Last, einen erwachsenen Menschen zu erziehen. Doch wir können auch einen Partner bekommen, der seine Bemühungen schließlich aufgibt, weil er einfach keine Lust mehr hat, ständig zu hören, dass er alles falsch macht (oder weil er angefangen hat, uns zu glauben), und tragen dadurch möglicherweise auch dazu bei, dass wir uns entfremden, anstatt uns näherzukommen. Wer etwas anderes will, muss sich selbst verpflichten, über den Partner genauso zu denken, wie er hoffentlich über sich selbst denkt – ihn als Person betrachten, die nötigenfalls fragen wird, die manchmal Fehler macht, was jedoch kein Zeichen von Inkompetenz ist, und die im Allgemeinen erfolgreich sein möchte.

Natürliche Konsequenzen sind besonders hilfreiche Mittel, wenn es ums Loslassen geht. Sie können ihnen die Schmutzarbeit überlassen, wenn Sie in Versuchung geraten, sie selbst zu tun. Sie fürchten, dass Ihre Jeans auf Kindergröße zusammenschrumpft, wenn Ihr Partner die Wäsche macht? Sagen Sie nichts. Kein Augenrollen und keine spitzen Bemerkungen, wenn die Jeans jetzt Ihrem Sechsjährigen passt. Reagieren sie nicht beleidigt, machen Sie ihm keine Vorwürfe und nehmen Sie ihm die Aufgabe auf keinen Fall ab. Vielleicht ergibt sich auch die Situation, dass keine sauberen Teller mehr da sind, weil Ihre Frau *schon wieder* vergessen hat, dass sie das Geschirr spülen sollte? Überlassen Sie es ihr, den Kindern zu erklären, warum sich das Essen heute verzögert, während sie hastig die Teller spült – oder genießen Sie es, von Papptellern oder nötigenfalls auch direkt aus der Pfanne zu essen –, aber stempeln Sie sie nicht als inkompetent ab und helfen Sie ihr nicht aus der Patsche! Lassen Sie sie selbst die Dinge in Ordnung bringen (auch wenn das bedeutet, dass sie um Hilfe bittet). Auf diese Weise kann die Zuständigkeit dort bleiben, wo sie hingehört – bei Ihrer Partnerin.

Wenn Sie eine negative Haltung (nach dem Motto: »Hab ich dir doch gleich gesagt«) vermeiden können, die immer noch die Botschaft vermittelt, dass Sie sich überlegen fühlen, ist Ihre Inaktivität tatsächlich eine liebevolle Geste, die Vertrauen und Gleichheit signalisiert. Die Person, mit der Sie Ihr Leben verbringen wollen, ist nicht dumm; sie wird viel besser erkennen, was in der Waschküche oder der Küche falsch gelaufen ist, wenn sie aus eigenen Fehlern lernen kann – und nicht ersatzweise auf Sie sauer ist, weil Sie immer alles besser wissen. Auf diese Weise kann sich die Lernmotivation für das nächste Mal von ganz allein entwickeln. Wenn Ihre bessere Hälfte weitere Lernanreize braucht, um sich effizientere Methoden des Wäschewaschens oder Zeitmanagements anzueignen, könnte die Wirkung des familiären Kleider- oder Essensbudgets ein Übriges tun. Übrigens – wenn Ihre Ängste sich als unbegründet erweisen sollten (die Jeans behält ihre richtige Größe oder den Kindern ist es egal, dass sie fünf Minuten später essen) haben auch Sie etwas Wichtiges gelernt!

Fehler Nr. 2: Den Partner/Die Partnerin als »Helfer« bezeichnen. Ein weiterer fehlgeleiteter Ansatz zur gleichen Verteilung der Haushaltspflichten – vielleicht weniger offenkundig als eindeutige Kontrolle – besteht darin, den Partner als »helfend« zu bezeichnen. Frauen sind bekannt dafür, dass sie in bester Absicht erklären: »Mein Mann ist großartig: Er hilft mir ganz viel im Haushalt« oder frustriert sagen: »Liebling, ich könnte manchmal ein bisschen Hilfe brauchen.« Nein. Das ist so, als würden Sie Ihren Mann bitten, einmal auf seine eigenen Kinder aufzupassen. Gleichgestellte Partner sind keine Helfer – jeder erledigt seine Arbeit aus eigenem Antrieb und keiner nimmt Befehle vom anderen entgegen. Das heißt natürlich nicht, dass sie einander Bananenschalen in den Weg legen. Sie unterstützen sich gegenseitig als Teammitglieder, aber nicht als Direktor und Personal. Jedem ist klar, dass Menschen, die in eine Gehilfenrolle gedrängt werden, für gewöhnlich weit weniger an den Ergebnissen ihrer Arbeit interessiert sind als ihre Vorgesetzten. Diese Tatsache gilt zweifellos auch für den Bereich der Hausarbeit. Um eine gleiche Verteilung der Aufgaben zu erreichen, müssen die Partner einander als ebenbürtig anerkennen – mit gleichen Mitspracherechten bei der Art, wie die Hausarbeit zu erledigen ist – und auf die Kompetenz des anderen vertrauen.

Selbstverständlich könnten wir alle hin und wieder eine kleine Verschnaufpause von unseren Pflichten vertragen. Und weil wir unsere Partner lieben und wollen, dass sie glücklich sind, ist es nur natürlich, dass wir ihre To-do-Liste manchmal bereinigen möchten. Wenn *sie* heute Abend mit dem Kochen dran ist, freut sie sich bestimmt ein Loch in den Bauch, wenn sie nach Hause kommt und das Essen schon auf dem Tisch steht. Und *er* würde es bestimmt riesig finden, wenn sie das Auto, mit dem er in die Autowaschanlage wollte, bereits per Hand gewaschen hätte. Das sind Geschenke. Sie kommen unerwartet und von Herzen, ohne Hintergedanken oder unterschwellige Kontrollabsichten. Diese Art von selbstinitiierter Hilfe ist sehr aufbauend – und äußerst angesagt.

Fehler Nr. 3: Sich dumm stellen. Wenn man selbst derjenige ist, der sich mit seinen häuslichen Fähigkeiten noch in der Steilphase der Lernkurve befindet, verfällt man leicht in die Rolle des Handlangers, der ständige Beaufsichtigung braucht. Das befreit Sie möglicherweise davon, selbst Verantwortung zu übernehmen und Initiative zeigen zu müssen, aber um welchen Preis? Sie brauchen einen anderen Ansatz. Wenn Ihr Partner Ihnen ungebetene Ratschläge erteilt, sollten Sie etwas antworten wie: »Danke, aber das

DIE »LIEBLING, KÖNNTEST DU«-LISTE

Ratschläge für Frauen, die ihre Männer dazu bringen wollen, bei der Hausarbeit kräftiger mit anzupacken, umfassen häufig eine »Liebling, könntest du ...«-Liste (wie in »Liebling, könntest du vielleicht auf dem Rückweg von der Arbeit noch rasch einkaufen und dann die Wäsche, die ich für dich hingelegt habe, in die Maschine stopfen?«). Unserer Ansicht nach ist das ein Beispiel dafür, wie leicht sich in unserer Gesellschaft immer wieder die Ungleichheit einschleicht. Sicher – wenn wir klar aussprechen, was getan werden muss, ersparen wir dem Partner die Notwendigkeit, unsere Gedanken lesen zu müssen, doch die typische »Liebling, könntest du ...«-Liste ist nichts anderes als eine Anweisung von einem Chef an einen Untergebenen. Sie ist eine sichtbare Variante des Helfer-Etiketts und besagt: »Ich traue dir nicht zu, dass du von allein auf diese Dinge kommst oder dass du sie erfolgreich auf die Reihe kriegst, wenn du's nicht schwarz auf weiß vor der Nase hast.« Dieses Mittel ist in einem ESP-Haushalt völlig deplatziert.

Einige ESP-Paare verwenden durchaus schriftliche Aufgabenlisten, die sie *beide* zu Rate ziehen können, um nachzusehen, welche Arbeiten morgens vor der Arbeit, abends vorm Zubettgehen, am Wochenende oder in den kommenden sechs Monaten anstehen. Die Listen können sogar Aufschluss darüber geben, wem welche Aufgaben zugeteilt sind und bis wann sie erledigt sein müssen. Und viele ESP-Paare erinnern sich einfach gegenseitig daran, was getan werden muss – die Milch geht zur Neige, nächsten Donnerstag müssen wir Muffins für den Kindergarten mitbringen etc. Der Unterschied ist, dass diese Mitteilungen nicht hierarchisch sind – sie sind gemeinsam erstellt oder allgemeine Aufrufe an das Team und keine beschönigten Marschbefehle für Dummköpfe von einer Person, die weiterhin das Sagen hat. Sparen Sie sich »Liebling, könntest du ...«-Listen für die seltenen Situationen auf, in denen Ihr Partner Sie tatsächlich darum bittet.

muss ich allein auf die Reihe kriegen.« Wenn Sie tatsächlich Informationen brauchen (»Wo bewahren wir die Gäste-Handtücher auf?« »Wie viel von dem Spülmittel soll ich in die Maschine tun?«), bitten Sie einfach darum. Doch fragen Sie nicht x-Mal. Sie sind ein erwachsener Mensch, der durchaus in der Lage ist, zu lernen, wie man einen Haushalt führt. Machen Sie sich Notizen, hängen Sie sich Merkzettel auf und nehmen Sie die Sache wirklich selbst in die Hand. Benutzen Sie Ihren Partner nicht als Ihr Gedächtnis oder als Bedienungshandbuch, so wie Sie auch Ihre Kollegen bei der Arbeit nicht bitten würden, Sie immer wieder daran zu erinnern, wie man den Abteilungskopierer benutzt.

Wenn Sie eine Aufgabe als Ihre übernommen haben, sollten Sie dafür sorgen, dass es so bleibt. Sie haben entschieden, dass Sie die Sache perfekt allein erledigen können. Seit Jahrzehnten haben sich insbesondere Männer hinter der Behauptung versteckt: »Aber du kannst das viel besser, Liebling.« Und Frauen haben ihnen die Ausrede abgekauft. Auch Frauen sind keine Unschuldslämmer und greifen ebenfalls gern auf diesen Satz zurück, vor allem wenn es um »Männerdinge« geht wie darum, wer den Schnee schaufelt, auf Leitern klettert oder am Steuer sitzt, wenn beide mit dem Wagen unterwegs sind.

Manchmal ist es zu einer festen Gewohnheit geworden, sich bei einer bestimmten Sache dumm zu stellen. Wir bezeichnen uns selbst – mitunter sogar mit Stolz – als unfähig zum Wasserkochen oder Knopfannähen. Sich gegen diese Gewohnheit zu entscheiden kann sich als große mentale Hürde erweisen, aber wir sind überzeugt, dass wir alle der Aufgabe gewachsen sind. Wenn uns jemand 1 Million Dollar für die Ausführung einer Tätigkeit bieten würde, von der wir immer geschworen haben, dass wir null Begabung dafür besitzen – zum Beispiel Vorhänge nähen oder einen Schmorbraten herstellen –, würden wir uns die Fähigkeit garantiert nach ein paar Versuchen wie durch ein Wunder angeeignet haben.

Fehler Nr. 4: Das größere Bild vergessen. Ein weiterer, relativ offensichtlicher (und dennoch häufiger) Fehler besteht darin, eine gleiche Verteilung der häuslichen Pflichten zu erwarten, wenn die Partnerschaft in anderen Bereichen, vor allem beim Geldverdienen, noch nicht auf Gleichheit eingestellt ist. Wenn Ihr Partner Vollzeit arbeitet und Sie zu Hause bleiben, ist es nur logisch, dass Sie erheblich mehr Hausarbeit erledigen. Eine faire Gleichverteilung der häuslichen Arbeiten entwickelt sich in der Praxis auf ganz natürliche Weise, wenn Sie sich in allen Bereichen des Zusammenlebens auf Gleichheit zubewegen. Deshalb ist die Ausgewogenheit der Lebensbereiche und eine gerechte Aufgabenverteilung in allen Domänen so entscheidend für ESP.

Jetzt wollen wir die Fehler hinter uns lassen und die anstehende Aufgabe anpacken …

Die gemeinsame Festlegung der Aufgaben

Die gemeinsame Bereitschaft, einander als gleichgestellte Partner zu behandeln und die eigene Kompetenz zu entfalten, schafft die richtige geistige Atmosphäre für Gleichheit bei der Hausarbeit. Doch jetzt müssen Sie den ersten Schritt machen, um den Plan in die Tat umzusetzen. Wir kommen zu der praktischen Kernfrage fair aufgeteilter Hausarbeit: der gemeinsamen Festlegung der konkreten Arbeiten. Wenn nicht beide verstehen und sich darüber einig sind, was es bedeutet, eine bestimmte Aufgabe auszuführen (was wann wie, wie oft und ob überhaupt gemacht werden soll), geht jeder weiterhin von seinen eigenen Vorstellungen hinsichtlich der Haushaltsführung aus. Das Zusammenleben kann einem wie ein Riesenkompromiss vorkommen. Entweder die eigenen Standards werden ständig untergraben oder man lebt mit dem unbehaglichen Gefühl, dass man den Partner ständig enttäuscht. Durch die gemeinsame Definition wird ESP in den praktischen Details der Haushaltsführung verankert. Diesen Schritt dürfen Sie nicht überspringen.

Schauen wir uns ein verbreitetes Szenario an: Zwei müde Elternteile kommen von ihrem Arbeitstag nach Hause. Sie sammeln die Kinder ein und verbringen den Abend mit Essen, Hausarbeit, Badezimmer- und Zubettgeh-Routinen. Bis zu diesem Punkt sind beide Elternteile vollwertige Teilnehmer im Abendprogramm der Familie. Doch nachdem diese drängenden Aufgaben erledigt sind, ist Vater auf Entspannung eingestellt. Es war ein langer Tag, denkt er, und er hat ordentlich mit angepackt. Er hebt einige herrenlose Spielsachen vom Boden auf und hält das Haus für hinreichend aufgeräumt. Alles andere hat Zeit. Die Couch ruft.

Mutter kommt gerade erst richtig in Fahrt. Sie hat eine lange Liste mit Arbeiten im Kopf, die erledigt werden müssen, einfach um die Betriebsfähigkeit des Haushalts aufrechtzuerhalten – die Lunchpakete der Kinder für morgen packen, zwei Ladungen Wäsche in die Maschine stopfen, damit das Lieblingshemd und der Lieblingsrock der Tochter sauber sind, wenn sie aufwacht, und schließlich die ganzen Spielsachen wegräumen, die im Zimmer herumliegen. Sie sieht sich um. In der Küche, die ihr Mann eigentlich sauber machen sollte, liegen lauter Krümel auf den Arbeitsflächen und in der Spüle stapeln sich die Töpfe. Es ist sein Job, den Müll für morgen früh rauszustellen, und sie weiß, dass damit nicht mehr zu rechnen ist, wenn er erst einmal vorm Fernseher sitzt.

Was geschieht mit diesem Paar, wenn es an diesem Abend schließlich seine kostbare Zeit zu zweit genießen kann? Sie bleibt, schäumend vor Wut, lange wach, um ihre Liste abzuarbeiten. Er blendet sie aus in dem Versuch, sich zu entspannen – vertraut darauf, dass er seinen Teil geleistet hat, und ärgert sich, weil sie einmal mehr irgendwelche Dinge erfindet, die er tun oder besser tun müsste. Was ist schiefgelaufen? Sie kannten beide ihre vereinbarten Aufgaben – er dachte, er hätte die Küche ordentlich aufgeräumt, und hat die feste Absicht, den Müll noch rauszubringen: und sie hatte die Möglichkeit, sich ihrer Aufgabe zu widmen und die Lunchpakete für die Kinder fertigzumachen. Keiner hat gefaulenzt. Aber sie haben vergessen, darüber zu sprechen, was die Erledigung dieser Dinge bedeutet. – Wie sauber ist sauber? Wann sollte eine Aufgabe erledigt sein und was gehört alles dazu?

Die meisten Paare, die sich über diese Art von Anforderungen uneins sind, machen nicht den Versuch, einen Schritt zurückzutreten und objektiv darüber zu reden. Sie klagen typischerweise über einzelne Ausrutscher in punkto Hausarbeit, schreiben sich gegenseitig als hoffnungslose Fälle ab, reden vielleicht sogar mit anderen über ihre ignoranten/wenig hilfreichen/kleinkarierten Partner. Sich in aller Ruhe dauerhafte Definitionen von einzelnen Hausarbeiten auszudenken ist nicht das, was die meisten Menschen in Sinn haben, wenn sie frisch verliebt und von der alles überwindenden Kraft der Liebe überzeugt sind. Doch behalten Sie das größere Bild im Auge – die scheinbar kleinen Frustrationen wiederholen sich Tag für Tag, stauen sich über Monate, Jahre und sogar Jahrzehnte immer weiter an. Die Wäsche, die Ihr Partner nicht zu Ihrer Zufriedenheit erledigt oder die Sie stillschweigend nach seinen Kriterien erledigen sollen, ist nicht nur die (im wörtlichen und übertragenen Sinn) schmutzige Wäsche von heute. Sie steht für den allgemeinen Tenor Ihres täglichen Zusammenlebens als Paar. Leider Gottes verschwinden diese Probleme nicht einfach von allein, wenn sie nicht in irgendeiner Form aufgegriffen werden – und darüber zu sprechen wird im Laufe der Zeit immer schwieriger.

Silas und Catherine, ein Paar aus Shippensburg, Pennsylvania, teilen sich die Erziehung ihres dreijährigen Sohnes und ihrer Tochter im Säuglingsalter; außerdem sind sie beide als Literaturwissenschaftler tätig und kümmern sich als Team um die Hausarbeit. Wenn es jedoch darum ging, das Geschirr zu spülen, kam es in ihrer Beziehung zu Spannungen, weil Catherine das Gefühl hatte, dass Silas seinen Part nicht erledigte. Nachdem sie darüber gesprochen hatten, erkannten sie, dass Catherine es vorzog, wenn die Spüle zwischen den Mahlzeiten leer war, während Silas es völlig in Ordnung fand, die Teller »bis zum Morgen darin stehen zu lassen«. Diese Entdeckung führte zu der gemeinsamen Anstrengung, das Problem zu lösen, anstatt Silas für seine Passivität zu verurteilen. Ihnen wurde klar, dass Catherine weit mehr Gewicht auf eine saubere Spüle legte, als Silas auf die paar Extraminuten abendlicher Freizeit, und sie einigten sich darauf, wenn möglich Catherines Zeitrahmen einzuhalten. Silas sagt locker, dass sich Catherine im Gegenzug »bei vielen anderen Dingen anpasse«.

Catherine und Silas haben ihren gemeinsamen Wunsch, die Hausarbeit gerecht zu teilen, genutzt, um den Teufelskreis von Schuldzuweisung und Ratlosigkeit zu durchbrechen und um eine gemeinsame Definition dafür zu finden, was sie tatsächlich unter »Geschirrspülen« verstehen. Nachdem sie darüber geredet hatten, machten sie die Erfahrung, dass ihr Knackpunkt bei diesem Thema das »Wann« war. Das gab ihnen einen Bezugsrahmen, um zu erklären, was für jede Person wichtig war, und ermöglichte ihnen, gemeinsam zu entscheiden, dass Catherines Vorstellung für beide funktionieren konnte.

Bei der Aufstellung dieser Definitionen sind beide Partner – vielleicht zum ersten Mal – aufgefordert, wirklich gemeinsam festzulegen, wie die Hausarbeit erledigt werden soll. Obwohl Catherines Wünsche bezüglich des Spülens in diesem Fall erfüllt wurden, ist sie nicht als »Siegerin« aus einem Kampf hervorgegangen. Die Vorstellungen des einen Partners stechen die des anderen nicht mehr gewohnheitsmäßig aus. Da zwei Menschen nie völlig identische persönliche Standards für die Hausarbeit haben können, erfordert ein Konsens, dass man untersucht, was wirklich wichtig ist. Müssen Sie die Dusche wirklich einmal die Woche schrubben oder könnten Sie sich auch mit einmal im Monat zufriedengeben? Sollte die Erledigung der Wäsche auch das Zusammenlegen und Wegpacken umfassen?

Wenn der Partner erklärt, warum er enormen Wert darauf legt, dass die Schuhe im Haus weggeräumt werden, können Sie ihn vielleicht davon überzeugen, dieses Schubfach mit den Tupperware-Sachen, die Sie wahnsinnig macht, anders anzuordnen. Diese Entscheidungen gemeinsam zu treffen ist ein Akt der Liebe – und des Verständnisses und der Toleranz. Und von einem logischen Standpunkt aus betrachtet, schaffen gemeinsame Definitionen die Verwirrung aus der Welt. Wenn beide wissen, was sie unter einer bestimmten Arbeit im Haushalt verstehen, wird kristallklar, was, wie oft und mit welcher Methode gemacht werden sollte. Am Ende haben Sie ein widerspruchsfreies Statement darüber abgegeben, wo Ihre Familie in diesen Fragen steht – ob Geschirrspülen, Dusche schrubben, Schuhe wegräumen oder Tupperware managen.

Gemeinsam erstellte Aufgabendefinitionen verbinden Sie beide, so dass diese klitzekleinen (oder etwas größeren) Streitpunkte nicht mehr tagtäglich auftreten. Wenn Sie die Ärmel hochkrempeln und eine akzeptable Vereinbarung finden, müssen Sie nicht mehr darum kämpfen, ihren Kopf durchzusetzen. Und wenn ein Partner gelegentlich von einer Definition abweicht, sagen ESP-Paare, seien sie nicht so erpicht darauf, über den Lapsus zu streiten wie vor der Festlegung einer Definition. Beide können Ausnahmen als das erkennen, was sie sind, ohne gekränkt zu reagieren. Durch die Festlegung der notwendigen Details bestimmter Aufgaben nimmt man das Problem direkt in Angriff.

Das klingt nun vielleicht nach schrecklich viel Arbeit! Wir möchten Ihnen nichts vormachen – einige schwierige Definitionen kosten tatsächlich eine gewisse Anstrengung. Doch glücklicherweise muss man nicht jede Aufgabe bis

SICH WANDELNDE ERWARTUNGEN

Es wäre großartig, wenn Sie die gemeinsame Definition für eine bestimmte Arbeit nach einem einzigen Gespräch fix und fertig zu Papier bringen könnten. Geben Sie Ihr Bestes und halten Sie die Kommunikationswege offen. Wenn eine Entscheidung den einen Partner verrückt macht oder aus irgendeinem Grund nicht funktioniert, kann man sie jederzeit neu verhandeln. Einseitige Veränderungen sind allerdings ausgeschlossen. Wenn also Ihr gemeinsamer Plan, die Pflanzen einmal die Woche zu gießen, zu vertrockneten Blättern führt, sollten Sie das ansprechen!

Sie können die Notwendigkeit einer gemeinsamen Definition (oder einer bestehenden, aber nicht funktionierenden Definition) jederzeit ansprechen, nur nicht, wenn Ihr Partner die infrage stehende Arbeit gerade gemacht hat. Warten Sie eine Weile, um zu besprechen, dass »Lebensmittel einkaufen« Ihrer Ansicht nach auch umfassen sollte, dass man zunächst überprüft, welche vorhandenen Dinge zur Neige gehen – so dass er nicht ohne die Milch und die Mayonnaise nach Hause kommt.

zur Molekularebene analysieren. Wenn Sie wie die meisten ESP-Paare sind, erfordert die Mehrheit der Aufgaben überhaupt keine Diskussionen. Bei vielen Arbeiten, die mit der Haushaltsführung verbunden sind, ist es keinerlei Problem, einen Konsens zu finden. Wen schert es, *wie* das Staubsaugen im Einzelnen vonstatten geht, solange es überhaupt erledigt wird? Nun ja, vielleicht gibt es einige, die sich für diese Frage interessieren, aber nicht viele. Wenn Sie einander ein klein wenig kennen, wissen Sie bereits um die kritischen Stellen bei ihren jeweiligen Auffassungen von Hausarbeit oder um die Punkte bei der derzeitigen Arbeitsteilung, mit denen der eine oder andere Partner unglücklich ist.

Die Themen, die abgesehen vom Geschirrspülen, am häufigsten besprochen werden müssen, sind den Angaben von ESP-Paaren zufolge:

- Essensplanung und Einkaufslisten
- Wann wird das Schulbrot für die Kinder gemacht und was sollte alles dazugehören?
- Allgemeiner Chaoszustand des Hauses. (Ein Paar kam überein, dass die Frau an den Tagen, an denen sie be-

WAS HABEN DIE MÄNNER DAVON?

Eine gleiche Aufgabenverteilung bei der Hausarbeit klingt für eine Frau normalerweise sehr attraktiv. Aber warum sollte irgendein Mann mit ausreichender Selbstachtung den Wunsch haben, sich zu zusätzlicher Arbeit zu verpflichten? ESP-Vater Silas stürzt sich auf die Hausarbeit, weil »es sich einfach blöd anfühlt, faul zu sein«. Doch die Gründe reichen weit über diese noble Motivation hinaus. Die Hälfte der Hausarbeit zu übernehmen befördert Männer von dem »Wohnt-einfach-hier«-Status zu einem vollwertigen Partner bei der häuslichen Entscheidungsfindung. Wenn ein Mann es für reine Zeitverschwendung hält, mehr als einmal im Jahr Staub zu wischen, hat seine Meinung genauso viel Gewicht in den Diskussionen. Er erhält auch volles Mitspracherecht bei der Frage, wie das Haus eingerichtet werden soll – keine romantischen Rüschenvorhänge mehr, wenn er eine eher asketische Einrichtung bevorzugt.

Außerdem entsteht Autonomie durch die Übernahme eines

rufstätig war, bei Ihrer Heimkehr mindestens ein Zimmer vorfinden sollte, in dem kein heilloses Durcheinander herrschte. Der Mann und die Kinder hatten viel Spaß dabei, jeden Tag ein bestimmtes Zimmer auszusuchen und es, kurz bevor die Frau nach Hause kam, blitzschnell sauber zu machen.)

- Wie oft wird das Badezimmer sauber gemacht und was bedeutet »sauber«?

Am Ende des Kapitels haben wir eine längere Liste mit häufigen Hausarbeiten zusammengestellt, die Sie als Gesprächsaufhänger für Ihre Aufgaben-Definitionen nutzen

gerechten Anteils an der Arbeit. Der ESP-Mann muss nicht fürchten, von der Ehefrau kritisiert zu werden, und kann nach eigenem Gutdünken verfahren (innerhalb der Grenzen der geltenden Definitionen). Sie haben Lust, nachts um 3 die Waschmaschine anzustellen? Wollen ein preisgünstigeres Waschmittel ausprobieren? Den Spaß können Sie haben!

Manche Männer stellen auch fest, dass sie es aufrichtig genießen, ihren Anteil der Haushaltspflichten zu übernehmen – sogar solche, die typischerweise von Frauen erledigt werden. »Für die Hausarbeit braucht man andere Stärken als sonst«, sagt ein ESP-Vater. »Sie erlaubt mir, meine Vielseitigkeit zu entfalten – was genau das ist, was mir Spaß macht.« Und auch andere Stärken kommen zum Vorschein – zum Beispiel dass man in einem bestimmten Bereich der Haushaltsführung besondere Fähigkeiten erwirbt, wie ein ESP-Vater, der als »Fleckentferner der Familie« bekannt ist und ein »Chemielabor im Keller betreibt«, voll ausgestattet, um sogar Kitt aus Wolldecken zu entfernen.

können. Achten Sie beim Durchlesen der Liste darauf, welche Punkte eine Reaktion beim einen oder anderen hervorrufen. Das sind die Aufgaben, über die sich ein Gespräch am ehesten lohnt.

Die gemeinsame Bewältigung der Arbeit

Wenn Sie Ihre gemeinsamen Definitionen für diejenigen Aufgaben, die genauer festgelegt werden müssen, schließlich erarbeitet haben, können Sie darüber nachdenken, wer was tun wird. Aus der Vogelperspektive bedeutet geteilte Hausarbeit im ESP-Modell, dass beide Partner die gleiche Menge an *Zeit* und *Engagement* (und *Energie*) in häusliche Aufgaben investieren. Solange jeder von Ihnen dieses Ziel im Allgemeinen erreicht, können Sie die Aufgaben nach Belieben aufteilen. Im Idealfall hat jeder von Ihnen am Ende ein ausgewogenes Verhältnis von *wesentlichen Aufgaben* (die jeden Tag erledigt werden müssen, wie Kochen) und *nicht entscheidenden Aufgaben* (die normalerweise aufgeschoben werden können, bis es am besten passt, wie das Wechseln der Bettwäsche, das Aufräumen von Schränken oder das Beschneiden der Sträucher).

Wie Sie jede einzelne Aufgabe teilen, hängt einfach davon ab, was für Sie als Familie sinnvoll ist. Das ist eine kleine Abweichung von unseren Warnungen im Bereich Kindererziehung, wo man darauf achten sollte, dass beide Elternteile sich so viele Pflichten wie möglich teilen. Bei Kindern kann man sich leicht vorstellen, dass die betreffenden Beziehungen davon profitieren, wenn beide Eltern in allen Fürsorgebereichen gleich involviert sind. Bei der

Hausarbeit ist diese »Beziehung« im Alltag weniger entscheidend. Das vorausgeschickt geht dennoch ein gewisser Zauber davon aus, sich in die Situation des anderen zu versetzen, indem man so viele häusliche Arbeiten, wie es in der Praxis möglich ist, miteinander teilt. Behalten Sie das im Sinn, wenn Sie über einige der folgenden Möglichkeiten nachdenken, wie man die Haushaltsaufgaben teilen kann:

Wirklich halbe-halbe. Das ist eine Echtzeit-Aufspaltung, bei der jeder Partner eine Hälfte der gegebenen Aufgabe übernimmt. Bei uns haben wir entschieden, die Schmutzwäsche auf diese Weise zu teilen, nachdem Amy gemerkt hatte, dass sie immer diejenige war, die die ganze Kleidung wusch. Nach einer kurzen Diskussion wurde uns klar, warum – Amy hat ähnlich wie Catherine in Bezug auf das Geschirrspülen eine weit niedrigere Schwelle, um die Maschine tatsächlich in Gang zu setzen. Wenn der Korb voll ist, ist es Zeit, eine Ladung durchzuwaschen. Marc lässt seelenruhig einige Haufen entstehen, bevor er sie in einem einzigen großen Durchgang wäscht (unsere gemeinsame Definition von »Wäsche machen« umfasste die Details der Ausführung, überließ das »Wie oft« aber der persönlichen Präferenz). Wir bestätigten uns nochmals, dass die Wäsche zu den Aufgaben gehörte, die wir teilen wollten – zu groß, um sie einem allein auf Dauer aufzuhalsen –, und fanden eine neue Methode, wie wir es machen konnten. Marc wäscht jetzt alle »dunklen« Sachen und Amy alle »hellen«. Alle Familienmitglieder sortieren die Kleidungsstücke, die sie täglich ablegen, und ordnen sie in unsere zwei Wäschekörbe – einen für jeden.

Uns gefällt diese Methode des Aufteilens, weil sie so

leicht durchführbar ist. Es ist sonnenklar, dass Arbeit ansteht, wenn unser eigener Wäschekorb überquillt, und dennoch haben wir die Freiheit, unseren eigenen fairen Wäscheanteil zu erledigen, ohne auf den anderen warten zu müssen. Um die Wahrheit zu sagen, ist das Halbe-halbe-Teilen ziemlich selten, weil sich nicht alle Aufgaben dafür anbieten. Ein ESP-Paar nutzt diesen Ansatz, um die Gartenarbeit zu verteilen – er übernimmt das ganze Pflanzen, Mähen und Harken im vorderen Garten und sie kümmert sich um den hinteren Garten. Unserer Ansicht nach funktioniert die Methode am besten bei umfangreichen, routinemäßig wiederkehrenden, aber nicht entscheidenden Aufgaben, bei denen man dafür sorgen möchte, dass sie nicht in unfairer Weise auf einem von beiden abgeladen werden.

Fast exklusiv. Diese Methode ist wesentlich verbreiteter als der Halbe-halbe-Ansatz. Hier trägt einer der Partner die Hauptverantwortung für eine Aufgabe, während der andere sich nebenbei damit beschäftigt – festgelegt nach persönlicher Präferenz oder dem Grad des aufgebrachten Interesses. Doch was ist, wenn einem von Ihnen die *ganze* Haushaltsführung weit mehr am Herzen liegt als dem anderen? Da wird's ein bisschen kompliziert, aber das ist das Schöne an der Festlegung gemeinsamer Standards, bevor man die Aufgaben verteilt. Treten Sie die Aufgabe ab und übertragen Sie das Offensichtliche an die Person, die das größte Interesse hat, aber laden Sie Ihr keine größere allgemeine Zeitverpflichtung für die Hausarbeit oder einen erheblich größeren Teil der wesentlichen Aufgaben auf. Wir empfehlen außerdem, dass Sie bei allen Entscheidungen eine Verteilung nach Geschlechterstereotypen vermeiden. Ansonsten landen Sie möglicherweise trotz allem bei einer typischen geschlechtsspezifischen Aufgabentrennung. Doch es ist völlig in Ordnung, wenn der Großteil der Autowartung an Mutter geht und Vater einen Großteil des Einkaufens übernimmt. Schließlich fordern wir Sie auf, flexibel zu sein und diese Aufgaben von Zeit zu Zeit zu mischen – und sei es nur zum Vergnügen. Dadurch vermeidet man, dass eine bestimmte Aufgabe ganz exklusiv von einem Partner ausgeführt wird, und bewahrt das Kompetenz-Ideal von ESP. Indem man sich von einer offenen Spezialisierung fernhält (fähig bleibt, bei jeder Aufgabe für den anderen einzuspringen), können beide die Bemühungen des anderen nachempfinden und würdigen, jeder kann von einer Minute auf die andere ohne Instruktionen loslegen und man hält das Ganze frisch und aufregend.

Viele ESP-Paare nutzen diese Methode als Hauptansatz der Aufgabenverteilung. Ein Partner verwaltet die Familienfinanzen und behält das Budget im Augen, der andere bezahlt die Rechnungen. Oder einer übernimmt das Kochen und den Abwasch, während der andere die Oberhoheit über die Wäsche hat. (»Unsere glorreichste Leistung ist, dass wir uns nicht ärgern, wenn einer von uns hinterherhinkt«, sagt eine ESP-Mutter). Bei einer Umkehrung traditioneller Geschlechterrollen übernimmt eine weitere ESP-Mutter das gesamte Rasenmähen, Laubharken und die Gartenarbeit, während ihr Ehemann einen größeren Anteil an der Essensplanung, dem Einkauf und dem Kochen übernimmt. Und ein weiterer ESP-Mann, dessen persönliche Sauberkeitsansprüche im Haushalt häufig höher sind als die seiner Frau, erledigt einen größeren Teil der täglichen Reinigungsarbeiten, während sie die Führung bei größeren häuslichen Projekten, zum Beispiel Renovierungen, übernimmt. Relativ übliche Dinge. Eine fast exklusive Aufgabenteilung kommt dem, was in traditionellen Familien geschieht, wahrscheinlich am nächsten, nur dass hier die allgemeinen Anteile an der Hausarbeit gleich sind.

Abwechseln. Dass die Partner sich bei den Arbeiten nach einem mehr oder weniger festen Muster abwechseln, ist wahrscheinlich das, was die meisten Menschen sich unter partnerschaftlich geteilter Hausarbeit vorstellen. Einige haben Visionen von Ehepartnern, die nachts an der Küchenspüle stehen und jeweils die gleiche Anzahl von Tellern abwaschen. Oder von einer Person, die vor dem Geschirrspüler innehält und überlegt, ob sie heute damit dran ist, ihn auszuräumen. Trotz dieser albernen Beispiele kann das Abwechseln eine nützliche und vertrauensbildende Methode der Arbeitsteilung sein. Sie funktioniert am besten bei Aufgaben, die einen festen Rhythmus haben, oder bei Pflichten, die an Ihren Arbeits- oder Haushaltsplan gebunden sind.

Im Folgenden einige Beispiele für Aufgaben, die von vielen ESP-Paaren auf diese Weise geteilt werden:

- **Essensvorbereitung:** zum Beispiel ist jeder Elternteil an drei Abenden in der Woche für das Essen verantwortlich und Freitag gibt's Pizza. Bei einem ESP-Paar übernehmen die Partner die Abende im Wechsel, aber der Plan lässt auch die Möglichkeit offen, dass man etwas aus der Imbissbude holt, wenn der zuständige Partner zu müde zum Kochen ist – der Elternteil, der diese Option wählt, ist dann allerdings am nächsten Abend wieder mit dem Dinner dran.

- **Aufräumen nach dem Essen:** die Partner wechseln sich jeden Abend damit ab, wer das Saubermachen übernimmt und wer die Kinder hütet.
- **Finanzen:** eine Person kümmert sich ein Jahr lang um die Rechnungen, im Folgenden übernimmt die andere die Aufgabe.

Diese Methode der Aufgabenteilung ist die einfachste Methode, um sich in die Lage des anderen zu versetzen. Beide gewinnen die gleiche Erfahrung mit jeder Aufgabe und müssen nicht ständig aushandeln, wer womit dran ist. Ja, es bedeutet ein bisschen Extraarbeit ganz am Anfang, aber nach kurzer Zeit funktioniert der Wechsel praktisch von allein. Und diese Methode bedeutet, dass jeder vorhersehbare Pausen von jeder Aufgabe bekommt. Carl und Debby haben diese Methode der Aufgabenteilung sogar als Mittel für die generelle Aufteilung aller Aufgaben genutzt, als die Kinder klein waren, haben die Woche in 21 Schichten (morgens, mittags, abends) aufgeteilt und sich beide verantwortlich für zehn Schichten Hausarbeit und Kinderbetreuung erklärt (die verbleibende Schicht, Samstagabend, war für die Paarbeziehung reserviert). Denken Sie daran, dass Sie bei der Wahl dieser Option die Zeitdauer zwischen den »Partnerwechseln« festlegen müssen – einen Tag, eine Woche, ein Jahr, jedes Mal, wenn die Aufgabe sich ergibt, oder irgendeine andere zeitliche Markierung. Und Sie müssen es vermeiden, sich damit zu beschäftigen, wann Ihr Partner eine Aufgabe beenden wird, bis sie tatsächlich in Ihre Schicht fällt.

Wie es sich ergibt. Bei dieser Option werden die Zuständigkeiten ohne formale Verteilung gemeinsam wahrgenommen. Stattdessen gibt es ein grobes, von beiden Partnern akzeptiertes Betriebssystem, das sagt: »Wer immer etwas sieht, das gemacht werden muss, erledigt es so schnell wie möglich.« Diese Option ist die natürlichste Aufteilung, weil sie sich daraus ergibt, was jeder Partner täglich am leichtesten bewältigen kann, und typischerweise damit verbunden ist, wie beide ihre Zeit zu Hause strukturieren. Sie funktioniert gut bei routinemäßigen, augenfälligen, wesentlichen Aufgaben, wie Tanken oder Milchkauf, ist aber unter Umständen nicht so effektiv bei weniger offensichtlichen Pflichten wie der Ausarbeitung der Steuererklärung. Das Schöne an der »Wie es sich ergibt«-Teilung ist, dass sie dafür sorgt, dass beide täglich aufmerksam am Ball bleiben, und beiden das großartige Gefühl vermitteln kann, reife, verantwortungsbewusste Partner zu sein. Allerdings erfordert sie einen besonders hohen Grad an Vertrauen, weil die Aufgaben eher in der Verantwortung des Teams als in der des Einzelnen liegen. Außerdem muss man unter Umständen gelegentlich die Gleichheit überprüfen. Manchmal resultiert dieser Ansatz bei der Hausarbeit darin, dass eine Person 90 Prozent einer Aufgabe erledigt, die man eigentlich gerechter aufteilen wollte.

Alles bleibt in der Familie. Hier schließen beide Partner ihre Kräfte zusammen, um eine bestimmte Hausarbeit gleichzeitig in Angriff zu nehmen. Diese Aufgaben-»Teilung« schafft automatisch Gleichheit, kann eine Menge Spaß machen und ein Gefühl der Zusammengehörigkeit erzeugen. Viele ESP-Paare beteiligen ihre Kinder an gemeinsamen Saubermachaktionen, setzen dafür häufig einen routinemäßigen Wochentag fest, an dem von allen Familienmitgliedern erwartet wird, beim Staubsaugen und Badezimmerschrubben mit anzupacken. Dadurch kann man den Kindern ein gutes Beispiel geben und jeden Einzelnen entlasten, wenn es sich um eine besonders undankbare Aufgabe handelt.

Für jeden sein Eigenes. Diese Methode bedeutet, dass man seine eigenen Aufgaben getrennt erledigt, und funktioniert gut bei Arbeiten, bei denen man das Gefühl hat, dass sie sich schlecht vermischen lassen. Bei uns zu Hause erledigen wir beispielsweise im Allgemeinen jeder unsere eigene Bügelwäsche (von gebügelten »Überraschungen« einmal abgesehen), was prima funktioniert, weil keiner von uns besonders häufig bügelt. Diese Option beruht auf vollständiger Unabhängigkeit und ist nicht besonders intimitätsfördernd, aber die Arbeit wird erledigt. Es ist keine gute Wahl für Arbeiten, von denen ihr Partner oder die Kinder abhängig sind; es wäre ein ziemlich einsamer Haushalt, wenn jeder sich abends sein eigenes Essen machen würde.

Auslagern. Nichts löst die Frage, wer den Boden wischt, letztlich so erfolgreich wie ein Reinigungsservice, und niemand entfernt das Herbstlaub so effektiv wie ein Gartendienst. Bringen Sie also diese Option auf alle Fälle auf den Tisch, wenn Sie es sich leisten können. Je mehr Sie outsourcen, desto mehr müssen Sie für gewöhnlich arbeiten, um Ihren Lebensstil zu bezahlen. Und je mehr Sie sich bei der Haushaltsführung auf andere stützen, desto weniger werden Sie sich beide dieser Grunddomäne verbunden fühlen. Wenn Dienstmädchen und Butler durchs Haus schwirren, jede Mahlzeit zubereiten, die Christbaumkerzen anbringen und die Urlaubsplanung für Sie übernehmen, um ein extremes Beispiel zu benutzen, würde Ihnen ein Teil Intimität verloren gehen. Das vorausgeschickt, kann ein bisschen budgetiertes Outsourcing eine gute Sache sein – und beiden helfen, ihre kostbare Zeit für die Kinder, füreinander und sich selbst aufzusparen.

Genauso wie bei den gemeinschaftlichen Aufgabendefinitionen ist es nur dann notwendig, darüber zu diskutieren, wie Sie eine Aufgabe teilen oder gemeinsam anpacken wollen, wenn die bestehende Arbeitsteilung nicht so gut funktioniert. Und obwohl Sie vielleicht einschätzen möchten, wie viel Zeit bestimmte Arbeiten pro Woche in Anspruch nehmen, um zu ermitteln, wie man sie am besten aufteilen kann, ist keinerlei komplexe Formel notwendig, um festzustellen, wann Sie das magische Ziel erreicht haben und jeder insgesamt etwa gleich viel Zeit in die Hausarbeit investiert. Sie müssen einfach nur auf Ihr Bauchgefühl hören – was Sie leicht tun können, indem Sie sich selbst fragen, ob Sie zu Recht klagen könnten: »Ich mache mehr.« Tatsächlich scheuen ESP-Paare insbesondere davor zurück, »erbsenzählerisch an unsere Aufgaben heranzugehen«, wie die ESP-Mutter Kitty sagt, »weil uns bewusst ist, dass das unsere Beziehung untergräbt«. Auch wenn wir uns der Gleichheit verpflichtet fühlen, ziehen wir es vor, einen

Schritt zurückzutreten und tiefer gehende Gespräche über die gemeinsame Pflege unseres Zuhauses zu führen, anstatt penibel darauf zu achten, dass jeder exakt die gleiche Minutenzahl mit der Hausarbeit verbringt. Trotz der ganzen Ausführungen in diesem Kapitel ist Gleichheit bei der Hausarbeit sozusagen nicht das Herz von ESP. Vielmehr geht es um den Mut, zunächst zu echten Partnern zu werden und sich dann tagtäglich als solche zu behandeln. Gleichheit bei der Hausarbeit ist in diesem Fall weniger das Ziel als vielmehr das *Ergebnis* dieser Einstellung.

Also legen Sie die Aufgabenteilung fest – soweit es notwendig ist. Probieren Sie Ihr neues Arrangement einige Tage oder Wochen lang aus. Behalten Sie die Prinzipien der ESP-Hausarbeit im Sinn, während Sie Ihre eigenen Aufgaben in Angriff nehmen, und beobachten Sie ohne Kritik, wie Ihr Partner an seine herangeht. Verhandeln Sie gegebenenfalls erneut über gemeinsame Aufgabendefinitionen. Und genießen Sie vor allem die Teamkameradschaft und gemeinsame Mission einer großartigen Beziehung und eines glücklichen Zuhauses.

Vorteile der partnerschaftlichen Hausarbeit

Nach einer Weile fallen Ihnen möglicherweise einige interessante, vielleicht ungeplante Vorteile der partnerschaftlich verteilten Hausarbeit auf. Uns ist es so ergangen, ebenso wie vielen anderen ESP-Paaren, und sehr wahrscheinlich werden auch Sie diese Erfahrung machen. Hier ein kurzer Überblick:

Tempo-Anreiz. Nachdem einmal klar ist, was bei einer bestimmten Aufgabe erwartet wird und wer dafür zuständig ist, kann jeder seine eigene, ihm angenehm erscheinende Routine entwickeln, um die Arbeit zu erledigen. Die Aufgaben haben Endpunkte; ohne klare Abgrenzungen und Definitionen kommen sie demjenigen Partner, der sich weniger für die Hausarbeit begeistert, häufig wie lebenslänglich vor. Das kann sich als Anreiz erweisen, die Arbeiten im Sauseschritt zu erledigen. Wenn man seinen Teil des wöchentlichen Staubsaugens abgehakt hat, ist man damit durch.

Reality-Hausarbeit. Vergessen Sie Reality-TV – die gemeinsame Aufgabenbewältigung kann Ihnen einen ganz neuen Realitätskick geben. Die Art Kick, die Sie beide auf Zack und täglich in action hält. Ein Paar bezeichnet das als »Spitzeneffizienz« – das Gefühl, dass zwei Köpfe besser sind als einer, wenn man alles, was zur Haushaltsführung gehört, optimal erledigen will. Arbeiten, die man in einer traditionellen Familie nie besprechen würde, sind offen für Neugestaltungen, wenn sie vollständig geteilt werden, und beide Partner sind motiviert, Zeit und Energie so ökonomisch wie möglich einzusetzen und voneinander zu lernen. Das gilt auch für Einkäufe. Sie wünschen sich einen teuren neuen Wäschetrockner? Sie können nicht mehr so tun, als bräuchten Sie ihn, wenn der alte noch einwandfrei funktioniert, doch andererseits weiß Ihr Partner jetzt auch ganz genau, wenn die alte Klapperkiste es nicht mehr bringt. Weil Sie beide die Details Ihrer Haushaltsführung und die Gründe dafür kennen, kann die gesamte Arbeit sinnvoller – realer – werden.

Mehr Sex. Die meisten Menschen wünschen sich eine langfristige, vertraute und sexuell erfüllende Beziehung zu ihrer anderen Hälfte. Und neuere Umfragedaten zeigen, dass die Häufigkeit des Sex in einer Partnerschaft damit zusammenhängt, wie fair die Arbeitsteilung im Haushalt ist.[6] Das ist nicht schwer zu verstehen. Was könnte sexuell attraktiver sein als ein Mann, der gerade gekonnt das Essen zubereitet, dann abgewaschen und auch noch die saubere Wäsche weggepackt hat? Na ja, vielleicht gibt es einige Dinge mit noch größerem Sex-Appeal, aber trotzdem …

Wenn die Hausarbeit gerecht geteilt wird, stehen sich beide als ebenbürtige Partner gegenüber, und das schafft die Voraussetzungen für dauerhafte Intimität. Wir sind davon überzeugt, dass Partner, die sich emotional und geistig sehr nahe sind, auch in sexueller Hinsicht eine größere Intimität entwickeln. Am Ende des Tages (oder ganz früh am Morgen oder mitten am Tag) liegt man neben seinem wahren Partner. Die Person, die weiß, wie es zu Hause läuft, und alles Seite an Seite mit uns erledigt. Das ist einfach großartig! Mehr als genug, um in Stimmung zu kommen.

Für eine Frau klingt das normalerweise wunderbar. Doch auch der Mann gewinnt dabei. Für ihn bietet ESP die Wahrscheinlichkeit, dass eine echte Partnerin attraktiver ist als eine nörgelnde, von Arbeit überlastete Ehefrau. Nörgeln ist der Attraktivität nur bedingt förderlich. Außerdem finden manche Männer eine Frau, die den Rasen mähen und Terrassenplatten verlegen kann, definitiv sexy. Auch eine Frau, die nicht total erschöpft ist, weil sie wieder *alles* gemacht hat, ist sexy, ebenso wie eine Frau, die fähig ist, die Brötchen zu verdienen, und sie (wie er) abends auf den Tisch zu bringen.

Abgesehen von der gegenseitigen Wertschätzung und Zuneigung kann der Aspekt der Ausgewogenheit bei ESP mehr *Zeit* für Sex erzeugen. Nachdem die Kinder im Bett sind, können beide zusammen schnell die Hausarbeit erledigen und dann nach Belieben über ihre Zeit verfügen.

Tägliche Ausführung

In diesen Erläuterungen haben wir einen ungewöhnlichen Weg zur gemeinsamen partnerschaftlichen Hausarbeit aufgezeigt. Wie alles Seltene und Ungewöhnliche kann es auch Zweifel wecken. Es kann zum Beispiel künstlich wirken, zunächst zu definieren, welche Anforderungen existieren, wie und wie oft die Arbeit getan werden sollte und *dann* die Aufgaben zu verteilen. Natürlich funktioniert im wirklichen Leben nie alles in der geplanten ordentlichen Reihenfolge. Niemand hört mit dem Kochen auf, um das Thema erst mal in der Schwebe zu halten, bis Gleichheit eingekehrt ist. Anstatt also diese beiden Schritte als starre Regeln für eine gleiche Verteilung der Hausarbeit zu betrachten, sollte man sie als lockeren Bezugsrahmen nutzen.

Angenommen, Sie haben für nächste Woche zu einer Dinnerparty eingeladen und möchten die Vorbereitungen als gleichgestellte Partner in Angriff nehmen. Sie könnten gemeinsam innehalten und sich bestätigen, welche Art von Party sie veranstalten wollen. Dann entscheiden Sie gemeinsam über das Essen und die Art der Unterhaltung –

DIE ERINNERUNGSARBEIT GEMEINSAM ERLEDIGEN

Es ist eine Sache, alle im Haushalt anfallenden Arbeiten zu teilen. Etwas ganz anderes ist es, sich auch zu gleichen Teilen daran zu erinnern, was zu tun ist. Das ist die ultimative Grenze der partnerschaftlichen Haushaltsführung und ein Konzept, das eine fortgeschrittene Beherrschung von »Kümmer dich um deine eigenen Angelegenheiten« erfordert. Das Merken und Erinnern wird fast zu 100 Prozent von den Frauen erledigt. Doch solange Frauen die mentalen To-do-Listen handlen und den Kalender für bevorstehende Termine prüfen und so ihren Ehemännern immer wieder aus der Klemme helfen, wird sich nichts ändern.

Eine Veränderung dieses Paradigmas fängt damit an, dass man dem Partner Raum lässt, sich an die Dinge zu erinnern, die zu erledigen sind, wenn er zu Hause ist, so dass er zum Beispiel bemerken kann, dass die Windelvorräte zu Ende gehen und er dafür zuständig ist, das Geburtstagsgeschenk für Tante Betsy und ihre heute anstehende Feier zu besorgen. Wenn das Baby eine neue Windel braucht und plötzlich keine Windeln mehr da sind, sollte er sich darum kümmern können. Wahrscheinlich wird er mit einer provisorischen Lösung aufwarten, die niemandem schadet. Und auch Tante Betsy wird es vermutlich überleben, wenn Sie mit leeren Händen bei ihr auftauchen – die Entschuldigung, wenn denn überhaupt eine nötig ist, kann Ihr Partner übernehmen. Wenn einmal klar ist, dass Sie das Amt der häuslichen Koordinatorin aufgegeben haben, können Sie, ausgehend von Ihren selbst verteilten Zuständigkeiten, zur hohen Kunst des gemeinsamen Erinnerns übergehen. Der Tag, an dem Ihr Ehemann sagt: »Ach Schatz, könntest du bitte noch ein bisschen Waschmittel mitbringen, wenn du heute einkaufen gehst?«, ist der Tag, an dem Sie wissen, dass Sie den Übergang geschafft haben.

vielleicht auch über das Budget – und machen sich Notizen für eine kurze To-do-Liste mit entsprechender Terminplanung; das sind dann Ihre gemeinsamen Aufgabendefinitionen für die Party. Dann können Sie verschiedene Punkte auf Ihrer Liste aufteilen oder gemeinsam abarbeiten und Ihre eigenen Pflichten in Angriff nehmen, ohne den anderen zu kontrollieren.

Manche ESP-Paare gehen recht locker mit ihren Arbeitsdefinitionen und Aufgabenzuteilungen um. Andere sind zielstrebig und spezifisch – wie Dorea und Angela, ein ESP-Paar aus Cambridge, Massachusetts, zwei Mathematikerinnen, die gern systematisch ans Leben herangehen. Sie haben ein Notebook mit einer Checkliste der Aufgaben, die jeden Morgen und Abend anfallen, einschließlich einer wöchentlichen Checkliste, die den Plan für weniger regelmäßige Aufgaben, wie das Reinigen des Badezimmers und Lebensmitteleinkäufe, umfasst. Außerdem sind darin auch ihre konkreten Aufgabenzuteilungen beschrieben: Dorea bereitet das Frühstück vor, Angela plant das Abendessen und kauft dafür ein; sie wechseln sich dabei ab, wer die Waschmaschine morgens anwirft und wer die Kleidung abends trocknet und wegpackt. Sie haben beide täglich die Aufgabe, jeweils ein Hauptzimmer aufzuräumen (Wohn- oder Schlafzimmer). Die Struktur ihres Arrangements macht Angela und Dorea glücklich und sie genießen es, Zeit darauf zu verwenden, es immer weiter auszufeilen, um es so effizient wie möglich zu machen.

Einige Kritiker einer partnerschaftlichen Arbeitsteilung im Haushalt weisen auf die pingelige, detaillierte Kommunikation hin, die dazu scheinbar erforderlich ist – nicht nur über die Schaffung gemeinsamer Aufgabendefinitionen, sondern über die langfristige Verteilung der Pflichten und die Bewahrung der Gleichheit. »Es ist bloß Hausarbeit – warum soll man dabei so kleinkariert sein?«, sagen sie. Diese Argumentation ist aus unserer Sicht der Grund, der Männer und Frauen überhaupt erst in unser kollektives Ungleichheitsschlamassel gebracht hat. Es ist ein bisschen, als sagte man, dass Ampeln an Straßenkreuzungen banal wären. Man sollte Einzelheiten nicht mit Kleinkariertheit verwechseln. Wenn man diese Diskussionen *nicht* führt, wenn sie notwendig sind, riskiert man eine Verwirrung, die das Leben aus unseren Beziehungen heraussaugt – durch Machtspiele, unterschwellige Wut, Nörgeln und Sarkasmus, von Ehekrachs ganz zu schweigen. ESP fordert uns auf, eine andere Wahl zu treffen – so fürsorglich mit dem anderen und der Beziehung umzugehen, dass wir kommunizieren und uns wenn nötig ausführlich mit den Details beschäftigen. Ohne negativ zu sein. Fast alle ESP-Paare, die wir kennengelernt haben, genießen es aufrichtig, diese feinen Punkte miteinander auszuarbeiten; sie sagen beispielsweise: »Ich fühle mich von meinem Ehemann/meiner Ehefrau gehört und verstanden« oder »Diese Diskussionen sind nie lästig«. Ein Mann, der sich die Hausarbeit mit seiner Frau teilt, ist voll in das Leben in seinem Zuhause integriert – für ihn gilt tatsächlich »My Home is my castle« und nicht nur eine Wohnung, in der die Regeln der Partnerin herrschen. Eine Frau, die die Hausarbeit teilt, lebt an einem friedlichen Ort, der ihr tatsächlich eine Zuflucht bietet und nicht nur einen anstrengenden und einsamen Zweitjob. Wenn bei der Hausarbeit alles glatt läuft und alle zufrieden sind, fordern wir Sie selbstverständlich nicht auf, einen Riesenwirbel zu veranstalten. Doch wenn nicht …

Häusliche Aufgaben

Anschließend finden Sie eine Liste mit Arbeiten, die für Diskussionen über gemeinsame Aufgabendefinitionen infrage kommen. Zweifellos haben wir ein oder zwei ausgelassen und wahrscheinlich viele andere eingeschlossen, die Sie sofort durchstreichen können, weil sie entweder auf Ihren Fall nicht zutreffen oder nicht strittig sind. Beachten Sie, dass die Liste einige Pflichten enthält, die normalerweise nicht als »Hausarbeit« betrachtet werden – wie das Schreiben von Dankeskarten oder die Durchführung einmaliger häuslicher Bauprojekte –, doch *alles*, was zur Organisation des Innen und Außen Ihres Zuhauses gehört, zählt (außer kinderbezogenen oder persönlichen Aufgaben)! Einige Arbeiten müssen vielleicht in mehrere kleinere Aufgaben unterteilt werden, damit man darüber diskutieren kann (einige ESP-Paare zum Beispiel unterscheiden zwischen dem Waschen der Wäsche und dem Zusammenlegen und Wegpacken). Sie können diese Liste nutzen, um Ihre eigenen »kontroversen« Aufgaben zu ermitteln, dann dem Partner Ihre persönliche Vorstellung von deren zufriedenstellender Erledigung darlegen, sich die Vorstellungen Ihres Partners anhören und schließlich gemeinsam die neue Definition aushandeln:

Allgemeine Organisation im Haus

Autowartung

Autowaschen

Bügeln

Dankeskarten schreiben

Das Auto betanken

Einkauf von Haushaltsobjekten – Möbel/Deko/Geräte

Einladungen/Geburtstagskarten schreiben

Entscheidungen über die Anschaffung von Haushaltsdingen treffen

Essensplanung

Feiertage: Dekoration, Planung, Kochen

Fensterputzen

Finanzielle Verwaltung/Planung

Gartenarbeit (Pflanzen setzen/Unkraut jäten/Pflanzen kaufen, gießen)

Geschenke kaufen (Jubiläen/Geburtstage)

Geschirrspülen

Instandhaltung des Hauses (Schornsteinfeger, Regenrinnen etc.) – veranlassen oder selbst tun

Instandhaltung von Geräten/Fahrrädern

Kleidung (außer Kinderkleidung) kaufen

Kochen

Laub harken/in Säcken verstauen

Lebensmittel einkaufen
Müll raustragen
Ordnung schaffen in Schränken/Keller/Abstellkammern
Organisation von Feiern/Einladungen (Planung, Vorbereitung, Gästebewirtung, Saubermachen)
Rasenmähen
Rechnungen bezahlen
Reparaturen/Bauprojekte am Haus
Sachen entsorgen – spenden/wegwerfen
Sachen in die Reinigung bringen/abholen
Schneeschieben
Sich um familiäre Verpflichtungen kümmern (außerhalb der Kernfamilie)
Sich um kranke/gebrechliche Verwandte kümmern
Staubsaugen
Staubwischen
Steuererklärungen machen
Veranda/Terrasse in Ordnung halten
Wäsche
Zur Post gehen

7

Selbst:

ES DREHT SICH ALLES UM DICH/ DU HAST EIN EIGENES LEBEN

Wenn Sie wie die meisten Eltern sind, gestatten Sie sich selbst erst dann, an Ihr eigenes Vergnügen zu denken, wenn Sie sich um die Kinder gekümmert, Ihre Arbeitsstunden im Büro abgeleistet und die anstehenden Hausarbeiten erledigt haben. Zeit für sich selbst ist nicht nur das Letzte, was Sie in Ihre Woche quetschen; es ist normalerweise auch das Erste, was unter den Tisch fällt, wenn es hektisch zugeht. Doch zu einem ausgewogenen Leben gehört auch, dass man sich Zeit für sich selbst und das eigene Vergnügen nimmt. Der fürsorgliche Umgang mit sich selbst ist der Treibstoff, der alles andere in Gang hält.

Wie gut gelingt es Eltern, Zeit für ihre eigenen Bedürfnisse zu finden? Die Antwort ist schwierig, weil wir alle so darauf trainiert sind, über unseren Mangel an Zeit zu jammern und weil wir auf subtile Weise dafür verurteilt werden (glauben wir jedenfalls), wenn man uns dabei ertappt, dass wir unsere eigene Freizeit wichtiger nehmen als das, was wir für andere tun sollen. Die Gesellschaft belohnt uns, wenn wir dafür sorgen, dass das Leben unserer *Kinder* in angemessenem Maß mit Spaß und bereichernden Aktivitäten gefüllt ist – wenn wir sie zu Museen, Spielplätzen, Kasperletheatern, Sportkursen, Klavierstunden, Fußball, Ballett oder zur Vorlesestunde in der Bücherei chauffieren. Und wir sind für gewöhnlich von Kritik ausgenommen, wenn unsere Zeit häufig aufgefressen wird, weil wir Überstunden im Büro machen, auf Geschäftsreise gehen oder von zu Hause aus arbeiten, nachdem die Kinder im Bett sind. Falls überhaupt Zeit übrig ist, können wir vielleicht einige Pluspunkte sammeln, indem wir einmal allein zu zweit mit unserem Partner/unserer Partnerin ausgehen. Aber allein auf den Golfplatz gehen oder »einfach nur so« ein Buch lesen – und das auch noch regelmäßig und ohne schlechtes Gewissen? Für die meisten Eltern ist das eine aberwitzige Vorstellung. Die Antwort auf die Frage, wie gut es läuft, ist entweder, dass wir ernsthaft unter Spaßdefiziten leiden oder erstaunlich gut darin sind, so zu tun als ob.

Als wir auf Maias Geburt warteten, wussten wir, dass Ihre Ankunft unser Leben für immer verändern würde. Uns war klar, dass wir Abstriche an unseren äußeren Interessen würden vornehmen müssen – wir würden nicht mehr einfach ins Kino gehen können, wenn uns der Sinn danach stand, jede Woche einen Roman lesen und oft spontan mit Freunden zusammen essen. Wir waren bereit, zurückzustecken, weil wir uns nichts mehr wünschten, als mit unserem Baby zusammenzusein. Aber wir waren ein bisschen besorgt wegen dieser ganzen Geschichten von Eltern, die als Individuen völlig verschwinden (wobei es sich eigentlich nur um Geschichten über Mütter handelte, aber wir wollten ja gleichgestellte Eltern sein). Also beschlossen wir, dieser Entwicklung aktiv entgegenzuwirken. Wir versprachen uns, dass wir beide mindestens ein Hobby beibehalten wollten – hoffentlich mehr als eins, aber unter allen Umständen *mindestens* eins. Marc wählte Tennis und Amy Geigespielen. Indem wir diese beiden Dinge laut aussprachen, konnten wir unsere Sorge beschwichtigen. Marc wusste, dass Amy die Ohren spitzen würde, wenn er ein Tennisspiel plante oder Interesse an einem Tenniskurs für den Winter formulierte. Sie würde darauf hinwirken, dass er die Pläne in die Tat umsetzte. Und Amy wusste, dass Marc alles tun würde, um dafür zu sorgen, dass sie samstags zu ihren Geigenstunden kam und jeden Sommer für einige Tage zu einem Kammermusik-Camp fahren konnte. Nachdem das geregelt war, waren wir mental viel besser dafür gerüstet, unsere Hobbys einzuschränken, und konnten uns auf die wunderbare Nachricht konzentrieren, dass unsere kleine Tochter im Anmarsch war.

In diesem Kapitel wollen wir der Frage nachgehen, wie man Zeit für die guten Dinge des Lebens findet, um dadurch in gleichem Maße wie der Partner die Ausgewogenheit im eigenen Leben zu fördern. In vielerlei Hinsicht ist das Erreichen der *Gleichheit* im Selbst-Bereich eine natürliche Erweiterung der Gleichheit in den anderen Domänen. Zeit für sich selbst zu bekommen und zu bewahren – diesen Bereich so zu gestalten, dass er in einem ausgewogenen Verhältnis zu Kindererziehung, Karriere und Hausarbeit steht – ist die größte Herausforderung, vor der wir stehen.

Persönlich werden ... und chaotisch

Was genau gehört in den Selbst-Bereich? Wir stellen uns vor, dass er alles enthält, was man tut, weil man es will und weil es einem Freude bereitet – im Gegensatz zu den regelmäßigen Aufgaben in Bezug auf Beruf, Kinder und Haushalt. Diese Definition greift ziemlich weit, erstreckt sich auf reinen Spaß und Hobbys ebenso wie auf alles andere, das man selbst in irgendeiner Weise als lohnend und bereichernd empfindet. Dazu zählen spirituell aufbauende Aktivitäten – wie Gottesdienste, gemeinnützige Arbeit, Zeiten des Rückzugs oder ein Waldspaziergang – ebenso wie körperlich erholsame Dinge wie eine Massage, ein gutes Essen, Fahrradfahren oder Bergsteigen. Und Zeit für soziale Kontakte, wie Treffen mit Freunden.

Manchmal kann es ein bisschen schwierig zu beurteilen sein, ob eine bestimmte Aktivität in diesen Bereich passt oder nicht. Manche halten es für eine lästige Pflicht, das Auto zu waschen; andere betrachten es als kontemplative und entspannende Beschäftigung. Viele von uns lieben es, sich beim Sport auszupowern – das ist Zeit für uns selbst, hilft uns, gesund und fit zu bleiben, und gibt uns das Gefühl, neu aufgetankt zu haben, wenn wir fertig sind. Andere verabscheuen körperliche Ertüchtigung und schleppen sich widerwillig zum Sport – nur um diese Aufgabe abzuhaken. Vielleicht werden wir aufgefordert, uns um einen kranken Partner, Freund oder unsere gebrechlichen Eltern zu kümmern – zum Teil aus Pflichtgefühl, aber auch mit dem tieferen Verständnis, dass diese Aktivitäten uns auf lange Sicht immense Glücksgefühle bringen können. Sind das Beispiele dafür, dass man sich Zeit für sich selbst nimmt, oder Beispiele für Zeit, die man Selbst-los zusätzlich zu seinen übrigen Pflichten verbringt?

Diese Unterscheidung ist wichtig. Unter Erholung versteht jeder etwas anderes und nur Sie selbst wissen, ob eine Aktivität in diese Domäne passt, nachdem Sie Ihre persönlichen Beweggründe erforscht haben. Das Geheimnis liegt darin, sich selbst zu fragen (und innezuhalten, um sich ehrlich zu antworten), warum man seine kostbare Zeit so verwendet, wie man es tut. Tut man es hauptsächlich für das eigene Vergnügen im Hier und Jetzt oder für die eigene Erfüllung, dann befindet man sich im Selbst-Zeit-Modus. Wenn es aus anderen Gründen geschieht – wegen Ihres Chefs, Ihrer Kinder, Ihres Rufs, aus reinem Pflichtgefühl oder aus neurotischen Gründen – läuft etwas anderes ab.

Wir wollen nicht lange auf diesem Punkt herumreiten – und Ihnen womöglich den Spaß daran verderben, über Ihre Erholungszeit nachzudenken. Wir möchten nur noch eine Empfehlung ergänzen: Versuchen Sie nicht zu angestrengt, diese Domäne als eigenständige Einheit abzutrennen. Das bedeutet, dass Sie sich auch mit »hinreichend gut« zufriedengeben können, wenn Sie als Paar versuchen, gleiche Anteile persönlicher Zeit für beide Partner festzulegen, und nicht versuchen müssen, die eigene Zuteilung haargenau mit der des anderen übereinstimmen zu lassen. Diese Anstrengung ist sozusagen die Zeit nicht wert.

Kein Paar, das irgendein partnerschaftliches Elternmodell praktiziert, hat uns je gesagt, dass es weniger Zeit fürs Vergnügen haben möchte. Sogar erfahrene ESP-Paare mit einigermaßen ausgewogenen Lebensbereichen sagen, dass sie so viele andere Dinge tun möchten, die sich nicht in ihre Tage einfügen lassen. Doch fast alle erklären, dass ESP jedem Einzelnen genügend Zeit für sich selbst lässt, dass sie sehr stolz auf ihre Hobbys sind und dass sie aktive Maßnahmen ergriffen haben, um an diesen Interessen festzuhalten. Außerdem ist ihnen im Allgemeinen auch gemeinsam, dass es schon durch das bloße Wissen, dass man Zeit für seine eigenen Interessen haben wird, für beide leichter wird, gewisse Durststrecken in anderen Bereichen zu überstehen. Dabei halten sie sich an drei Devisen:

1. *Übernimm die Verantwortung* für dein eigenes Vergnügen;
2. *schüttel die Schuldgefühle ab*, die dir den Spaß verderben; und
3. *koordiniere* die Zeit für dich selbst mit dem Partner.

Verantwortung übernehmen

Lange bevor Domenico, ein ESP-Vater aus dem schweizerischen Ticino, Vater wurde, entdeckte er etwas Wichtiges über sich selbst. Er hatte lange mit großem Engagement in seiner Stellung als IT-Techniker gearbeitet und oft ausgedehnte Geschäftsreisen gemacht. Aber allmählich wurde

UNSERE PARTNER AUSTRICKSEN

Es ist leicht, unsere Partner zu dem Gedanken zu verleiten, wir hätten keine Zeit für uns selbst, indem wir nicht zu unseren Absichten stehen. Nehmen wir eine Wissenschaftlerin, die sich auf der Suche nach einem Krebsmittel in ihrem Labor abmüht und darüber so manches Essen mit der Familie ausfallen lässt. Obwohl sie erschöpft wirken mag, wenn sie dann schließlich nach einem langen Tag nach Hause kommt, und sich vielleicht auch gegenüber ihrem Mann darüber beklagt, wie hart sie arbeiten muss, verwirklicht sie in Wahrheit möglicherweise ihre Träume. Oder denken Sie an den zwanghaften »Putzteufel«, der seine Freizeit nutzt, um die Schränke gründlich aufzuräumen und die Schubladen zu ordnen – und dabei weit über alles hinausgeht, was nach der gemeinsamen Festlegung des Paares getan werden muss. Diese zusätzliche Berufs- oder Hausarbeitszeit könnte tatsächlich als Erholungszeit fungieren – freiwillig investierte Zeit in eine belebende und erfüllende Tätigkeit – und das Leben dieser Personen könnte durchaus im Gleichgewicht sein. Oder auch nicht.

Die Wahrheit ist wichtig für den Partner. Unsere Zellbiologin ist vielleicht die am härteste arbeitende Frau im ganzen Umkreis, aber wenn ihre Arbeitsstunden ihren Ehemann daran hindern, seine wöchentliche Freizeit zu nutzen, sollten sie vielleicht noch einmal untersuchen, was vor sich geht. Unser selbstmotivierter Putzteufel schafft möglicherweise wunderbar aufgeräumte Schränke und makellose Schubladen, doch wenn das zu der Erwartung führt, dass der Partner seine Zeit ebenfalls auf solche Unternehmungen verwendet, könnte ein Ungleichgewicht bei der persönlichen Erfüllung die Folge sein.

ihm klar, dass die Arbeit ihm nicht so wichtig war, wie es der Aufbau seines Lebens zum Ausdruck brachte. Er wollte ein ausgewogenes Leben, das auch in anderer Hinsicht reich und erfüllt war. Vor allem wollte Domenico malen.

Als er dann ein Jahr lang vorübergehend freigestellt wurde, beschloss er, seinen Traum in die Tat umzusetzen, und besuchte sechs Monate lang eine Kunstschule. Als sein früherer Arbeitgeber ihm anbot, freiberuflich zu arbeiten, handelte er eine Vier-Tage-Woche aus, damit er weiterhin einen Tag in der Woche malen konnte. Heute hat Domenico, mittlerweile verheiratet und Vater zweier Kinder, seine berufliche Arbeit auf drei Tage reduziert und seinen Maltag beibehalten.

Verantwortung für das eigene Leben zu übernehmen ist sinnvoll, wenn Sie einmal erkannt haben, dass nur Sie selbst wissen, was Sie glücklich macht, und nur Sie selbst wissen, wann Sie nicht genug davon bekommen. Es ist nicht Aufgabe Ihres Partners, herauszufinden, was Ihnen Erfüllung bringt, und spontan etwas Raum in Ihrem Terminkalender zu schaffen, damit Sie es tun können, oder überhaupt nur zu bemerken, dass Sie in letzter Zeit wenig davon bekommen. Für diese kleinen Aufgaben sind allein Sie zuständig. Es gibt keine Zauberformel, mit der Sie bewerten können, ob Sie die Zeit für sich selbst richtig nutzen, aber Sie können einfach Ihr Bauchgefühl fragen, ob alles in Ordnung ist – wohlwissend, dass Sie nicht den ganzen Tag Ihrem Vergnügen frönen können und das eigentlich auch gar nicht wollen.

Was haben Sie in letzter Zeit einfach nur für sich selbst getan? Sind Sie in der Lage, sich Zeit für Ihre Gesundheit zu nehmen, genug Schlaf zu bekommen und mindestens ein Hobby oder persönliches Interesse lebendig zu halten? Können Sie sich problemlos vorstellen, sich Zeit dafür zu nehmen, mit einem Freund/einer Freundin zum Essen oder ins Kino zu gehen? Hat Ihr Partner/Ihre Partnerin dieselbe Freiheit? Sie haben vielleicht nicht alle Zeit der Welt, um im Haus herumzupusseln, jeder Sportart nachzugehen, die Sie interessieren würde, oder sofort die Kunstschule zu besuchen, aber wahrscheinlich wissen Sie bereits, ob zwischen der Zeit, die Sie sich für sich selbst nehmen, und Ihren anderen Lebensbereichen ein ernsthaftes Ungleichgewicht besteht.

So viele Dinge zum Ausprobieren, so wenig Zeit! Da Ihr Ziel ein ausgewogenes Leben mit genügend Zeit für sich selbst – aber auch für alle anderen Bereiche – ist, bedeutet die Übernahme von Verantwortung für Ihren eigenen Spaß, dass Sie *Prioritäten setzen.* Wenn Sie sich für einen Tortendekorierungskurs anmelden, so heißt das unter Umständen, dass Sie nicht auch noch dem Damen-Bowling-Verein beitreten können, ohne Ihre Fähigkeit zur Erledigung Ihres Anteils an der Hausarbeit zu gefährden. Wenn Sie beschließen, Karten für die Fußballsaison zu kaufen, bleibt wahrscheinlich keine Zeit, um zweimal wöchentlich Ihre Schwimmrunden im Pool zu drehen. ESP-Paare schätzen sich glücklich, dass sie dieses Wahlproblem haben, und betrachten die vielfältigen Optionen als Chance, Schwerpunkte zu setzen. In einem ESP-Arrangement wissen beide, dass der Pool der Freizeit geteilt wird – dass man nur die Hälfte davon bekommt (aber immerhin die Hälfte!). Mit diesem Verständnis arbeiten beide als Team zusammen, um die verfügbare Zeit optimal zu nutzen. ESP-Paare wissen auch, dass wenn einer von beiden zu seinem ausgewählten Abenteuer aufbricht, der andere häufig die Elternarbeit allein bewältigen muss. Voll kompetent, könnten wir hinzufügen. Dennoch bedeutet das Ganze zusätzlichen Stress. All das zu wissen macht die Entscheidung, wie Sie Ihre Selbst-Zeit füllen wollen, sehr bedeutungsvoll, trägt aber möglicherweise auch dazu bei, dass Sie diese Zeit intensiver genießen können.

Viele ESP-Paare gehen abends, wenn die Kinder im Bett sind, gern ruhigen Beschäftigungen wie Stricken oder Lesen nach oder verabreden sich mit Freunden auf einen Kaffee, wenn die Kinder in der Schule sind. Andere nehmen Hobbys auf, die ihnen erlauben, Abwesenheitszeiten mit dem Partner zu koordinieren – singen im Chor oder im Gesangsverein, spielen in einem Basketball- oder Hockeyclub, gehen einmal im Monat zu Pokerrunden oder Bücherclubtreffen oder widmen sich regelmäßig dem Kampfsporttraining oder Laufen. Einige beziehen ihre Kinder in ihre Leidenschaften mit ein (und nicht nur umgekehrt), indem sie mit ihnen auf Rucksacktouren oder zum Kanufahren gehen, gemeinsam an Aktivitäten in ihrer Synagoge oder Kirche teilnehmen oder sie auffordern, an regelmäßigen häuslichen Yoga-Übungen teilzunehmen. Solange die Anwesenheit des Kindes nicht als Verpflichtung betrachtet wird, bieten diese Eltern-Kind-Aktivitäten häufig Anlass zu begeisterten Diskussionen, weil die Eltern so viel Spaß an den Erinnerungen haben, die sie schaffen. Wieder andere ESP-Eltern setzen zu umfassenderen Aktivitäten an, die sie um den Terminplan des Partners und ihre anderen Verpflichtungen gruppieren, wie der ESP-Vater, der sich der semiprofessionellen Fotografie

KONFRONTATION MIT SICH SELBST

Ein Leben ohne viel Zeit für sich selbst bedeutet, dass man sich leicht hinter seiner Geschäftigkeit verstecken kann. Es gibt immer irgendeine andere Person, die Aufmerksamkeit verlangt, um die man sich kümmern und sorgen muss. Und wenn man am Ende des Tages schließlich damit fertig ist, etwas für andere zu tun, braucht man dringend Schlaf. Wenn man sich dagegen tatsächlich Zeit nimmt, um nachzudenken oder einem Interesse nachzugehen, ist man möglicherweise gezwungen, genauer zu untersuchen, wer man ist, bevor man bei der Gestaltung dieser Zeit Prioritäten setzen kann. Würden Sie gern wieder zur Schule gehen oder eine Fortbildung machen? Brennen Sie darauf, ehrenamtlich in einem Obdachlosenheim oder als Wahlhelfer zu arbeiten? Ist es Ihnen ernst damit, besser surfen zu lernen? Ganz plötzlich sind Sie nicht mehr irgendjemandes Vater oder Mutter, Kollege oder Ehepartner. Aber wer sind Sie dann?

Diese Herausforderung ist ein weiteres Geschenk der partnerschaftlichen Kindererziehung oder jedes vereinfachenden Lebensstils. Sie können diese Chance vertun, indem Sie Ihre freie Zeit nicht nutzen oder sie für einige Standardaktivitäten verwenden, die im sicheren Rahmen bleiben. Sie können diese Gelegenheit aber auch beim Schopfe packen und sie als Chance begreifen, um neue Dinge über sich selbst zu lernen, die eigenen Fähigkeiten zu erweitern und die wunderbare Persönlichkeit zu entfalten, die in Ihnen steckt – ganz unabhängig von Ihren anderen Alltagsidentitäten.

widmete, oder die Mutter, die leidenschaftlich gern mit Holz arbeitet. Eine weitere Frau fing an, für einen Halbmarathon zu trainieren, nachdem sie ihre Zwillinge abgestillt hatte, und ein weiterer Mann lernte Geigespielen und tritt mittlerweile regelmäßig auf.

Am Ende dieses Kapitels finden Sie eine Auflistung allgemeiner Freizeitaktivitäten, die Sie als Anstoß für Ihre eigenen Überlegungen und Prioritäten nutzen können. Vielleicht haben Sie bereits eine l-a-n-g-e Liste mit unerfüllten Leidenschaften, deren Umsetzung auf ein schwer fassbares »Irgendwann« wartet. Alle möglichen Optionen zu betrachten hilft manchmal bei der Entscheidung, wo man anfangen soll.

Die Schuldgefühle abschütteln

Kennen Sie das? Sie haben Karten für das Fußballspiel am Sonntagnachmittag und Ihre Frau verabschiedet sie mit einem Lächeln und wünscht Ihnen viel Spaß. Aber in dieser Woche mussten Sie Überstunden machen, um einen Termin einzuhalten, und haben Ihre Kinder nicht annähernd so oft gesehen wie üblich. Ihre Frau sieht müde aus und die Kinder haben geweint und »Geh nicht weg, Papa« gesagt. Während der ersten drei Viertel des Spiels denken Sie, dass Sie lieber zu Hause sein sollten, und verlassen dann das Stadion, bevor das Spiel zu Ende ist. Oder ein anderer Fall: Sie haben extra Zeit eingeplant, um so richtig schön Shoppen zu gehen – einige Stunden in der großen Stadt oder für einen Ausflug zu den Outlet-Läden. Als der Tag kommt, wachen Sie voller Vorfreude auf ihre ungestörte Einkaufsorgie auf. Sie winken Ihrem Mann und dem Kleinen, die beide erkältet sind, zum Abschied zu und prompt setzen die Schuldgefühle ein. Dann verbringen Sie die folgenden Stunden damit, hektisch von Geschäft zu Geschäft zu laufen und hastig einzukaufen, um so schnell wie möglich wieder nach Hause fahren zu können.

Schuldgefühle haben es an sich, die ganze Erholung zu vermasseln. Auch wenn der Partner in keiner Weise signalisiert, dass er uns ein schlechtes Gewissen machen will, sorgen wir oft ganz allein dafür. Man fängt an, zu hinterfragen, ob die Zeit für sich selbst wirklich so wichtig ist, und kommt zu dem Schluss, dass es einfacher ist, zu Hause zu bleiben.

Wir müssen erkennen, dass wir selbst häufig unsere schlimmsten Feinde in dem Kampf um Zeit für uns selbst sind. Manchmal müssen wir uns einfach dazu zwingen, aus dem Haus zu gehen, wenn wir mit Ausgehen dran sind.

Übung macht den Meister, wie man sagt. Nachdem wir erkannt haben, dass die Welt nicht aufhört, sich zu drehen, weil wir uns die Zeit genommen haben, ins Theater zu gehen oder uns mit Freunden zum Essen zu verabreden, können wir die Schuldgefühle hoffentlich abschütteln. Vielleicht ist das schönste Geschenk, das wir unseren Familien im Gegenzug für die eigene Zeit machen können, dass wir diese Stunden wirklich genießen und neu belebt nach Hause kommen.

Glücklicherweise wirkt ESP den Schuldgefühlen entgegen, insbesondere durch die Art, wie es unser übriges Leben strukturiert. Das Schöne, wenn wir uns Zeit für uns selbst nehmen, ist, dass wir es wirklich nicht auf Kosten der Kinder tun, auch wenn wir in irgendeiner Woche ein bisschen länger arbeiten mussten. Das liegt daran, dass man bereits viel Zeit mit den Kindern in den normalen Tagesablauf eingebaut hat und jedes Kind eine ganz persönliche und vertraute Beziehung zu den beiden Elternteilen hat. Und wenn man sie zurücklässt, um zu eigenen Abenteuern aufzubrechen, bleiben sie fast immer in den kompetenten Händen des Partners zurück. Wenn Mama mit einer Freundin im Kino ist, erhalten die Kinder Extrazeit mit Papa. Wenn sie ihre Wahl dann entspannt genießen kann, hat sie die Chance, sich richtig gut zu erholen und zu amüsieren.

Ein noch stärkeres Argument gegen Schuldgefühle liegt in dem, was wir unseren Kindern beibringen, indem wir uns Zeit für uns selbst nehmen. Keine Mutter und kein Vater möchte, dass ihre Kinder zu gestressten Erwachsenen heranwachsen. Doch wenn wir selbst so leben, vermitteln wir ihnen trotzdem dieses Vorbild. Wir bringen ihnen bei, dass Kinder immer zuerst kommen; wir zeigen unseren Kindern, dass es kein besonderes Vergnügen ist, erwachsen zu werden. Die andere Möglichkeit ist, ihnen Freude vorzuleben. Es könnte sogar noch wichtiger sein, unseren Kindern zu zeigen, wie sehr wir es genießen, Gitarre zu spielen, als es ihnen beizubringen, denn wenn wir aus der Tür gehen, um einer Leidenschaft unserer Wahl nachzugehen, schaffen wir durch unser Verhalten die Voraussetzungen dafür, dass unsere Kinder ihre eigenen Leidenschaften verfolgen.

Dennoch vermittelt uns unsere Kultur irgendwie das Gefühl, verantwortungslos zu handeln, wenn wir uns einfach nur unserem Vergnügen widmen. Wir haben immer noch Mühe, vor uns selbst zu rechtfertigen, dass wir etwas für uns selbst tun – wenn wir stattdessen auch mit den Kindern spielen, noch ein bisschen mehr arbeiten oder endlich einmal diese chaotischen Papierberge in Angriff nehmen *könnten.* Vor allem wenn unsere gewählte Beschäftigung nicht mit einem speziellen Anlass verbunden oder aus Gesundheitsgründen dringend geboten ist. Und ja, es kann verantwortungslos sein, wenn der Partner immer die Stellung halten muss, wenn wir unserem Vergnügen nachgehen, und dafür nichts im Gegenzug erhält. Doch wie steht es, wenn Sie am Dienstag zum Kartenspielen gehen und Ihre Partnerin zum Ausgleich dafür am Donnerstag zum Volleyball? Dann würde das schlechte Gewissen ein bisschen von seinem Stachel verlieren. So gesehen sind Schuldgefühle ein *Gleichheits*-Barometer. Wenn die Zeit, die Sie sich für sich selbst nehmen, im Gleichgewicht mit der Auszeit Ihres Partners ist, können Sie den Schuldgefühlen ins Gesicht sehen und sie auslachen. Wenn nicht, ist das schlechte Gewissen nicht unbegründet.

Schuldgefühle können auch ein hilfreiches *Balance*-Barometer sein. Die ESP-Mutter Jenn pflegte mit den drei Kindern zu Hause zu bleiben, während ihr Ehemann Überstunden machte oder auf Geschäftsreisen war. Bei diesem Arrangement wurde sie immer wieder von Schuldgefühlen überwältigt, wenn sie in Betracht zog, die Kinder in der Obhut ihres Mannes zu lassen, um sich selbst einmal einen Abend frei zu nehmen. »Wir hatten so selten Gelegenheit, allein zu zweit zu sein, nachdem die Kinder im Bett waren, und ich konnte mir nicht vorstellen, diese Zeit noch weiter zu beschneiden«, erklärt sie. Doch nachdem dieses Paar zu einem partnerschaftlichen Elternmodell gewechselt hat, der Mann seine Wochenarbeitszeit reduziert und sie auf den Arbeitsmarkt zurückgekehrt ist, berichtet sie: »Die Schuldgefühle sind verschwunden. Wir haben jetzt genügend Zeit für uns, deshalb kann ich gele-

EIN GLÜCKLICHER PARTNER

Ein bekannter Spruch lautet sinngemäß etwa: »Niemand ist glücklich, wenn Mutter nicht glücklich ist«. In diesem Zusammenhang herrscht Mutter über das Haus. Bei ESP sind beide Partner gleichgestellt und alle profitieren davon, wenn beide Zeit für sich selbst erhalten. Eine Partnerin, die selbst bestimmen kann, was ihr Spaß macht, und es tut, ist wesentlich glücklicher als eine Ehefrau, die sich in der Rolle der Dienerin, die die Bedürfnisse aller anderen befriedigen muss, gefangen fühlt. Ein Ehemann, der seine spielerische Seite ohne Schuldgefühle ausleben kann, wird sich in seiner Rolle als Versorger, Vater und Partner nicht eingeengt fühlen.

Wenn wir überlegen, was eine gute Ehe ausmacht, kommen uns Dinge wie Kommunikation, Liebe und Respekt in den Sinn. Die Ehe funktioniert am besten, wenn die Partner sich gegenseitig bei ihren Träumen unterstützen und sich helfen, die Hindernisse, die einer Erfüllung dieser Träume im Weg stehen, auszuräumen. Ein guter Ehemann oder eine gute Ehefrau zu sein bedeutet auch, dass man dem anderen Zeit schenkt. Zeit zum Nachdenken, Zeit, um Neues zu lernen, Zeit, um sich um emotionale und spirituelle Wunden zu kümmern, und Zeit für sich allein – all das trägt zum Haben und Sein eines ausgeglichenen Partners bei.

Guter Wille ist etwas Kreisförmiges. Wenn Ihr Partner überzeugt ist, dass Sie das Beste für ihn wollen, wird er automatisch ebenfalls den Wunsch haben, das Beste zurückzugeben. Geben kann bekanntlich genauso glücklich machen wie Nehmen. Ihre Frau mit einem Lächeln zu verabschieden, wenn sie zur Pediküre aufbricht, kann genauso erfreulich sein wie ein eigener Ausflug mit dem Fahrrad.

gentlich ausgehen, ohne deswegen ein schlechtes Gewissen zu haben.«

Je ausgewogener das Verhältnis zwischen Beruf, Kindern, Zuhause und Selbst ist, und je ausgewogener es auch bei Ihrem Partner ist, desto leichter wird es Ihnen wahrscheinlich fallen, Schuldgefühle abzuschütteln, wenn Sie sich Zeit für sich selbst nehmen. Letzten Endes sind Schuldgefühle, die uns vor Unausgewogenheiten und Ungerechtigkeiten warnen, etwas Nützliches; Schuldgefühle, die von der gesellschaftlichen Erwartung herrühren, dass wir unser Vergnügen nicht zur Priorität machen dürfen, hingegen nicht.

Zeitliche Koordinierung

Wenn Sie einmal bereit sind, die Verantwortung für ein erfülltes Leben zu übernehmen und alle herrenlose Schuldgefühle ausgeschaltet haben, ist es an der Zeit, Initiative zu zeigen – und Ihre Auszeit auf gerechte Weise auszuhandeln. Verglichen mit der Gleichverteilung von beruflicher Arbeit, Kindererziehung oder Haushaltspflichten ist das babyleicht!

Aber woher kommt die Zeit überhaupt? Die meisten von uns arbeiten hart und viele ringen darum, das Haus in Schuss zu halten und die Grundbedürfnisse der Kinder zu erfüllen. Das klassische Elternpaar würde darüber lachen, wie einfach es wäre, die restliche Zeit zwischen ihnen aufzuteilen – null durch zwei!

Hier entfaltet sich das wirklich gemeinsame Elternsein in seiner ganzen Fülle, indem wir unsere Überzeugungen in die Tat umsetzen, um Ausgewogenheit in unserem Leben herzustellen anstatt ein Dasein ohne Auszeiten. Das ist nicht unmöglich, wenn wir es wirklich wollen! Hier ein Beispiel: Nehmen Sie das durchschnittliche, gestresste Ehepaar mit Kindern und bieten Sie ihnen unverhofft eine Reise nach Hawaii an – zu zweit, kostenlos, im schönsten Luxushotel –, unter der Bedingung, dass die beiden die Reise nächste Woche antreten müssen. Können sie sich vorstellen, wie emsig ihre grauen Zellen arbeiten würden, um die notwendigen Vorkehrungen zu treffen? Irgendwie würden ihre Kollegen überleben, eine Betreuung für die Kinder gefunden werden und ihr Haus nicht auseinanderfallen. Dasselbe Wunder geschieht in Notfällen, wo scheinbar unmögliche Arbeitsbelastungen beiseitegeschoben werden, um bei einem Notfall zu helfen. Die Vorstellung bei ESP ist, dass man sein Leben so gestaltet, dass es nicht immer nur Verpflichtungen gibt, so dass es weder eines Notfalls noch eines Sondergewinns bedarf, um einmal kürzerzutreten und sich Zeit für sich selbst zu nehmen. Die Zeit ergibt sich aus den ganzen bedeutungsvollen Entscheidungen, die Sie bereits über Ihren Beruf, Ihre Kinder und Ihre Hausarbeit getroffen haben, um ein ausgewogenes Verhältnis zwischen diesen Lebensbereichen herzustellen und sie gerecht mit Ihrem Partner zu teilen.

Es gibt generell zwei Arten von Zeit, die Sie und Ihr Partner in Zeit für sich selbst umwandeln können. Wir nennen sie *uneingeschränkte Zeit* und *ausgehandelte Zeit*. Wie Sie eine faire Verteilung der Erholungszeit koordinieren, wird davon abhängen, welche Art von Zeit eine bestimmte Aktivität verlangt. Uneingeschränkte Zeit besteht aus den Stunden, die übrig bleiben, wenn Sie nicht berufstätig sind, wenn die Kinder schlafen (oder aus anderen Gründen keiner elterlichen Beaufsichtigung bedürfen) und wenn Sie Ihre Haushaltspflichten erledigt haben. Selbstverständlich steht es Ihnen beiden frei, während dieser uneingeschränkten Zeit jeder beliebigen Aktivität nachzugehen. Sie können sich dafür entscheiden, einen Freund/eine Freundin anzurufen, im Internet zu surfen, früh ins Bett zu gehen, weniger zeitsensible Haushaltsaufgaben zu erledigen, an einer Akte aus dem Büro zu arbeiten, sich gegenseitig die Füße zu massieren oder Ihre Socken alphabetisch nach Farben zu ordnen. Diese Art von Zeit ist quasi für beide gleich, weil Ihr Partner nicht für Sie einspringen muss, weil Sie abwesend sind. Nun ja, wenn eine Person das Haus abends verlassen möchte, um an einem Treffen seines Vereins teilzunehmen, dann ist die andere natürlich ans Haus gebunden. Doch jenseits der physischen Begrenzung, die erfordert, dass ein Elternteil zu Hause bei den schlafenden Kindern bleibt, sind die Einschränkungen zu vernachlässigen. Eine ESP-Mutter beispielsweise geht nachts spazieren, um den Kopf freizubekommen, nachdem die Kinder im Bett sind.

Bei der ausgehandelten Zeit sieht es ganz anders aus. Hier ist man bestrebt, etwas auf eigene Faust zu einer Tageszeit zu unternehmen, in der elterliche Kinderbetreuung erforderlich ist. Der Partner muss also zu Hause Dienst tun. Mutter muss das Abendessen vorbereiten, die Kinder baden, sie vorm Zubettgehen beruhigen, Geschichten vorlesen und die Treppe rauf und runter laufen, um auf die »Mama!«-Rufe aus den Kinderzimmern zu reagieren – während Papa die ganze Zeit im Kino ist oder bei einem Kumpel das Meisterschaftsspiel im Fernsehen sieht. Oder

Papa ist dafür verantwortlich, auf jedes Wimmern eines Säuglings zu reagieren, der fünfmal pro Nacht aufwacht, während Mamas Camping-Wochenende mit ihren Schwestern wesentlich ruhiger verläuft.

Das tatsächliche Arrangement der ausgehandelten Zeit erfordert ein beiderseitiges Übereinkommen. Um dorthin zu gelangen, müssen Sie einige Grundregeln beachten:

Regel 1: Respektieren Sie den beiderseitigen Anspruch. Zeit für die eigenen Interessen zu bekommen funktioniert am besten, wenn der Partner weiß, dass *Sie* wissen, dass dieses Abkommen für *beide* gilt. Zeit für sich selbst sollte so verteilt werden, dass keiner das Gefühl hat, ständig zustimmend auf die Freiheitsforderungen des anderen zu reagieren und dabei übers Ohr gehauen zu werden. Wenn Papa an drei Tagen pro Woche nach der Arbeit zum Sport gehen will und nicht vor 19:30 Uhr zu Hause ist, so sind das bestimmt ungefähr fünf Stunden, die er sich jede Woche frei nimmt (und das auch noch zur Hauptessenzeit!). Er sollte also mehr als bereit sein, Mama für ein gemütliches Stelldichein mit einer Freundin jedes Wochenende freizugeben. Oder wenn Mama am Samstag bis um 10 Uhr schlafen möchte, sollte es selbstverständlich sein, dass sie gern die Stellung hält, wenn Papa irgendwann neun Löcher Golf spielt. Gegenseitiger Respekt – und ein beiderseitiges Verständnis, dass beide Zeit für sich selbst bekommen – fördert diese Abmachungen.

Wenn Sie beide das Gefühl haben, die Zeit für sich selbst ist einigermaßen gerecht verteilt, erweisen sich die folgenden Tipps von ESP-Paaren vielleicht als nützlich, um die Gleichheit aufrechtzuerhalten:

- Hüten Sie sich vor der Planer/Luftikus-Kombination. Wenn einer von Ihnen seine Freizeitaktivitäten akribisch Monate im Voraus plant, während der andere spontane Vergnügungen bevorzugt, bekommt der Planer im Großen und Ganzen immer als erster die ausgehandelte Zeit. Wichtig ist, dass man das einfach erkennt und sich bemüht, die Möglichkeiten des spontaneren Partners nicht allzu sehr davon beeinträchtigen zu lassen.
- Wählen Sie sorgfältig. Haben Sie keine Angst, Ihre freie Zeit zu vergeuden, aber nutzen Sie sie nicht für etwas, von dem Sie tief drinnen wissen, dass es eher eine Verpflichtung als ein Vergnügen ist. Nutzen Sie die Kraft von ESP, um »Nein« zu unnötigen Zeitverpflichtungen zu sagen.
- Seien Sie nicht kleinlich im Hinblick auf die exakte Stundenzahl, die Ihnen zusteht. Zum Respekt gehört auch, darauf zu vertrauen, dass die Zeit, die jeder für sich selbst hat, ausgeglichen wird – wenn nicht heute, dann nächste Woche oder nächsten Monat.
- Erwarten Sie nicht, dass Ihr Partner Ihre Aufgaben übernimmt, wenn Sie weg sind. Erledigen Sie sie vorher oder gehen Sie davon aus, dass die Arbeiten (außer den unmittelbar notwendigen) auf Sie warten, bis Sie nach Hause kommen. Vielleicht werden Sie von Ihrem Partner angenehm überrascht, aber dann haben Sie seine Anstrengungen nicht für selbstverständlich gehalten.

Regel 2: Bleiben Sie konsequent. Damit jeder im Prinzip gleich viel Zeit für sich selbst hat, müssen sich beide engagiert bemühen, den anderen konsequent bei der Durchführung seiner geplanten Aktivitäten zu unterstützen, außer es treten ganz außergewöhnliche Umstände auf. Sie sollten fähig sein, sich aufeinander zu verlassen, wenn Sie Pläne für Ihre persönliche Entspannung machen. Mutters Buchclubtreffen sollte nicht automatisch abgetan werden, nur weil Papa bis um 20 Uhr im Büro bleiben will, um ein Projekt abzuschließen. Beide Elternteile müssen sich gelegentlich in gewisser Weise zusammenreißen oder Hindernisse umgehen.

ESP-Eltern sagen:

- Wenn man den Partner nicht wie geplant »freistellen« kann, sollte man die Verantwortung dafür übernehmen, alternative Pläne zu machen. Bitten Sie einen geeigneten Babysitter, Oma/Opa oder Freund, auf die Kinder aufzupassen; nehmen Sie die Kinder selbst mit; oder helfen Sie Ihrem Partner/Ihrer Partnerin, seine/ihre Aktivität auf einen noch günstigeren Zeitpunkt zu verlegen.
- Wenn Sie derjenige sind, der auf seine Freizeit verzichten muss, weil Ihr Partner aus legitimen Gründen nicht für Sie einspringen kann, sollten Sie verständnisvoll reagieren. Solange es nicht zur Gewohnheit wird, sollten Sie sich großzügig zeigen – Ihre Pläne aufschieben und weitermachen.
- Seien Sie kreativ bei der Planung, um die Gefahr, dass die Pläne durchkreuzt werden, zu minimieren. Überlegen Sie, ob Sie vielleicht schon ganz früh morgens, wenn Ihr Partner und die Kinder noch schlafen, zum Joggen gehen, ob Sie um 23 Uhr Hockey spielen können, wenn Ihr Partner auf jeden Fall zu Hause ist, oder ob Sie Ihr Ausdauertraining in Ihre tägliche Pendelstrecke einbauen können, indem Sie nach einem festen

Plan zur Arbeit joggen oder mit dem Fahrrad nach Hause fahren.

Regel 3: Planen Sie voraus. So weit wie möglich sollten Sie einander genügend Zeit zur Vorbereitung Ihrer Abwesenheit geben, damit der Elternteil, der zu Hause bleibt, sich auf die Zeit mit den Kindern einstellen kann (vor allem wenn es ein ganzer Tag oder das ganze Wochenende ist). Es ist zum Beispiel nicht angebracht, dass Sie auf dem Heimweg von der Arbeit bei Ihrer Frau anrufen und aus heiterem Himmel verkünden, dass Sie den Abend in der Kneipe verbringen werden. Ihre Frau geht davon aus, dass Sie um 18 Uhr nach Hause kommen, und möchte nicht um 17:45 Uhr erfahren, dass sie allein dafür zuständig ist, die Kinder zu Bett bringen und ihnen Gutenacht-Geschichten vorzulesen. Nicht, dass die Zeit mit den Kindern etwas Unangenehmes wäre, aber wenn man davon ausgeht, dass die Pflichten zu einer bestimmten Zeit gemeinsam übernommen werden, ist es frustrierend, wenn so kurz vor Toresschluss die Regeln umgestoßen werden. Das wird zu einem Selbstgänger, sobald beide Elternteile für bestimmte Zeiträume allein für die Kinderbetreuung zuständig sind.

Hier einige Tipps für eine kluge Vorausplanung:

- Halten Sie nichts für selbstverständlich. Sie haben keine Exklusivrechte auf irgendeinen Zeitblock – klären Sie die Angelegenheit zuerst mit Ihrem Partner.
- Verschließen Sie sich andererseits auch nicht vor Last-Minute-Gelegenheiten. Nutzen Sie sie einfach in einem Geist der Gleichheit, indem Sie unwillkommene Verän-

derungen zur Ausnahme machen und davon ausgehen, dass Ihr Partner ebenso verfahren kann.

- Orientieren Sie sich bei der Planung Ihrer Erholungszeit daran, was für Ihre Familie am besten funktioniert. Vielleicht stellen Sie fest, dass der nächste Mittwoch der beste Tag ist, um sich für Ihre freiwillige Schicht im Tierheim einzutragen, weil Ihr Ehemann am Donnerstag besonders lange arbeiten muss. Ein ESP-Paar versucht gezielt, seine individuellen Aktivitäten auf Abende zu legen, an denen jeder tagsüber mit der Betreuung des Dreijährigen »dran« war; auf diese Weise sehen sie ihn beide täglich für ein längeres Stück.

Regel 4: Keine Vorbereitungen. Zu den Vorteilen des wirklich gemeinsamen Elternseins gehört, dass man nicht gezwungen ist, einen ahnungslosen Partner instruieren zu müssen, sobald man ihn oder sie für irgendeinen Zeitraum mit der Zuständigkeit für Haus und Kinder allein lässt. Obwohl es also eine gute Sache ist, dafür zu sorgen, dass Ihr Partner von Ihrer geplanten Abwesenheit weiß und für Sie einspringen kann, sollten Sie sich nicht dazu hergeben, ihn oder sie auf andere Weise vorzubereiten. Keine vorgekochten Mahlzeiten, die die Familie an dem Wochenende essen soll, an dem Sie in Las Vegas sind. Hinterlassen Sie keine Listen mit zu erledigenden Aufgaben oder Hinweise darauf, wann Badezeit ist. Machen Sie keine Kontrollanrufe, um zu überprüfen, ob alles okay ist. Rufen Sie an, um »Hallo« und »Ich liebe euch« zu sagen, um von Ihren Erlebnissen zu berichten und von den Erlebnissen Ihrer Familie zu hören, aber nicht, um sicherzustellen, dass die Kinder gebadet wurden.

Andere ESP-Paare sagen Folgendes zum Vorbereiten:

- Für Frauen: Wenn Sie mit anderen Frauen ausgehen, die sich darüber wundern, dass Ihr Mann zu Hause ganz allein die Stellung hält, oder Witze darüber machen, dass er vermutlich kläglich scheitern wird, gehen Sie nicht darauf ein. Lächeln Sie einfach und geben Sie den anderen zu verstehen, dass er mindestens so kompetent ist wie sie.
- Wenn Sie nach Hause kommen, gehen Sie nicht prüfend durch das Haus, um zu sehen, ob alles laut Anweisung ausgeführt wurde. Fragen Sie, was los war, während Sie unterwegs waren, aber nur aus echtem Interesse.
- Wenn Sie diejenige sind, die zu Hause bleibt, übernehmen Sie die Verantwortung dafür, die Mahlzeiten zu planen, die Milch einzukaufen, wenn sie zur Neige geht, und die anstehenden Aktivitäten/Spieltermine/Unternehmungen zu organisieren, wenn Sie mit den Kindern »dran« sind. Während längerer Abwesenheiten des Partners (zum Beispiel mehrere Tage oder Wochen) genießen Sie das Gefühl, die Supermutter oder der Supervater zu sein, weil sie alles – von Alpträumen über Schneestürme bis hin zu Schnupfen – ganz allein bewältigen. Freuen Sie sich an dem Wissen, dass Sie alles können, aber auch an der Gewissheit, dass Sie einen vollwertigen Partner haben, der bald nach Hause kommt, um wieder alles mit Ihnen zu teilen.

Regel 5: Keine Klagen. Nichts ruiniert eine gute Zeit mehr, als zu wissen, dass der Ehemann oder die Ehefrau sauer darüber ist, dass man sich amüsiert. Folglich ist jeder

Versuch, Ihrem Partner ein schlechtes Gewissen zu machen, weil er sie mit den Hausarbeiten oder mit drei übellaunigen Kleinkindern allein lässt, verboten. Eine Vollzeitmutter oder ein Vollzeitvater ist jede Woche und die ganze Woche als alleinerziehender Elternteil im Dienst. Ein nicht involvierter Vater hat einen Horror davor, alle abendlichen Aktivitäten allein bewältigen zu müssen, wenn seine Frau ausgeht, weil er nicht gelernt hat, wie er die Abläufe problemlos bewältigen kann. ESP-Eltern dagegen entgehen diesen beiden Situationen. Das erhöht die Wahrscheinlichkeit, dass ein Abend allein zu Hause mit den Kindern und einem Berg Wäsche sich tatsächlich als Highlight der Wo-

ZEIT ZU ZWEIT

Da Sie Ihren wahren gleichgestellten Seelenverwandten geheiratet haben, möchten Sie zweifellos jede Woche etwas Zeit damit verbringen, ihm/ihr tief in die Augen zu sehen, oder? Auch wenn die Zeit zu zweit keiner klassischen Verhandlung bedarf, kann sie trotzdem schwer zu erringen sein, wenn man schon mit dem Ausbalancieren von Beruf, Kindern, Hausarbeit und Erholungszeit beschäftigt ist. Doch die Zeit zu zweit gibt Ihnen die Möglichkeit, sich durch gemeinsame Erfahrungen, die über Kinder oder Arbeit hinausreichen, nahzukommen. Tatsächlich legen die meisten ESP-Paare großen Wert auf diese Zeit – als eine Erweiterung der Intimität, die ESP ihnen in anderer Hinsicht gewährt.

Damit beide Zeit für die Paarbeziehung haben, müssen sie unter Umständen Zeit von Kindererziehung, Haushaltspflichten oder beruflicher Arbeitszeit abzweigen. Es könnte sich lohnen, etwas Geld für einen Babysitter zu investieren, sich gelegentlich mit anderen Elternpaaren bei der Kinderbetreu-

che erweisen kann. Brummeln Sie nicht – innerlich oder äußerlich –, wenn Ihr Partner zu seinen Unternehmungen aufbricht. Freuen Sie sich über den Spaß, den Ihr Partner erlebt, und genießen Sie dann Ihren eigenen.

ESP-Paare fügen hinzu:

- Beklagen Sie sich auch nicht gegenüber den Kindern! Nicht, dass Sie ihnen absichtlich das Gefühl vermitteln würden, sie wären eine Last für Sie, aber beklagen Sie sich nicht einmal darüber, wie beschäftigt oder müde Sie sind oder dass Sie letzte Woche nicht zu Ihrem Bridge-Abend gehen konnten.

ung abzuwechseln oder Verwandte einhüten zu lassen, um einen festen wöchentlichen oder monatlichen Zu-zweit-Abend mit dem Partner zu arrangieren. Doch der größte Batzen gemeinsamer Zeit erfordert keinen Ausflug zum Geldautomaten oder Abstriche an der Zeit, die man mit den Kindern verbringt, sondern ergibt sich abends, sobald sie (zumindest die Kleinsten) schlafen. Uns ist klar, dass es viele verschiedene Philosophien darüber gibt, wie man seine Kinder zum Schlafen bringt. Es besteht allerdings generelle Einigkeit darüber, dass Kinder Schlaf brauchen, und wenn man früh und konsequent in gute Schlafroutinen investiert, zahlt sich das viele Jahre lang in allabendlicher Paarzeit aus. Holen Sie sich einen Videofilm, streichen Sie das Bad oder genießen Sie allein zu zweit ein Candlelight-Dinner. Und den Sex wollen wir natürlich auch nicht vergessen! Es ist gut zu wissen, dass einige (oder die meisten!) Abende für ihre Zweierbeziehung zur Verfügung stehen, und nicht jeder allein seiner eigenen Wege geht.

- Genießen Sie die Zeit mit den Kindern. Nutzen Sie die Gelegenheit, um etwas Besonderes zu machen: Gehen Sie zu einem Picknick ins Freie, anstatt im Haus zu frühstücken, backen Sie Kekse oder malen Sie zusammen ein Bild mit Ihren nackten Füßen oder lernen Sie einfach gemeinsam mit den Kleinen etwas Neues.
- Wenn Sie von Ihrer Auszeit zurückkommen, entschuldigen Sie sich nicht gegenüber den Kindern. Sie freuen sich, wenn ihre Eltern glücklich sind! Das gibt ihnen ein Gefühl von Sicherheit. Erzählen Sie ihnen stattdessen von Ihren Erlebnissen – was bei Ihrer gewählten Aktivität wichtig für Sie war, was Sie gelernt haben, wie Sie sich gefühlt haben, wen Sie getroffen haben und warum das bedeutsam für Sie war.
- Erkennen Sie aktiv an, dass Ihr Partner/Ihre Partnerin Ihr Verbündeter bei der Schaffung von Eigenzeit ist, indem Sie Ihre Freude mit ihm/ihr teilen.
- Werten Sie nicht, welche Aktivitäten Ihr Partner/Ihre Partnerin für seine Freizeit wählt. Gemeinsame Hobbys und Interessen sind etwas Wunderbares, aber noch wichtiger ist die gemeinsame Begeisterung für das Glück des anderen.

Der Kreis der Freude

Zeit für sich selbst, Eigenzeit oder »Ich-Zeit«, klingt ein bisschen nach New Age. Es ist das Thema zahlloser Selbsthilfe-Bücher ebenso wie der Gegenstand vieler Witze. Doch tief drinnen ist fast jeder überzeugt, dass es wichtig ist, Raum für sich selbst zu haben, um einmal Luft zu holen, ohne sich um die Bedürfnisse anderer kümmern zu müssen. Niemand kann immer nur geben, ohne etwas zu bekommen. Und wir reden hier nicht davon, dass man seine Kinder auf egoistische Weise im Stich lässt. Wir reden vielmehr über die Bewahrung jenes Teils von uns selbst, der nicht als Mutter/Vater, Arbeitnehmer oder Partner definiert ist. Innerlich sind wir viel mehr als irgendeine dieser Rollen. Natürlich definiert sich unser Selbst auch nicht über einen Kurs im Korbflechten, aber ein Leben zu führen, das die Möglichkeit des Korbflechtens umfasst, kommt dem Ideal schon näher.

Das Schöne an der Zeit für sich selbst ist nicht so sehr, dass man sich gelegentlich davonstiehlt, um ins Kino oder sonntags in die Kirche zu gehen. Zeit für sich selbst gehört zum ESP-Gesamtpaket – zu einem ausgewogenen Leben mit einem gleichgestellten Partner. Sobald man einmal die Zeit für einen bedeutungsvollen Beruf, die Zeit für innige Beziehungen zu den Kindern und die Zeit für die Pflege des Zuhauses teilt und das eigene Leben aus einer ausgewogenen Mischung aller Bereiche besteht, ist es nur natürlich, dass man auch die restliche Zeit miteinander teilt. Und die andere Seite ist, dass die gerecht verteilte Erholungszeit zu einer gerechteren Verteilung in den anderen Domänen beitragen kann. Wer weiß, vielleicht erklären Sie sich heute bereit, für Ihre Frau einzuspringen, weil sie gern an einem wöchentlichen Töpferkurs teilnehmen möchte. Wenn Sie dann später feststellen, dass Ihre Frau voller Stolz über ihre Lehmkreation nach Hause kommt und Sie selbst einen tollen Abend mit den Kindern hatten, sind Sie vielleicht beide zu einem noch größeren Schritt bereit. Ehe Sie sich versehen, haben Sie Ihre berufliche Arbeitszeit reduziert, um mehr Zeit mit den wunderbaren Kindern zu verbringen, und Ihre Frau nimmt zum Ausgleich eine Stellung als Töpferin an. Man kann nie wissen!

ESP-Paare bringen oft zum Ausdruck, dass ein Nebeneffekt von ausreichend Zeit für sich selbst darin besteht, dass sie das Zusammensein mit der Familie viel intensiver genießen können. Weil kein Elternteil am Ende der Arbeitswoche völlig erschöpft ist, haben diese Paare häufig die Energie und den Wunsch, am Samstag zu Unternehmungen mit den Kindern im Schlepptau aufzubrechen – und verzichten dafür häufig bereitwillig auf mehr Zeit für sich selbst oder auf Paarzeit. »Zu zweit abends auszugehen ist nicht so fürchterlich aufregend für uns«, sagt Helena. »Wir sehen uns sowieso jeden Abend zu Hause. Wenn wir ein bisschen Zeit übrig haben, verbringen wir sie damit, mit den Kindern Fahrrad zu fahren oder gelegentlich übers Wochenende mit ihnen zu verreisen.«

Ganz gleich, wie Sie persönlich Ihren Selbst-Bereich strukturieren, gibt ESP Ihnen den Mut, an Ihrer Identität festzuhalten inmitten der ganzen Verantwortlichkeiten für Ihren Beruf, Ihre Liebsten und Ihr Zuhause. Ja – Sie haben sich diese Zeit verdient. Ja – Ihre Kinder verdienen es, dass ihre Eltern glücklich und erfüllt sind, dass Sie Ihre persönliche Zeit nutzen, um zu tun, was Ihnen am Herzen liegt. Ja – Ihr Partner/Ihre Partnerin verdient es, dass Sie das Beste aus sich machen, was möglich ist, wenn Sie sich fürsorglich um Ihr eigenes mentales, physisches, emotionales und spirituelles Wohl kümmern. Wenn Sie einmal über unangebrachte Schuldgefühle hinausgewachsen sind, sind Sie auf dem richtigen Weg. Sie finden Möglichkeiten, diesen Extra-Atemraum zu nutzen, beobachten voll Freude, wie Ihr Partner/Ihre Partnerin das Gleiche tut – all das gehört zum Glück, das daraus erwächst, wenn wir uns Zeit für uns selbst nehmen. Beide Partner führen ein Leben, das ihrem Innersten gerecht wird, und eines, dessen Freude auf die Familie zurückwirkt.

Selbstaktivitäten

Im Folgenden haben wir einige Kategorien von Aktivitäten aufgelistet, die Sie vielleicht als erfreulich oder erholsam betrachten. Wir fordern Sie auf, diese Liste als Denkanstoß zu nutzen und zu überlegen, wie Sie momentan Ihre Zeit verbringen und ob Sie sie vielleicht lieber anders nutzen würden. Sie können auch mit Ihrem Partner/Ihrer Partnerin über seine/ihre Wahl persönlicher Aktivitäten diskutieren und sich fragen, ob Sie den Eindruck haben, dass einer von Ihnen mehr oder weniger Zeit hat als der andere, um zu tun, was ihm Spaß macht.

- Abenteuer
- Besuch von Erholungs-/Wellness-Einrichtungen
- Bloggen
- Ehrenamtliche Aktivitäten
- Entspannung (allgemein)
- Essen gehen
- Hobbys

Im Internet surfen
Körperliches Training
Kurse (im Allgemeinen nicht berufsorientiert)
Lesen
Meditation und Spiritualität
Musik – aktiv musizieren oder Musik hören
Organisatorische Aktivitäten (nicht arbeitsbezogen)
Persönliche Projekte
Physische Gesundheit (Arzt/Zahnarzt/Akupunktur/Massage etc.)
Religiös-orientierte Aktivitäten
Selbsthilfegruppe-Treffen/Therapie-Sitzungen/Konferenzen/Tagebuch führen
Soziale Aktivitäten/Ereignisse
Spiele – Brettspiele/Karten/Computer/andere
Sport – aktiv betreiben/zuschauen

Teil III

Die Hindernisse aus dem Weg räumen

Jede Elternbeziehung ist einzigartig und komplex. Doch wenn Sie diese Beziehung auf Prinzipien gründen, die von der Norm abweichen, fügen Sie eine weitere komplexe Ebene hinzu: Zwei gleichwertige Berufstätigkeiten, kombiniert mit gerecht verteilten Elternaufgaben, gemeinsamer Hausarbeit und gleichen Möglichkeiten der Selbstentfaltung – und ein ausgewogenes Verhältnis dieser Lebensbereiche für beide Partner. Wenn die meisten Paare um Sie herum nicht nach diesen speziellen Sternen greifen, wird der Weg dorthin mitunter ziemlich einsam sein und es können sich Zweifel an der Klugheit Ihrer Entscheidung einschleichen. Noch schlimmer, der Rest der Welt kann häufig ausgesprochen unkooperativ wirken, wenn es darum geht, Ihre Entscheidungen anzuerkennen – zum Beispiel die Art, wie Sie Beruf und Kinder vereinbaren, damit Sie beide gleichermaßen an allen Lebensbereichen teilnehmen können. Durch widrige äußere Umstände wird die Kraft Ihrer Überzeugungen von Gleichheit und Ausgewogenheit auf die Probe gestellt.

Die beiden häufigsten Barrieren bei der Schaffung und Bewahrung eines ESP-Lebensmodells sind finanzielle Erwägungen und gesellschaftliche Erwartungen. Nachdem Sie bis hierher gelesen haben, fragen Sie sich vielleicht, ob es überhaupt möglich ist, ein solches Arrangement mit Ihren Unkosten zu vereinbaren. Oder Sie machen sich Sorgen, wie ein ESP-Leben sich auf Ihren Arbeitsplatz, Ihre Nachbarschaft, die Schule der Kinder oder Ihren Freundeskreis auswirken würde. Die nächsten beiden Kapitel werden Ihnen helfen, die notwendigen Werkzeuge zu erwerben, um diese Hindernisse zu demontieren.

8

Geld

SIE HABEN GENUG/GEBEN SIE ES INTELLIGENT AUS

»Das ist ja alles gut und schön, aber wir könnten uns das *niemals* leisten.« So oder ähnlich lautet die Antwort, die wir immer wieder von sehr vielen traditionellen oder Doppelverdiener-Paaren erhalten, wenn wir ihnen vom Modell des partnerschaftlichen Elternseins berichten. Ohne lange nachzudenken, schließen diese Paare ein von Gleichheit und Ausgewogenheit bestimmtes Leben für sich aus, weil sie es für zu kostspielig halten. Wenn sie auch nur das Wort Teilzeitjob hören und sogar bei der Vorstellung einer Vollzeitbeschäftigung mit flexibler Arbeitszeit ziehen sie spontan eine Mauer hoch und lehnen einen solchen Lebensstil für sich ab. Wie traurig!

Sicher, kaum jemand von uns kann der Realität entfliehen, dass Geld unser alltägliches Leben bestimmt – wir müssen Geld verdienen und es ausgeben, um unsere laufenden Kosten zu bestreiten, um für die Zukunft zu sparen und um uns hin und wieder ein Eis zu gönnen. Zwar haben einige von uns so viel Geld, dass sie sich alles leisten und sich jeden Wunsch erfüllen können. Aber die meisten von uns haben den Eindruck, mit ihrem Geld gerade so zurechtzukommen, und fürchten, sich bei einer kleinen Wendung des Schicksals zu verschulden. Doch der Gedankensprung zu der Annahme, wirklich gemeinsames Elternsein bedeute das Ende der eigenen Zahlungsfähigkeit ist nur eine bequeme Ausrede dafür, dass man eine neue Lebensweise nicht ausprobieren möchte.

In diesem Kapitel wollen wir die finanzielle Barriere überwinden und Ihnen zeigen, was sich im Leben von Paaren wirklich ereignet, die vom »sicheren« Pfad abweichen und die Beziehungen, die sie sich ersehnen, nicht mehr über den Weg des Verdienens und Ausgebens erschaffen wollen. Wir werden die finanziellen Auswirkungen dieser Entscheidung untersuchen, wobei wir uns zunächst auf das Geldverdienen und dann auf das Geldausgeben konzentrieren. Im ersten Schritt zeigen wir, dass ESP, entgegen der landläufigen Meinung, oftmals kostenneutral ist und bei einigen Paaren sogar Geld *einsparen* kann. Gleichzeitig stellen wir Ihnen eine Vielzahl weiterer unschätzbarer Belohnungen vor.

In den vorhergehenden Kapiteln haben wir Ihnen einige Paare vorgestellt, die ungewöhnliche berufliche Entscheidungen getroffen haben, um ihr partnerschaftliches Elternsein Wirklichkeit werden zu lassen. Manche haben die Abkehr vom Konsumdenken und ihrem früheren Leben mit einem hohem Einkommen entschlossen vorangetrieben. Doch viele andere haben sehr viel weniger drastische Änderungen vorgenommen. Machen Sie sich also keine Sorgen! Wir planen nicht insgeheim, Sie zu Außenseitern Ihrer Gemeinschaft zu machen – zur kauzigen Familie, die keiner wahrnimmt und von der gemunkelt wird, sie lebe von Besuchen auf der städtischen Müllkippe. Wir werden Sie auch nicht auffordern, das Einkommen eines Chefarztes gegen den Lohn eines Holzfällers einzutauschen. ESP-Paare leben völlig glücklich und zufrieden in der Mitte der Gesellschaft. Doch zählen wir zu den vielen, die sich entschlossen haben, ihre Einnahmen und Ausgaben auf den Prüfstand zu stellen und selbst zu entscheiden, wie wir unser Geld verwenden möchten. Konkret geht es darum, es einzusetzen, um *die Gleichheit und Ausgewogenheit zu fördern,* anstatt diese aufs Spiel zu setzen.

Als gleichberechtigte Partner zu leben hat nichts damit zu tun, wie viel Geld man hat – auch das ärmste Paar ist imstande, sich die Arbeit des Kochens und Wickelns zu teilen. Wir werden außerdem zeigen, dass Paare mit niedrigem Einkommen ohne Weiteres ein ausgewogenes Leben führen können, wenngleich Familien, die an der Armutsgrenze leben, dies natürlich jeden Tag schwerfällt, gleichgültig, für welches Familienmodell sie sich entschieden haben. Wir vermuten sogar (können unsere Annahme jedoch nicht mit stichhaltigen Daten untermauern), dass ESP für die *sehr* Reichen möglicherweise schwieriger zu verwirklichen ist als für uns Durchschnittsbürger; viele reiche Paare neigen dazu, ihre Finanzkraft auf den beruflichen Erfolg eines Partners zu gründen, und dieser Partner bindet dann seine oder ihre Identität möglicherweise so sehr an diesen Erfolg, dass ESP unerreichbar erscheint. Zwar kennen wir wohl alle die Geschichten über ehemalige Vorstandschefs großer Konzerne, die aus ihrem früheren Leben »aussteigen«, aber der typische Topmanager dürfte wohl kaum jemand sein, der sich als gleichberechtigter Partner mit einem ausgewogenen Lebensstil neu erfindet. Und das nicht, weil er nicht das Geld, die Fähigkeiten oder die Macht dazu besäße! Es ist zwar richtig, dass es sich bei zukunftsweisenden ESP-Paaren meist um Akademiker handelt – aber nicht in allen Fällen.

Geld verdienen

Mary Ellen, eine Krankenschwester, und Ariel, ein Maler und Anstreicher, leben in Olympia im Bundesstaat Washington und teilen sich die Erziehung ihrer Kinder im Alter zwischen vier und sieben Jahren. Sie haben ihre Arbeitszeiten so gelegt, dass jeden Freitag abwechselnd immer einer der Eltern bei den Kindern zu Hause ist, und ihre Arbeitsschichten so eingerichtet, dass Mary Ellen die Kinder vor Dienstbeginn zur Schule bringt und Ariel die meisten Tage im Haus ist, wenn die Kinder heimkommen. Abends kochen Mary Ellen und Ariel gemeinsam und helfen den Kindern bei den Hausaufgaben, an den Wochenenden machen sie aus dem Wäschewaschen und der Hausarbeit kleine Familienprojekte.

Mary Ellen und Ariel sagen uns, dass sich keiner von ihnen überlastet fühlt und sie sich glücklich schätzen, so viel Zeit mit den Kindern verbringen zu können. Besonders dankbar sind sie, die Lektionen eines diversifizierten Einkommens gelernt zu haben, so dass sie das Auf und Ab einer sich stets verändernden Wirtschaft besser abfedern können. »Wir haben die Sicherheit, dass jeder von uns im Notfall das Familieneinkommen aufstocken kann«, sagt Mary Ellen. »Hätte ich mich entschlossen, zu Hause zu bleiben, hätte ich nicht die erforderlichen beruflichen Erfahrungen sammeln können.« In einer Zeit, in der die meisten Paare wohl eher daran denken, das *Einkommen* zu steigern, damit sie eine große Familie ernähren können, entschieden sich diese Eltern stattdessen dafür, die *Zeit* mit den Kindern so zu optimieren, dass hinreichend Geld vorhanden ist, um sorgenfrei leben zu können, und die Sicherheit zu haben, nötigenfalls Veränderungen im Einkommen vorzunehmen.

Ariels und Mary Ellens Leben veranschaulicht mehrere gängige Ansätze, wie ESP an das Geldverdienen herangeht. Vor allem erhellt es die drei Regeln der ESP-Einkommenspolitik.

1. *Nachrechnen*, damit Sie die wahren Kosten (oder, überraschenderweise, die Einsparungen) des partnerschaftlichen Elternseins abschätzen können;
2. *den Vorteil von zwei mittleren Karrieren verstärken*, um mehr finanzielle Sicherheit zu gewinnen, und
3. *wissen, wann Sie genug Geld haben*, damit Sie es gegen mehr Zeit eintauschen können.

Betrachten wir nun diese Konzepte im Einzelnen.

Nachrechnen

Wir fragen uns, was wohl geschehen wäre, wenn dieses Buch einen Titel wie *Reich werden durch wirklich gemeinsames Elternsein* getragen hätte? Hätte dies eine völlige neue Gruppe von Eltern dazu animiert, in dem Buch zu stöbern? Zwar betrachten wir ESP nicht in erster Linie als Strategie zur Vermögensverwaltung, doch ist die Aussage dieses etwas reißerischen Titels (mit seinem doppeldeutigen Sinn) bei vielen Paaren gar nicht so weit von der Wahrheit entfernt.

Es wird gemeinhin angenommen, dass Doppelverdiener-Paare das höchste laufende Einkommen haben und dass eine Familie mit einem nicht berufstätigen Elternteil für dieses Arrangement ein erhebliches finanzielle Opfer bringt. Doch beim wirklich gemeinsamen Elternsein handelt es sich gewissermaßen um eine Hybridform, die ein wenig mehr Analyse erfordert. Denn in diesem Modell verbleiben beide Eltern im Arbeitsleben, haben entweder flexible Vollzeitstellen oder Jobs mit reduzierter Stundenzahl. Beide sind hoch motivierte Berufstätige, die jeden Tag ihr Bestes geben und ihre berufliche Karriere meist langfristig planen. Möglicherweise verdienen sie nicht besonders viel, und keiner von beiden kann einfach entscheiden, am anderen vorbeizuziehen und eine »wichtigere« Stelle anzunehmen, die möglicherweise das eigene Einkommen erhöht (und den Partner zu großen beruflichen Kompromissen zwingt); doch beide sind ohne Weiteres imstande, ihren Anteil zum Familieneinkommen beizutragen. Weil sie ihre Stundenzahl im Beruf reduziert beziehungsweise ihre Arbeitszeiten verändert haben, um ein ausgewogenes Leben herbeizuführen, sind die Kosten für die außerhäusliche Kinderbetreuung sehr viel niedriger (in manchen Fällen null) als bei einer Nicht-ESP-Familie mit doppeltem Einkommen. Mit einem ESP-Paar verbindet man mitunter die Vorstellung, dass es sich die Zeit, die der nicht berufstätige Elternteil für die Kindererziehung aufwendet, untereinander aufteilt, und doch übersteigt sein kombiniertes Gehalt für gewöhnlich das einer Familie mit nur einem Ernährer bei Weitem.

Jede Entscheidung hinsichtlich der Arbeit innerhalb der Familie entspricht einem bestimmten Geldbetrag, der stark vom Gehalt des Einzelnen und der Kaufkraft jedes Elternteils, den Kosten für den Weg zum Arbeitsplatz, der außerhäuslichen Kinderbetreuung und weiteren Variablen abhängt. Wenn Sie sämtliche Ausgaben beiseitelassen, die nicht direkt mit der Entscheidung für ein bestimmtes berufliches Arrangement schwanken, wie zum Beispiel Hypothekenzahlungen, lässt sich das Grund-Nettoeinkommen im jeweiligen Szenario für Ihre eigene Familie beziffern. Die Analyse der persönlichen Umstände ist entscheidend, wird aber oft von denjenigen Paaren, die sagen, sie könnten sich ein gemeinsames Elternsein nicht leisten, aufgrund vorgefasster Annahmen ignoriert. Und deshalb lautet die erste Regel der ESP-Einkommenspolitik, *nachzurechnen*.

Machen Sie keine große Sache daraus. Nehmen Sie sich einen Taschenrechner, und stellen sie einige grundlegende Zahlen zusammen. Rechnen sie zusammen, wie viel Sie zurzeit gemeinsam verdienen und wie viel Sie aktuell für die Kinderbetreuung ausgeben (oder was Sie Ihrer Schätzung nach ausgeben werden, wenn Sie noch keine Kinder haben oder noch in der Elternzeit sind), um eine ungefähre Vorstellung von ihrem Nettoeinkommen zu bekommen. Spielen Sie anschließend ausgefallene Ideen durch, wie Sie Ihre Arbeitszeiten, Jobs, die Fahrten zum Arbeitsplatz und so weiter vielleicht anders organisieren könnten. Überlegen Sie, wie sich jede dieser Ideen auf die Kosten für die Kinderbetreuung und die Anzahl der Stunden auswirken würde, die Ihre Kinder im Kindergarten verbrin-

NACHRECHNEN: EIN BEISPIEL

Sehen wir uns einmal an, wie das »Nachrechnen« bei einem Beispielpaar aussehen könnte, bei dem die Eltern derzeit Vollzeit arbeiten und 40 Stunden außerhäusliche Kinderbetreuung für jedes der beiden Kinder (insgesamt also 80 Stunden) benötigen. Nehmen wir an, dass die Großeltern nur schwer zur Verfügung stehen, um eine kostenfreie Kinderbetreuung zu ermöglichen, so dass die Eltern ihre Kinder in einer Kindertagesstätte angemeldet haben. Der Vater verdient derzeit 60 000 Dollar jährlich, die Mutter bringt 40 000 Dollar nach Hause. Die Kinderbetreuung kostet 7 Dollar pro Stunde für jedes Kind, was 560 Dollar pro Woche beziehungsweise rund 28 000 Dollar pro Jahr ergibt. Es ist völlig klar, warum sich diese Familie dafür entscheidet, dass die Mutter aus finanziellen Erwägungen zu Hause bleibt. Nach Abzug der Ausgaben für begleitende Arbeiten deckt das Gehalt der Mutter so gerade eben die Kosten für die Tagesbetreuung.

Wenn beide Eltern jedoch ihre Arbeitswoche in vier 10-Stunden-Tage komprimierten und ihre Arbeitszeiten ein wenig änderten, könnten sie die Rechnung für die Tagesbetreuung um 40 Prozent verringern (für drei 8-Stunden-Tage). Das entspricht einer Ersparnis von jährlich 11 000 Dollar, eher 15 000 Dollar, da die Tagesbetreuung meist mit versteuertem

gen müssten. Fragen Sie andere Eltern, wie sie die Kinderbetreuung organisiert haben – Kosten, Zeiten, Verfügbarkeit –, und überlegen Sie, was geschehen würde, wenn Sie Ihren aktuellen Plan durch irgendeine dieser Ideen ganz oder teilweise ersetzten. Schätzen Sie die Nettokosten der verschiedenen Möglichkeiten. Ziel ist es hier, alles ans Licht zu holen und so entweder zu bestätigen oder zu

Geld bezahlt wird. Von den zusätzlichen Vorteilen, wenn beide Elternteile in ihrem Beruf und im häuslichen Leben am Ball bleiben und jeder Partner einen vollen Tag mit den Kinder verbringen kann, gar nicht zu reden. Im vorliegenden Beispiel bringt ESP diesem Paar unterm Strich eine Ersparnis von mehr als 10 000 Dollar. Das ist fast so, als bekämen die Eltern eine zehnprozentige Gehaltserhöhung!

Erweitern wir dieses fiktive Beispiel, und nehmen wir an, dass beide Eltern ihre beruflichen Verpflichtungen um 20 Prozent reduzieren könnten und stattdessen vier 8-Stunden-Tage arbeiteten. Wenn sie dann noch Gleitzeitregelungen ausnutzen könnten, ließen sich die Ausgaben für die Tagesbetreuung weiter reduzieren, vielleicht ausreichend, um einen Großteil des um 20 000 Dollar verringerten Einkommens auszugleichen. Und diese Eltern hätten die große Chance, Beruf und Privatleben ausgewogener zu gestalten. Was zunächst wenig praktikabel erschien, wirkt nun finanziell attraktiv. Im Austausch gegen eine relativ geringe Auswirkung auf das Nettoeinkommen stellen diese Eltern möglicherweise fest, dass sie plötzlich Zeit für Freizeitaktivitäten, stressfreie Besorgungen oder sogar eine Stunde mehr Schlaf haben.

Von den Möglichkeiten zu träumen und mit einigen Zahlen zu jonglieren kann auf großartige Weise motivierend wirken, das Leben zu erschaffen, das Sie sich wünschen.

widerlegen, dass das Arrangement von Beruf und Familie, das Sie ersehnen, und das Leben, das Sie sich für Ihre Kinder wünschen, mit finanziellen Problemen verbunden ist.

Wie viel würde es Ihre Familie kosten, wenn Sie nur vier Tage in der Woche arbeiteten und auch Ihr Partner auf vier Tage aufstockte (oder reduzierte)? Was würde geschehen, wenn Sie jeden Dienstag von zu Hause aus arbeiteten? Wie wäre es, einfach die Überstunden zu streichen oder den Arbeitsbeginn um eine Stunde zu verschieben? Wie würde sich irgendeine dieser beruflichen Veränderungen auf die wöchentlichen Ausgaben für die Kinderbetreuung, die Fahrt zum Arbeitsplatz, Ihren Steuersatz, Ihre Krankenkassenbeiträge, die Sparverträge für Ihre Rente oder für die Universitätsausbildung Ihrer Kinder auswirken? Warnung: Wenn Sie fest entschlossen sind, sich dagegen zu sträuben, dass sich ESP eventuell gut mit Ihren Familienfinanzen verträgt, werden Sie einen Weg finden, diese Auffassung durch Ihre Berechnungen zu stützen. Wenn Sie andererseits die Zahlen auf eine Weise verarbeiten, wie Sie es auch tun würden, um herauszufinden, ob Sie sich ein neues Auto oder eine Reise nach Antigua leisten können, werden Sie womöglich feststellen, dass ESP durchaus im Bereich Ihrer finanziellen Möglichkeiten liegt.

Was würde es kosten – oder vielleicht sogar einsparen –, das Leben zu führen, das Sie sich wünschen?

Werfen Sie doch einmal einen Blick auf unsere Website:
www.kreuz-verlag.de/vachon_checklisten

Dort finden Sie ein Online-Arbeitsblatt, mit dessen Hilfe Sie ganz einfach Ihre eigenen Berechnungen anstellen können. Oder verwenden Sie, wenn Sie mehr ins Detail gehen möchten, Ihr eigenes Tabellenkalkulationsprogramm.

Hierbei ist zu beachten, dass diese Berechnungen die größten Einsparungen im ESP-Modell für Familien im *unteren* Einkommensbereich ergeben; relativ wohlhabende Paare betrachten die geringeren Kosten für Kinderbetreuung, die viele ESP-Arrangements mit sich bringen, vielleicht als unwesentlich; ärmere Familien hingegen sparen mit jeder Stunde, die sie für außerhäusliche Kinderbetreuung streichen (es sei denn, sie haben Zugang zu hoch subventionierter oder kostenloser Kinderbetreuung), einen sehr viel höheren Prozentsatz ihres Einkommens. Und beachten Sie auch, dass Paare mit hohen Kinderbetreuungskosten, wie zum Beispiel diejenigen mit sehr kleinen Kindern, am meisten einsparen. Selbstverständlich sind die Verhältnisse in jeder Familie anders – und darum ist es ja so wichtig, dass Sie sich erst Ihre eigenen Ziele setzen und dann selbst nachrechnen. Gehen Sie die Zahlen durch, bedenken Sie die Folgen für Ihr Einkommen bei ganz unterschiedlichen Änderungen ihrer derzeitigen Arbeitszeiten, und haben Sie Spaß daran, sich dem Arrangement anzunähern, das am besten zu Ihrer Familie passt.

Den Risikovorteil verstärken

In traditionellen Familien trägt einer der Partner häufig erheblich mehr Verantwortung dafür, das Geld nach Hause zu bringen, als der andere. Ein Partner stellt entweder die einzige Einkommensquelle dar oder wird zum Hauptern ährer bestimmt, dessen Beruf und Einkommen den höheren Stellenwert haben. In diesen Fällen besteht die Gefahr, dass diese Person entlassen werden kann oder berufsunfähig wird, so dass dieses Arrangement ins Wanken gerät und das finanzielle (und emotionale) Wohlergehen der Familie bedroht ist. Ein solches Paar könnte den Partner, der nicht arbeitet oder nur nebenbei etwas hinzuverdient, zwar nötigenfalls hinaus auf den Arbeitsmarkt schicken. Aber es ist möglicherweise gar nicht so einfach, dies von heute auf morgen zu bewerkstelligen. Verdienen beide Partner, wird diese Gefahr vermieden, jedenfalls könnte man dies annehmen. Doch vielen Nicht-ESP-Doppelverdiener-Paaren droht (ebenso sehr oder verstärkt) die Privatinsolvenz, weil sie sich inzwischen auf zwei volle Gehälter stützen.[7] Mit dem doppelten Einkommen haben sie sich in bevorzugte Wohngegenden mit hoch gelobten Schulen eingekauft oder eine Hypothek für ein größeres Haus aufgenommen. Oder sie haben sich bei ihren Kaufentscheidungen einfach von kulturellen Einflüssen oder der Werbung beeinflussen lassen, weil sie das hierzu notwendige Einkommen zur Verfügung hatten. Sie können nicht mehr einfach umziehen, falls einer der Partner seinem Beruf nicht mehr nachgehen kann. Beide dieser üblichen Modelle der Elternschaft neigen zu finanzieller Instabilität.

Ein ESP-Arrangement bringt zwar auch Sorgen mit sich (»Wie lange kann ich diesen fantastischen Job mit flexiblen Arbeitszeiten wohl noch behalten?« »Und wenn der Chef meiner Frau nun darauf besteht, dass sie immer donnerstags auf Geschäftsreise geht, also an dem Tag, an dem sie eigentlich zu Hause bei den Kindern bleibt?«); doch viele ESP-Paare entkommen einem Gutteil der großen Ängste der Standardfamilie mit einem einzigen Hauptenährer.

Wenn der eine Elternteil eines Paares, bei dem beide einer Teilzeitbeschäftigung nachgehen, nicht arbeiten kann, kann der andere relativ mühelos in einen regulären Vollzeitjob zurückkehren; beide haben eine relativ bedeutungsvolle Erwerbstätigkeit aufrechterhalten und sich in ihren Berufsfeldern auf dem Laufenden gehalten, damit sie notfalls wieder ein Vollzeitgehalt beziehen können. Dennoch hat sich die Familie mit dem Einkommen zweier ESP-Eltern begnügt – das im Regelfall niedriger ist als das kombinierte Bruttoeinkommen von Nicht-ESP-Doppelverdienern mit qualifizierter Ausbildung (ungeachtet der Kosten für die Kinderbetreuung). Wenn die Eltern gut mit Geld umgehen können, haben sie ihre Ausgaben bereits eingeschränkt, damit sie mit dem verringerten Einkommen auskommen, und durch die Aufstockung des Einkommens des einen Partners können die Eheleute eine Phase der Arbeitslosigkeit finanziell oft recht gut überbrücken (der arbeitslose Partner kann die Stunden für die Kindererziehung kompetent übernehmen, die der Partner, der seine Stundenzahl im Beruf erhöht hat, vorübergehend abgegeben hat). Zudem verliert eine ESP-Familie im Normalfall einen geringeren Prozentsatz ihres Gesamteinkommens, wenn der eine Partner nicht arbeitet, anders als in dem Fall, wenn der primäre oder einzige Ernährer oder einer der Doppelverdiener arbeitslos wird.

Das finanzielle Vertrauen, das entsteht, wenn man zwei aktiven, aber moderat beanspruchenden Berufen nachgeht, kann einem ESP-Paar auch in glücklicheren Zeiten – nicht nur während Zeiten der Erwerbslosigkeit – Vorteile einbringen. Insbesondere kann jeder Elternteil mit seinem Berufsweg experimentieren und so versuchen, irgendeinen

Aspekt seines Lebens ausgewogener zu gestalten – und sich gleichzeitig auf den anderen Partner stützen, der in dieser Zeit das Familieneinkommen sichert. Beide Partner kommen in den Genuss dieses Vorzugs, nicht nur der eine, was die Gleichheit aufrechterhält. Vielleicht träumt ein als Computerprogrammierer tätiger Vater davon, seinem Firmenchef, der keine Geduld mit familiären Belangen hat, Adieu zu sagen, und nimmt eine Stelle bei einem verständnisvolleren Vorgesetzten an oder macht sich selbstständig, damit er über seine Zeit frei verfügen kann. Vielleicht möchte eine als Rechtsanwältin arbeitende Mutter wieder die Schulbank drücken und lässt sich für eine Tätigkeit mit flexibleren Arbeitszeiten im öffentlichen Gesundheitssystem (oder als Grafikdesignerin) ausbilden. Das sind kühne Schritte – die nicht völlig unbekannt sind, aber oft durch das Sicherheitsnetz erleichtert werden, das ESP bietet.

ESP-Paare haben uns immer wieder erklärt, dass ihnen die Bereitschaft, sich das Elternsein zu teilen, den Mut gibt, ihre Träume zu finanzieren. Nehmen wir das Paar Jenn und Aaron aus Windsor, Ontario. Jenn blieb nach der Geburt des ersten Kindes zu Hause, und Aaron machte Überstunden in seinem Beruf als Maschinenbauingenieur; sie führten dieses Arrangement über mehr als sechs Jahre fort, in denen sie zwei weitere Kinder bekamen. Doch tief im Herzen wusste Aaron, dass er nicht am Ziel seiner Träume war. In seiner Kindheit und Jugend hatte er seinem Vater bei der Arbeit zugesehen und wünschte sich nichts sehnlicher, als in dessen Fußstapfen zu treten. Es dauerte fünf Jahre, in denen Aaron sich immer wieder als Feuerwehrmann bewarb, bis er eine Stelle ergattert und die Familie die Gehaltsreduktion von 50 Prozent durch Sparmaßnahmen aufgefangen hatte. Außerdem trat Jenn wieder ins Arbeitsleben ein, um Aarons Traum zu finanzieren; sie nahm einen Job bei Starbucks mit 25 Wochenstunden an, dankbar für die Stelle, die ihr gestattete, sich Aarons wechselnden Arbeitszeiten mit zwei 24-Stundenschichten pro Woche anzupassen. Und was ist mit Jenns beruflicher Laufbahn? Inzwischen profitiert sie davon, dass ein gemeinsames Elternsein erlaubt, finanzielle Risiken einzugehen; sie hatte schon eine Weile ein Auge auf ein Hebammen-Ausbildungsprogramm geworfen (ein Beruf, bei dem sich die Arbeitszeiten gut mit denen Aarons vereinbaren lassen) und hat kürzlich bei Starbucks gekündigt, um als Hebamme zu arbeiten. Jenn sagt hierzu: »Den Zeitpunkt einer Geburt kann ich natürlich nicht beeinflussen, aber die Besuche vor und nach der Geburt lege ich so, dass sie mit den Terminen in unserer Familie in der betreffenden Woche zusammenpassen. Um eine gesunde Balance zu wahren, nehme ich zurzeit nur zwei Geburten pro Monat an. Das mag sich ändern, sobald ich meine Tätigkeit besser organisieren kann, vielleicht auch nicht. Aber jetzt gehen wir beide einem Beruf nach, den wir leidenschaftlich gern ausüben.«

In diesem Beispiel ermöglichte der Wiedereintritt des einen Partners ins Berufsleben dem anderen, einer befriedigenderen, wenn auch nicht besonders gut bezahlten Arbeit nachzugehen. In anderen ESP-Familien fungiert der Job des einen Partners als Rettungsring für den Geldbedarf der Familie, solange der andere nach einer Stelle mit mehr Flexibilität oder einem kürzeren Arbeitsweg sucht oder eine Firma gründet. So nutzte ein Paar die Sicherheit, die zwei mittlere Karrieren boten, und fand den Mut, aus einer Großstadt mit vielen Beschäftigungsmöglichkeiten in einen kleinen Ferienort umzuziehen. »Wären wir von nur einem Job abhängig gewesen, wären wir niemals hierher gezogen«, sagt diese ESP-Mutter. »Aber jetzt, wo wir zwei Jobs haben, machen wir uns wenig Sorgen, was den Unterhalt der Familie angeht. Wir kommen mit einem 80-Prozent-Gehalt über die Runden, und das senkt unseren Stresspegel ganz gewaltig.«

Diese Sicherheit kommt auch beim nichtmonetären Aspekt von Arbeitsplatzwechseln zum Tragen. *Jedes* Paar mit zwei substanziellen Einkommen kann vermutlich einen vorübergehenden Arbeitsplatzverlust oder einen Wechsel in der Berufslaufbahn des einen Partners finanziell verkraften, aber wenn ein bisher berufstätiger Elternteil nur noch zu Hause ist, kann dies bedeutende Auswirkungen auf das Alltagsleben der Familie haben. In einer ESP-Familie dagegen ist oft eine geringere Anpassung der außerhäuslichen Kinderbetreuung erforderlich, und es kommt meistens auch zu weniger Veränderungen im Familienleben. Nehmen wir uns selbst als Beispiel: Nach seiner Entlassung war Marc lediglich drei zusätzliche Tage pro Woche zu Hause; für die Zeit seiner Arbeitssuche lohnte es nicht, die Stundenzahl der außerhäuslichen Kinderbetreuung zu reduzieren (die ohnehin von Anfang an keine Vollzeitbetreuung war). Unseren Kindern fiel lediglich auf, dass Daddy, der in Sachen Kindererziehung und Hausarbeit bereits voll qualifiziert war, an jenen drei Tagen morgens und spätnachmittags ein bisschen länger zu Hause war.

Die zweite Regel der ESP-Einkommenspolitik besteht somit darin, dass Sie Ihren *Risikovorteil verstärken*. Das

Sprichwort leicht abwandelnd, wonach die Reichen immer reicher werden, könnte man also sagen: Die Ausgewogenen werden noch ausgewogener.

Wissen, wann man genug Geld hat

Einem engagierteren ESP-Paar als Judy und Bruce aus Providence, Rhode Island, wird man wohl kaum begegnen. Judy ist Juristin und leitet drei Tage die Woche eine Beratungs- und Ausbildungsorganisation mit dem Schwerpunkt kulturelle Vielfalt am Arbeitsplatz; Bruce arbeitet als Allgemeinmediziner in einer Gruppenpraxis und hat seit der Geburt des ersten ihrer drei Kinder seine Arbeitsbelastung auf 80 Prozent reduziert (drei Tage in der Woche plus regelmäßige Bereitschafts- und Wochenenddienste). Für Judy und Bruce entsprang ESP sowohl der Frauenbewegung als auch dem gemeinsamen Wunsch, den Bedarf an Tagesbetreuung für ihre kleinen Kinder zu verringern. Doch sobald beide mit reduzierter Stundenzahl arbeiteten, waren sie fest entschlossen, nie mehr zum vorhergehenden Arrangement zurückzukehren. »Was für eine tolle Idee, nur drei Tage pro Woche zu arbeiten!«, erklärt Bruce begeistert. »Mein Chef war der irrigen Annahme, ich würde einige Monate nach dem Wechsel wieder voll arbeiten, und hat mich dauernd gefragt, ob ich bereit sei, wieder Vollzeit zu arbeiten. Meine Antwort lautete jedes Mal: ›Auf gar keinen Fall!‹« Bruce hat die gemeinsame Zeit mit seinen Kindern ungeheuer genossen; er liebte es, eine Vorreiterrolle zu spielen; liebte es, sich für seine Papa-Tage diverse lustige Spiele und Abenteuer auszudenken; er konnte es nicht fassen, warum andere Väter sich diese Gelegenheiten entgehen ließen. *Oh, toll, es ist Dienstag (oder Freitag)*, dachte er dann immer. *Ich kann mit meinen Kindern etwas unternehmen!*

Der Erstgeborene des Paares studiert inzwischen, und Judy und Bruce sind am Ende ihres Lebens mit Elternpflichten angekommen und blicken gern zurück auf das, was geschehen ist, was hätte sein können und was sie über das Ganze denken. Auf ihre begeisterte Art sagen sie, dass sie alles wieder ganz genauso machen würden. So merkwürdig das bei einer Anwältin und einem Arzt auch erscheinen mag, sie erklärten uns, dass sie schon früh etwas Wertvolles herausgefunden hätten – dass keiner von ihnen den Ehrgeiz hatte, beruflich weiter aufzusteigen. Judy entschied sich ohne Groll für eine weniger gut dotierte Stelle, und Bruce wurde ein großartiger Mediziner, der 80 Prozent des vergleichsweise niedrigeren Gehalts als angestellter Arzt mit nach Hause brachte. Wie so vielen ESP-Paaren war ihnen Zeit wichtiger als Geld.

Judy und Bruces Geschichte verdeutlicht die dritte Regel der ESP-Einkommenspolitik: *Wissen, wann man Geld gegen Zeit tauschen kann.* Wir haben bereits in Kapitel 5 das Thema angeschnitten, wie Familien Zeit für sich gewinnen können, möchten an dieser Stelle aber betonen, dass es möglich ist, zu berechnen (oder zu schätzen), wie viel Geld man benötigt, und konkret zu entscheiden, nicht mehr besitzen zu wollen. ESP-Paare sagen uns, dass ihnen das Geld, das sie hätten verdienen können, nicht fehlt. In ihren moderaten Karrieren, insbesondere, wenn sie sich für relativ gut bezahlte Berufe entscheiden, haben sie genug. Gleichwohl ist es ganz normal, mehr Geld haben zu wollen – zu glauben, dass wir mehr brauchen. In Kapitel 5 haben wir Ihnen geraten, auf einen hohen Stundensatz als

»Meister« Ihres Fachs hinzuarbeiten und dann in Betracht zu ziehen, Ihren Stundenlohn zu nutzen, um weniger zu arbeiten, anstatt mehr zu verdienen. Hier empfehlen wir, auch Ihre Sorgen wegen Ihres zukünftigen Einkommens aus Erwerbsarbeit beiseitezuschieben. Könnten Sie mehr Geld nach Hause bringen, wenn Sie über Jahrzehnte in einer anderen Branche oder in einem anderen Beruf arbeiten? Wir glauben, ja. Im Endeffekt würden Sie vermutlich mit irgendeinem hoch dotierten Beruf über mehr Geld für Ihre Altersvorsorge, für die Ausbildung Ihrer Kinder oder für viele weitere Besitztümer oder exotische Reisen für die Familie verfügen. Es gibt keine Grenze der Summe Geldes, für die wir alle Verwendung finden, und nahezu keine Menge, bei der wir uns nicht mehr sorgen würden, ob wir uns überhaupt noch etwas leisten können. Wo ziehen wir also die Grenze? Würde das zusätzliche Geld Ihnen, Ihrem Partner oder Ihren Kindern wirklich mehr Glück bringen? Um einen Satz von Bruce zu zitieren: »Auf gar keinen Fall!«

Geld ausgeben

Wenden wir uns nun der anderen Seite des Kontobuchs zu: unseren Ausgaben. Wir kaufen vielerlei Dinge mit unserem Geld: von unserem Haus über Versicherungspolicen bis hin zu den überflüssigsten Kinkerlitzchen. Wir geben es aus für Geschenke, für Wohltätigkeitsorganisationen, dafür, dass wir gesund bleiben, oder um mit den neuesten Trends mitzuhalten. Wir haben feste Ausgaben, beispielsweise die Ratenzahlung fürs Auto oder das Schulgeld für die Kinder und variierende Ausgaben, zum Beispiel, wie viel wir diese Woche für Milchkaffees oder die Überziehungsgebühren der öffentlichen Bücherei verplempern. Vermutlich haben Sie die Horrorgeschichten gelesen, wie viel Schulden eine durchschnittliche Familie hat (vielleicht wissen Sie das auch aus eigener Erfahrung).

Mehr zu verdienen ist nicht die einzige Art, wie sich das finanzielle Puzzle lösen lässt. ESP hilft nicht nur dabei, sich bewusst zu machen, wie viel Geld wir nach Hause bringen, sondern auch, uns darüber klarzuwerden, wie wir es ausgeben wollen – was, natürlich, für jedermann eine großartige Idee ist! Die drei Regeln einer ESP-Ausgabenpolitik lauten:

1. *Ermitteln Sie Ihre Ausgaben,*
2. *leben Sie unter Ihren Verhältnissen, und*
3. *geben Sie Ihr Geld bewusst aus.*

Lassen Sie uns dies näher erläutern …

Ermitteln Sie Ihre Ausgaben

Geld gehört zu den am wenigsten transparenten Dingen im Leben. Möglicherweise kennen wir intime Details über unsere Freunde, aber vermutlich haben wir keinerlei Ahnung, wie viel Geld sie auf der Bank haben – ob sie wohlhabend sind, am Rande des Bankrotts stehen oder so gerade eben über die Runden kommen – auch wenn wir viel von dem sehen, was sie kaufen, und die Höhe ihrer Gehälter einigermaßen gut erraten können. Vor allem das Konsumverhalten unserer Freunde kann über ihre tatsächliche finanzielle Lage hinwegtäuschen; es könnte sein, dass sie Zehntausende zur zukünftigen Verwendung sparen oder aber sich langsam verschulden, obwohl sie alle drei Jahre ein neues Auto kaufen oder für ein romantisches Wochenende nach Paris fliegen. Man weiß da einfach nicht Bescheid.

Dieses Nichtwissen kann unsere Prioritätensetzung beeinflussen. Denn selbst wenn wir uns bewusst vornehmen, dem Konsumdruck keinesfalls nachzugeben, wollen die meisten von uns doch da, wo wir leben, arbeiten und spielen, dazugehören. Deswegen passen wir am Ende unser Ausgabeverhalten so an, dass wir uns relativ nahtlos in unseren Freundes- und Bekanntenkreis einfügen können – oftmals ohne lange darüber nachzudenken, was wir da tun. So fühlen wir uns beispielsweise verpflichtet, die Gebühr für diese tolle naturwissenschaftliche AG zu bezahlen, weil die Freunde unserer Kinder sie auch alle besuchen oder weil sie, nun ja, einfach angeboten wird. Oder wir folgen Millionen und machen mit unseren Kindern den »Pflicht«-Ausflug zum Mekka unserer US-amerikanischen Kultur – Disneyworld. Oder wir kaufen einen Sitzrasenmäher oder besitzen mehrere Autos, weil wir annehmen, dass das in unserer Nachbarschaft der übliche Standard ist.

Der Druck, Geld auf die Art und Weise auszugeben, wie es laut unseren Freunden und Bekannten ausgegeben werden sollte, wird von den meisten von uns unterschätzt. Er ist enorm. Man füge dem die Macht der Werbung in unserer marktorientierten Kultur hinzu, und ziemlich schnell geben wir dann unser Geld aufgrund äußerer Anreize anstatt eigener Werte aus. Dann managt das Geld uns, und nicht umgekehrt, und dies nur, weil es nahezu unmöglich ist, in Bezug auf Geld ehrlich oder offen zu sein. Das partnerschaftliche Lebens- und Elternmodell passt allerdings nicht besonders gut zu dieser ganzen Geheimniskrämerei. Kaufentscheidungen zu treffen, ohne dass wir vollständig verstehen, wohin unser Geld fließt, wirkt der Schaffung eines ausgewogenen Lebens und der gleichberechtigten Partnerschaft, die wir anstreben, entgegen. Daher lautet die erste Regel der ESP-Ausgabenpolitik, dass *Sie Ihre Ausgaben ermitteln.*

Stöhn. Allein schon die Vorstellung, jeden Einkauf zu protokollieren, ist Ihnen vermutlich höchst unsympathisch – es sei denn, Sie sind Buchhalter. Doch zweifellos wissen Sie, wie sinnvoll es sein kann, und falls Sie es vergessen haben, erlauben Sie uns bitte, Sie daran zu erinnern. Wenn Sie wissen, wie viel Geld Ihre Familie, im Durchschnitt, für Lebensmittel ausgibt, können Sie als Erstes festlegen, ob Sie wollen, dass Ihre Familie so viel dafür ausgibt. Wenn Sie vermuten, dass Ihre Partnerin übermäßig viel für Schuhe ausgibt, können Sie Ihre Vermutung überprüfen (möglicherweise stellen Sie dabei fest, dass Ihre Rechnungen für Sportbekleidung die heimlichen Ausgaben ihrer Liebsten für Schuhwerk bei Weitem übersteigen). Wenn Sie in diesem Jahr ein neues Schlafzimmer kaufen wollen, können Sie problemlos feststellen, ob Sie sich das leisten können – indem Sie sich ihre derzeitigen Einnahmen und Ausgaben ansehen. Diese offensichtlichen Vorteile werden in den folgenden Abschnitten dieses Kapitels behandelt, doch kommen sie alle erst dann zum Tragen, wenn Sie sich Rechenschaft darüber abgelegt haben, was Sie sich alles kaufen.

Der Gedanke, den wir vermitteln möchten, lautet: Wissen ist Macht, und Nichtwissen ist einschränkend. Wenn

Sie es also noch nicht getan haben, investieren Sie bitte ein wenig Zeit (und eine geringfügige Menge Geld), um ein Ermittlungssystem zu installieren. Wir verwenden dafür ein Softwareprogramm, doch wählen Sie die Methode aus, die Ihnen am sinnvollsten erscheint, inklusive Bleistift und Papier, wenn Sie möchten. Stellen Sie einige Ausgabenkategorien auf (zum Beispiel Essen gehen, Lebensmittel, Kleidung für ihn, Kleidung für sie, Kleidung für jedes Kind, Bücher/Zeitschriften, Gebrauchsgegenstände, Ratenzahlungen fürs Auto, Hypothek/Miete, Haushaltswaren, chemische Reinigung, Haustierbedarf, Gesundheit, Arztkosten, Zahnarztkosten, Benzin und so weiter), und fangen Sie einfach damit an, die Ausgaben in die jeweilige Kategorie einzutragen. Kreditkarten können übrigens die Ausgabenkontrolle vereinfachen, weil man sich die Berichte über alle getätigten Einkäufe herunterladen kann: Die Dinger sind also gar nicht immer das schreckliche Teufelszeug, als das sie von einigen Geldgurus dargestellt werden – solange Sie mit dem Kontostand nicht ins Minus rutschen. Stellen Sie sodann ungefähr jeden Monat (oder wann immer Ihnen danach zumute ist) einen Bericht zusammen, um ihre Ausgabengewohnheiten zu überprüfen. Wenn Sie das einige Monate oder ein Jahr lang gemacht haben, haben Sie ein präzises Bild davon, was mit Ihrem Gehalt geschieht – und werden vermutlich weniger versucht sein, unbewusst nachzuahmen, wie Ihr Nachbar seines auszugeben scheint.

Leben Sie unter Ihren Verhältnissen

Wenn wir ESP-Paare treffen und uns mit ihnen über ihr Leben unterhalten, fällt uns auf, dass viele es offenbar vorziehen, unter ihren Verhältnissen zu leben. Manche Paare haben ein hohes Einkommen und geben einfach etwas weniger aus, als sie verdienen. Doch andere sehen sich als Teil einer Bewegung, die ein einfaches Leben anstrebt, und blühen regelrecht auf, wenn wir sie fragen, wie sie es gelernt haben, weniger auszugeben. Unter den eigenen Verhältnissen zu leben ist, natürlich, einfach gesunder Menschenverstand, aber es erfordert eine gewisse »Nein danke«-Einstellung gegenüber dem herrschenden sozialen Druck und den Geschäftemachern, damit man es tatsächlich hinbekommt.

Sobald Sie – dank Ihrer Ausgabenermittlung – wissen, was Sie tatsächlich verbrauchen, kann Ihnen ein rascher

VERBRAUCHER AUFGEPASST!

Wir wären bereit zu wetten, dass Sie nicht wissen, wie viele Werbeanzeigen jeden Tag an Ihnen vorbeiflackern. Eine konservative Schätzung lautet 250, und der naive Blick Ihrer Kinder nimmt durchschnittlich allein aus dem Fernsehen jährlich 25 000 Werbespots auf.[8] Unternehmen wollen ihre Produkte verkaufen, und wir sind das Mittel zu diesem Zweck. Doch leider belassen es die Firmen nicht bei offenkundigen Werbeanzeigen; vielmehr zielen sie darauf ab, eine Kultur zu erschaffen, in der wir allmählich glauben, wir wären Trottel, wenn wir ihre Produkte nicht kauften. Die Mode ändert sich in jeder Saison – hmm. Fast-Food-Ketten bewerben ungesunde Mahlzeiten mit kinderfreundlichen Comicfiguren und Gratis-Spielzeugen (Spielzeugen, die übrigens oft an Kinofilme für Jugendliche ab 13 gebunden sind), damit unsere Kinder zu lebenslangen Konsumenten werden, die die Produkte der Fast-Food-Ketten mit den schönen Seiten der Kindheit gleichsetzen. Jedes Jahr werden neue Fassungen von

Vergleich mühelos zeigen, ob Sie im Laufe der Zeit Geld sparen oder sich langsam verschulden. Das ist eine wichtige Überprüfung, die in regelmäßigen Abständen durchgeführt werden sollte, damit Sie eine reelle Chance haben, unter Ihren Verhältnissen zu leben. Und unter Ihren Verhältnissen zu leben ist Ihre Chance auf ein sorgenfreies Leben.

Sehen wir uns einmal an, wie zwei ESP-Paare darangehen, von weniger Geld zu leben, als sie verdienen. Wieder haben wir die beiden Paare, die wir im Kapitel über Ausgewogenheit zum Thema Nachhaltigkeit vorgestellt haben, gebeten, unsere Fürsprecher zu sein: Pete und Simi

Computersoftware mit minimalen Verbesserungen herausgebracht. (Marc weiß alles darüber, weil er in der Branche arbeitet.) Und die neuesten verschreibungspflichtigen Medikamente werden der Öffentlichkeit als Wundermittel angepriesen, obwohl ältere Generika bei einem Bruchteil der Kosten oft genauso effizient und sicher sind. (Amy sieht viel davon in ihrem Beruf.) In jedem Wirtschaftszweig gibt es legitime, aber schlaue Methoden, die uns dazu bringen sollen, zu kaufen, was wir nicht brauchen.

Macht Sie das nicht ein bisschen wütend? Die Werbung erzeugt Bedürfnisse, erfindet Krankheiten, drangsaliert und setzt jene Personen herab, die nicht das neueste »Zeugs« haben, und verwirrt ganz allgemein unseren Verstand. Wir wollen die kapitalistische Wirtschaft nicht zum Einstürzen bringen, aber wir können, langsam, damit beginnen, zu verstehen, dass wir uns entweder der Werbung ergeben oder unsere Macht zurückfordern. Entscheiden wir uns für die Ermächtigung.

sowie Melissa und Richard. Wie Sie sich erinnern, tauschten Pete und Simi ihre Anstellungen als Softwareentwickler gegen die Selbstständigkeit als Tischler und Vermögensberaterin; beide arbeiten im Normalfall weniger als 15 Stunden pro Woche und teilen sich die Erziehung ihres vierjährigen Sohnes Simon. Und Melissa und Richard reduzierten ihre Arbeitszeit auf 20 bis 30 Wochenstunden und konnten die außerhäusliche Kinderbetreuung für ihre beiden Töchter streichen, weil sie ihre Arbeitstage staffelten. Erinnern Sie sich? Eine Reduzierung der beruflichen Arbeitszeit ist keine Voraussetzung für partnerschaftliches Elternsein, doch die Tatsache, dass diese Reduzierung finanziell machbar ist, macht diese beiden Paare zu interessanten Beispielen, die eine nähere Betrachtung lohnen.

Wie haben diese beiden Paare das geschafft? Für Melissa und Richard liegt die Antwort auf der Hand: Indem sie ihre Kinder bekamen, nachdem sie sich in ihrem Beruf längst etabliert hatten, und indem sie Ausgaben kürzten, die ihnen nicht viel bedeuteten. Sie führen ein typisches Mittelschichtsleben und bewohnen ein Einfamilienhaus in der Nähe von Boston. Ihre Töchter besuchen eine private Grundschule, und sie reisen jedes Jahr nach Europa, um Verwandte zu besuchen.

Doch Melissa und Richard haben beide eine feste Stelle mit einem ordentlichen Gehalt und achten sehr darauf, dass sie mit ihren Einkommen sämtliche Ausgaben bestreiten können. Zur Begrenzung ihrer persönlichen Ausgaben gehören einfache Strategien, wie zum Beispiel lediglich ein (altes) Auto, keinen Fernseher und keine Zeitungs- oder Zeitschriftabonnements zu besitzen. Das Mittagessen wird gekocht, nicht gekauft, und Kaffee wird nur zu Hause getrunken. Der öffentliche Nahverkehr wird regelmäßig genutzt. Internet und Handygebühren stellt Melissas Arbeitgeber, da sie eine geringe Zeit während der Woche von zu Hause arbeitet. Um mehr Zeit mit der Tochter zu verbringen und zugleich Geld zu sparen, geht die Tochter am Nachmittag nicht zur Schule. Eine Aktivität, an der die ganze Familie teilnimmt, besteht für Melissa, Richard und ihre Töchter eher darin, im Wald spazieren zu gehen, als in einem Ausflug zu einem Freizeitpark; sie besuchen nur zweimal im Jahr ein Einkaufszentrum und niemals nur, um zum Zeitvertreib zu »shoppen«. Und wie Melissa gerne sagt: »Wir finden es einfach toll, Dinge aufzubrauchen.« Entgegen unserer Wegwerfkultur ersetzt dieses Paar die alten Dinge nicht automatisch durch neue Versionen und verspürt auch nicht das Bedürfnis, den aufwendigsten oder schicksten Typus von irgendetwas zu besitzen. Darüber hinaus machen Melissa und Richard ihren hohen Organisationsgrad dafür verantwortlich, dass sie in Gelddingen immer auf dem Laufenden sind.

Anstatt dass Melissa und Richard das Gefühl haben, Opfer zu bringen, ist ihre Sparsamkeit zu eine Art Mission geworden – es gefällt ihnen beiden, was sie ihren Kinder über Geld und eine ökologische Lebensweise beibringen; außerdem haben sie den Eindruck, dass es Ihnen dabei hilft, das Familienleben weiterhin in den Mittelpunkt zu stellen. Melissa und Richard sagen, dass sie auch dann so leben würden, »wenn wir mehrfache Millionäre wären«, aber da sie es nicht sind, empfinden sie ihre Lebensweise als Geschenk, weil es die finanziellen Ängste in Schach hält.

Pete und Simi hingegen begannen schon früh in ihrem

Berufsleben damit, weit unter ihren Verhältnissen zu leben, und ernten heute die Früchte ihrer damaligen Investition. Ihr Plan beruhte auf der Idee, dass sie, wenn sie aufhören würden, überschüssiges Geld auszugeben, ihr Leben kontrollieren könnten – wie viel sie arbeiten, wo sie wohnen, welchen Beruf sie ausüben, wann sie in der Lage sein würden, zu Abenteuern aufzubrechen. Der erste Schritt bestand darin, sich einfach nur darauf zu konzentrieren, Geld zu sparen – damit zu experimentieren, immer größere Teile ihrer Gehälter aus den Vollzeitstellen zur Seite zu legen.

Während der Ball ins Rollen kam und sie die Ausgaben radikal kürzten, nahm ihre Begeisterung immer mehr zu. Jedes Mal, wenn sie ein Produkt nicht kauften, kam ihnen das vor wie ein Sieg. Wohin sie auch schauten, sahen sie sinnlose Arten des Geldausgebens, und im Laufe der Jahre wuchsen ihre Bankkonten. Eine sorgfältige Buchführung und sichere Geldanlagen (inklusive der Kauf einer Immobilie) gaben ihnen den Mut, vier Jahre nachdem sie erstmals mit dem Sparplan begonnen hatten, ihre Stellen zu kündigen und in »Frührente« zu gehen. Allerdings nahmen sie an, dass sie wegen des sehr großen Einkommensverlusts mit der Zeit ihre Ersparnisse angreifen müssten. Dies ist bis heute, fünf Jahre nach Beginn des Experiments, nicht geschehen.

Pete und Simi haben den gängigen »Wenn du's hast, gib's aus«-Lifestyle zugunsten einer Art Mega-Sparen zurückgewiesen. Sie nehmen sich vor, nach Schnäppchen zu suchen (oft in Outlet-Läden), bauen ihr Gemüse zum Teil selbst an und erledigen viele Dinge selbst (einschließlich der Renovierung ihres kleinen Hauses). Sie besitzen keinen Festnetzanschluss, kein Kabelfernsehen und lediglich ein Auto, mit dem sie nur selten fahren. Erheblichen Anteil an ihrem Freizeitvergnügen haben ein robustes Computernetzwerk von Freunden, das Pete aufgebaut hat, und die Musikinstrumente, die die verschiedenen Mitglieder der Familie spielen. Sie stehen damit zwar nicht allein, wie in vielen Ratgebern über einfaches Leben nachzulesen ist, aber sie sind dennoch anders als die gesellschaftliche Norm.

Nachdem sie einige Zeit auf diese Weise gelebt hatten und Freunde sie fragten, wie sie eigentlich klarkämen, beschloss Pete, die Freunde zu einem informellen Workshop über ihre Geldphilosophie zu versammeln. Er saß im Wohnzimmer eines Freundes und skizzierte für seine Freunde, wie man Kaufentscheidungen aus einem anderen Licht betrachten konnte. Anschließend erläuterte er seinen Zuhörern den Zinseszinseffekt, angewandt auf ein »scheinbar ganz normales Ausgabeverhalten«. Er nahm die Kosten jeder wöchentlichen Ausgabegewohnheit, wie zum Beispiel Essen gehen, und multiplizierte sie über zehn Jahre. Er kombinierte verschiedene Tipps zur Sparsamkeit und zeigte, wie ein Durchschnittspaar mit einem ziemlich normalen Ausgabeverhalten, das jährlich 140 000 Dollar verdient, nach zehn Jahren mit null Ersparnissen dasteht oder mit 700 000 Dollar Ersparnissen über denselben Zeitraum – die bei niedrigen Ausgaben ausreichen, um in den Ruhestand zu gehen –, und zwar einfach dadurch, dass man auf teuren Luxus verzichtet, ohne dabei weniger Spaß zu haben.

Pete und Simi haben übrigens ungeheuer viel Spaß – zusammen, getrennt und als Familie mit ihrem Sohn Simon.

Dazu gehören Musik- und Schwimmunterricht für Simon, Reisen durchs ganze Land (oft wird gezeltet und bei Freunden übernachtet) und jede Menge Outdoor-Abenteuer. Tatsächlich lebt die Familie recht komfortabel. Doch die Reaktionen der Freunde an jenem Abend, die in Petes Workshop kamen, verblüfften sie. Manche waren motiviert, mit einer eigenen Miniversion des Sparens für den Ruhestand anzufangen; anderen saßen ungläubig da; wieder andere reagierten feindselig, weil sie die Botschaften zu persönlich nahmen. So bat eine Person Pete, das Thema nie wieder anzuschneiden.

Möglicherweise reagieren Sie skeptisch auf unsere kurze Darstellung von Petes und Simis Geldphilosophie. Oder haben viele Fragen, wie die beiden es *wirklich* schaffen. Wir könnten vermutlich ein gesondertes Buch über ihren Fall schreiben (vielleicht erwägen sie das eines Tages selbst), wollen jedoch nur eine Frage aufgreifen, die wir den beiden gestellt haben: Wie haltet ihr's mit Simons Collegeausbildung? Pete hatte eine Antwort darauf. Mit ihrem aktuellen Einkommen können sie verlässlich ihre Ausgaben bestreiten, und sie haben viel Raum, ihr Einkommen zu steigern, falls mehr Geld benötigt wird. Doch sie erwarten, dass Simon vor dem College arbeitet, um sich finanziell an den Kosten zu beteiligen, und haben vor, ihn zu einem kostenbewussten Verbraucher zu erziehen, der keinen falschen Wert auf das Prestige eines Studiums an einer bekannten Universität legt. Pete hält es für entscheidend, seinem Sohn beizubringen, für sich selbst zu sorgen, höchstwahrscheinlich durch eine Ausbildung zum Tischler, so dass er einen zweiten Beruf hat, mit dem er sich jeden Sommer durch ein paar Monate Arbeit eine

Menge Geld verdienen kann. Bevor Simon zum College geht, will Pete bei ein, zwei Hausrenovierungen Seite an Seite mit seinem Sohn arbeiten: Das verdiente Geld soll dann Simons Sicherheitsnetz darstellen, sobald er auf eigenen Beinen steht. Wie bei den übrigen Ausgaben soll auch für die Collegeausbildung gelten, dass sie nicht mit Geld bezahlt wird, das die Eltern nicht haben.

Auch die zweite Regel der ESP-Ausgabenpolitik ist eine Art kategorischer Imperativ: *Leben Sie in den Grenzen Ihrer Verhältnisse*. Überprüfen Sie Ihre Ausgaben, beobachten Sie sie, unternehmen Sie Schritte, falls nötig, aber fesseln Sie sich nicht mit finanziellen Sorgen, indem Sie Dinge besitzen oder Dinge tun, die Sie sich nicht leisten können. Gehen Sie dabei spielerisch vor, so wie die meisten ESP-Paare, und genießen Sie die guten Gefühle, die mit dieser Lebensweise einhergehen. Wir sagen ja nicht, dass sie in völliger Anspruchslosigkeit leben sollen, aber wenn Sie es wollen, sollten Sie wissen, dass sie es können. Indem Sie unter Ihren Verhältnissen leben, haben Sie alle Macht, das Leben zu führen, das Sie sich wünschen.

Geben Sie Ihr Geld bewusst aus

Und wenn Sie es nun aufrichtig genießen, jede Woche essen zu gehen, und es Ihnen nichts ausmacht, für dieses Vergnügen zu zahlen? Wir haben bereits auf die Idee angespielt, dass das Prioritätensetzen entscheidend bei den Ausgaben ist, wenn Sie unter Ihren Verhältnissen leben wollen. Doch bei dieser dritten Regel der ESP-Ausgabenpolitik geht es vor allem um die Umsetzung. Wenn Sie jetzt wissen, wie viel Sie wofür verbrauchen, und auf den Saldo achten, so dass Sie nicht mehr ausgeben, als Sie verdienen, erscheint es logisch, dass Sie als Nächstes darüber entscheiden, wie Sie ausgeben *wollen*, was Sie ausgeben *können*. Mit anderen Worten: Sie werden vermutlich einen Haushaltsplan aufstellen – und zwar, natürlich, einen ausgeglichenen.

Einen Moment … haben wir gerade »Haushaltsplan« geschrieben?

Ja, leider.

Noch abgeschmackter, als einfach nur die Ausgaben zu ermitteln, kommt vielen von uns die Idee vor, sich anschließend an ein striktes Budget zu halten. So nach dem Motto: »Sie können in diesem Jahr nur 500 Euro für Kleidung ausgeben, was 41,67 Euro pro Monat entspricht. In diesem Monat haben Sie bereits 36 Euro für die neue Bluse ausgegeben, deshalb haben Sie Pech, wenn Sie die Jeans kaufen wollen, die Sie so gern hätten!« Horror. Deshalb können wir Ihnen versichern, dass wir *dies* nicht unter einem Budget oder Haushalt verstehen. Das Budget, von dem wir sprechen, ist ein weiteres Werkzeug zur Ermächtigung – ein Instrument, das Sie dorthin bringt, wo Sie wirklich sein wollen.

Der in Boston lebende ESP-Dad Imari versteht die Aversion gegen Budgets, ist mittlerweile aber so wie seine Frau Cynthia ganz von dessen Wert überzeugt und glücklich, dass seine Frau die Führung übernommen hat und einen Haushaltsplan für die Familie aufstellt. Cynthias Erfolg beim Management *ihres* Geldes, bevor sie sich kennenlernten, ließ Imari auf ihre Seite wechseln. Heute sagt er: »Ich habe oft das Gefühl, dass ich *mehr* Geld zum Ausgeben habe, als im Vergleich zu der Zeit, als ich allein lebte – und zwar dank Cynthias Fähigkeiten in Sachen

Haushaltsplanung.« Worauf Cynthia sich enthusiastisch zu Wort meldet: »Wir werden ständig dafür belohnt, dass wir unsere Ausgaben planen, indem wir tun, was wir gern machen.« Gemeinsam lachen sie darüber, dass »wir unsere Finanzen managen, als wären wir ein Firma – mit einem Jahresabschluss, einem Wirtschaftsplan und einer jährlichen Haushaltsbesprechung«.

Cynthia und Imari haben, so wie viele andere ESP-Paare, ihre Hausaufgaben gemacht und halten ihre Finanzen in Ordnung, weil sie dafür sorgen, dass ihren Anschaffungen den Prioritäten folgen, die im Haushaltsplan festgelegt wurden. Einen Etat aufzustellen ist relativ einfach, sobald Sie Ihre Ausgaben ermittelt haben. Beginnen Sie mit der Annahme, dass Sie in jeder Kategorie (zum Beispiel Lebensmittel, Telefonrechnung, Benzin fürs Auto) genau so viel Geld ausgeben wie im Vorjahr. Setzen Sie sich anschließend zusammen, und versuchen Sie herauszufinden, an welchen Stellen diese Annahmen nicht wasserdicht sind. Haben Sie kürzlich den Vertrag für den Kabelanschluss gekündigt? Dann können Sie die Summe von den Kosten in der Kategorie »Fernsehen« streichen. Wissen Sie bereits, dass Sie in diesem Jahr einen neuen Anzug benötigen werden? Fügen Sie einen Betrag zur Kategorie »Kleidung« hinzu. Sind Sie sich ziemlich sicher, dass der Preis für Heizöl steigen wird? Erhöhen Sie den Anteil der Kategorie »Heizkosten«. Und so weiter. Denken Sie jede Kategorie unvoreingenommen durch, mit der Kraft zweier Personen, die zusammenarbeiten. Erörtern Sie jede Anpassung, und vereinbaren Sie die neue Zahl, die Sie jeder Kategorie zuweisen wollen.

Treten Sie dann einen Schritt zurück, und denken Sie

über Ihre Prioritäten nach. Prüfen Sie die zweite Regel der ESP-Ausgabenpolitik (*Leben Sie unter Ihren Verhältnissen)*, indem Sie Ihre revidierten Ausgaben mit dem voraussichtlichen Einkommen im kommenden Jahr vergleichen. Immer noch ausgeglichen? Wenn Sie ein Defizit bemerken, gehen Sie zurück, und experimentieren Sie mit diesen Ausgaben noch etwas weiter. Entwickeln Sie ein paar Absichtserklärungen zur Senkung der Ausgaben in bestimmten Kategorien, aber gehen Sie nicht an diese Erklärungen heran, als handele es sich um Bestrafungen. Stellen Sie sie sich als Herausforderungen vor, ähnlich der Herausforderung, ein größeres Gewicht zu stemmen oder fünf Pfund abzunehmen, und überlegen Sie sich anschließend Wege, wie Sie gemeinsam die neuen Ziele erreichen können. Wenn Sie einen Haushaltsüberschuss haben, denken Sie auf vergleichbare Weise darüber nach, wie Sie dieses Geld ausgeben möchten – für die Universitätsausbildung Ihrer Kinder, eine neue Terrasse fürs Haus, einen Familienurlaub oder vielleicht eine Wohlfahrtsorganisation Ihrer Wahl. Betrachten Sie danach wieder jede Kategorie aus einer Art Vogelperspektive. Würden Sie Ihr Geld lieber auf andere Weise ausgeben? Was wäre, wenn Sie Ihre Arbeitszeiten ändern könnten, um in diesem Jahr weniger für die Kindertagesbetreuung auszugeben, und den Geldregen dann für Fahrräder für die ganze Familie ausgeben?

Wenn sich das alles arg umständlich anhört, so verstehen wir das, und wir sind dazu da, Ihnen Ihre Ängste ein wenig zu nehmen. Ihre Haushaltsdiskussion muss keine laufende Aneinanderreihung von langen Besprechungen sein. Wir setzen uns einmal im Jahr im Dezember ungefähr eine Stunde lang zusammen, nachdem wir die aktualisierten Berichte über unsere Ausgabenkategorien des vergangenen Jahres ausgedruckt haben. Nach dem Gespräch tragen wir in unsere Finanzsoftware die vereinbarten Haushaltzahlen für das folgende Jahr ein, und immer wenn wir neugierig sind, drucken wir einen Bericht über den aktuellen Stand unserer Finanzen aus. Hin und wieder necken wir uns gutmütig und fragen, wer von uns beiden bei den Ausgaben für Kleidung noch im Plan liegt (Marc) und wer den Kleidungs-Etat schon im April überzogen hat (normalerweise Amy). Im Großen und Ganzen verbringen wir aber nicht viel Zeit mit dem Reden über unser Budget. Natürlich, wenn wir feststellen, wir liegen in einer der Kategorien weit über dem Limit, unterhalten wir uns darüber, ob wir das für etwas Gutes oder Schlechtes halten und was wir gegen diese Überschreitung unternehmen wollen.

Ein Budget erlaubt Ihnen, zu planen, wie Sie Ihr Geld gemäß Ihren Wertvorstellungen ausgeben können – anstatt bedauernd feststellen zu müssen, dass Sie dagegen verstoßen haben. Beim gemeinsamen Elternsein bestehen diese Werte im Normalfall darin, sich zusätzliche Zeit zu verschaffen oder das Leben in ein stärkeres Gleichgewicht zu bringen – man erhält Zeit mit den Kindern und dem Partner, für die Pflege des Hauses, für lohnende berufliche Bestrebungen oder für die persönliche Befriedigung. Manchmal möchten Sie Ihr Geld vielleicht auch ausgeben, um der Gleichberechtigung in Ihrer Partnerschaft ein wenig näherzukommen. Anstatt unbewusst Jahr für Jahr immer mehr vom schwer verdienten Geld zum Kauf teurer Spielsachen auszugeben, mit denen die Kinder kaum spielen, oder für irgendwelche technischen Kinkerlitzchen, die Sie kaum benutzen, verwenden Sie es in diesem Jahr vielleicht für eine unvergessliche Fahrt mit der Eisenbahn durchs ganze Land und besuchen die Großeltern. Oder auch nicht.

Viele ESP-Paare sind zwar Verfechter einer einfachen Lebensweise, aber bei diesem Lebensmodell geht es nicht unbedingt um Antimaterialismus. Beim Umgang mit Geld kann dieses Ziel treffender als das bewusste Setzen von Prioritäten umschrieben werden. Viele Paare werden im Endeffekt deshalb zu Befürwortern des sogenannten einfachen Lebens, weil sie erkennen, dass vieles von dem, zu dessen Kauf wir verlockt werden, das Geld nicht wert ist. Doch andere, so wie die vielen ESP-Paare, die es schätzen, einen Reinmachedienst einzustellen, stellen fest, dass die Kosten in dieser Phase ihres Lebens immer noch hoch sind, und nutzen die »Bewusstheit« einfach, den Ausgaben auf die für sie beste Art eine höhere Priorität einzuräumen. Wir könnten fortfahren, Seite um Seite (ja, ein ganzes Buch) darüber zu schreiben, wie man bei den Ausgaben Prioritäten setzen kann, aber glücklicherweise haben das viele andere schon getan. Wir haben einige unserer Lieblingsautoren in den Literaturempfehlungen aufgeführt, aber wir möchten Sie auch dazu ermutigen, sich die Informationen aus einer großen Vielfalt von Quellen zusammenzusuchen.

Die finanzielle Barriere überwinden

Die Krankenschwester Mary Ellen und der Maler und Anstreicher Ariel, das ESP-Paar mit vier Kindern, stammen beide aus relativ unterprivilegierten Familien. In ihrer Kindheit und Jugend fuhren sie weder auf Klassenfahrt noch im Sommer in die Ferien, da ihre Eltern, die eine traditionelle Ehe führten, wenig Geld hatten. Jetzt, da sie selbst Eltern sind, lachen sie, wenn andere finden, sie lebten in »selbst gewählter Armut«. »Heute kommen wir uns wohlhabend vor. Sicher, mit jedem Kind, das zur Welt kommt, wird das Geld knapper, aber verglichen mit unserer Kindheit sind wir reich!«, sagt Mary Ellen. Diese Sichtweise von Geld sind wir nicht gewohnt, aber sie kann ein wirkungsvolles Mittel sein, um die finanziellen Argumente gegen ESP zu entkräften.

Die Ratgeberliteratur stimmt überwiegend mit dem Sprichwort überein, demzufolge Geld nicht glücklich macht. Wenn Sie so arm sind, dass nicht einmal die Befriedigung von Grundbedürfnissen, wie zum Beispiel Essen, Wasser, Unterkunft und Kleidung, gewährleistet ist, wird mehr Geld Ihr Leben in der Tat verbessern, aber jenseits dieses Niveaus kann es Sie weiter von dem entfernen, was Ihnen wirklich Freude schenkt. Manche ESP-Paare sind recht wohlhabend, andere dagegen kommen mit deutlich weniger über die Runden, als die meisten für ein anständiges Einkommen halten. Alle setzen Prioritäten in Bezug auf die Entscheidung, wie sie arbeiten und ihr Geld ausgeben wollen, wobei sie den ersehnten Lebensstil im Auge behalten, erschaffen und aufrechterhalten – allerdings nicht im üblichen Sinne von »Lebensstil, an den ich mich gewöhnt habe«, sondern im Sinne einer gleichberechtigten Partnerschaft und Ausgewogenheit im Alltag.

Wie viel ist Ihnen das partnerschaftliche Elternsein wert? Wenn Sie Ihre Ausgaben durchrechnen, erkennen Sie, wie viel die unterschiedlichen Lebensweisen Sie kosten könnten. Manchmal kostet das gemeinsame Elternsein weniger als das gängigere Modell der Elternschaft – hurra! Manchmal kostet es ungefähr genauso viel. Und manchmal kostet es mehr – aber jetzt können Sie einschätzen, wie *viel* mehr. Was, wenn Ihr ideales Leben die Familie jährlich 2000 Euro mehr kostete? Würden Sie das Geld ausgeben? Und 4000 Euro? 10 000 Euro? Überlegen Sie, was Sie für das Geld bekommen würden – vielleicht mehr gemeinsame Zeit mit Ihren Kindern, mehr Nähe und Intimität mit Ihrem Partner, weniger Stress, einen sinnvollen Beruf oder einen weniger aufreibenden, ein weniger chaotisches Zuhause, genügend Zeit für sich selbst? Denken Sie über den Preis nach, und vergleichen Sie ihn mit den anderen Arten, wie Sie zurzeit dieses Geld ausgeben. Können Sie sich das alles überhaupt leisten? Was müssten Sie aufgeben, um dieses oder jenes möglich zu machen? Es gibt keine Patentantwort auf irgendeine dieser Fragen. Wie alles hat auch das gemeinsame Elternsein seinen Preis, und die Entscheidung für oder gegen diese Lebensweise sollte sehenden Auges getroffen werden.

ESP-Paare überwinden die finanzielle Barriere, indem sie die in diesem Kapitel vorgestellten Regeln miteinander kombinieren. Sie experimentieren mit ihren Arbeitszeiten, um ihr Einkommen innerhalb gewisser, bewusst gezogener Grenzen zu optimieren – sie orientieren sich daran, wie viel Zeit sie ihren Kindern, sich selbst und ihrem Zuhause widmen wollen und wie viel Geld sie wirklich benötigen, um zu erwerben, was sich mit ihren zentralen Werten deckt. Sie wissen, wie sie ihr Geld ausgeben, und finanzieren ihren Lebensstil nicht damit, dass sie Schulden machen oder Dinge gedankenlos kaufen. Auch viele Nicht-ESP-Familien nutzen diese Methoden des Geldmanagements, weil es einfach dem gesunden Menschenverstand entspricht. Doch wenn Sie diese Regeln damit verbinden, dass Sie einer gleichgestellten Partnerschaft und einem ausgewogenen Leben Priorität einräumen, erhalten Sie ein bezahlbares partnerschaftliches Elternsein!

Die Barriere zu durchbrechen, die das Geld gegen diese Lebensweise errichtet, kann äußerst schwierig sein, vor allem wenn Sie in Ihren derzeitigen Lebensstil viel investiert haben. Aber es ist ja nicht so, dass Sie sich das wirklich gemeinsame Elternsein nicht leisten können. Es ist nicht so, dass Ihr Leben einfach zu viel kostet oder dass ihr Job einfach zu wenig einbringt. Das Problem gründet, nachdem alles analysiert ist, nicht im Geld. Sie haben viel – mehr als viele andere. Ihren Kindern wird es gut gehen, wenn Sie die Ausgaben für sie senken (selbst die Sparraten für die Collegeausbildung!) und stattdessen die Zeit, die Sie als zwei gleichberechtigte und glückliche Eltern mit ihnen verbringen, aufstocken. Ihr Geld für sich arbeiten lassen bedeutet, das Geld einzusetzen, das Sie haben, um das Leben zu erschaffen, das Sie lieben. Nutzen Sie es also klug.

9

Gesellschaft

MUT ZUR VERÄNDERUNG/ BEWUSSTE WAHRNEHMUNG

Carl liebte es, mit seinen Kindern in den Supermarkt zu gehen, als sie klein waren. Doch er hatte eine eherne Regel: Wenn du Daddy um irgendetwas *anbettelst*, dann bekommst du es nicht; aber wenn du *nicht* darum bettelst, kauft er dir eine Kleinigkeit, kurz bevor du dich in die Schlange vor der Kasse einreihst. Ausgestattet mit dieser Regel, genossen er und seine beiden Töchter Rebecca und Allison jahrelang ihre Ausflüge durch die Gänge. Doch vor allem eine Tour ist Carl in Erinnerung geblieben. Rebecca war damals ungefähr sechs Jahre alt – sie hatte gerade zu lesen begonnen und nahm plötzlich rings um sich her Wörter wahr. Als sie ihren gewohnten Supermarkt betraten, entdeckte sie etwas, das genau zu ihrer Körpergröße passte – eine Gruppe neuer Mini-Einkaufswagen, die unmittelbar neben dem Wagen für Erwachsene standen, alles unter einem großen Schild mit der Aufschrift MAMAS KLEINE HELFER. Rebecca schnappte sich einen Einkaufswagen und marschierte vor ihrem Vater und ihrer Schwester zur Kasse. »Papa kauft auch ein«, erklärte sie geduldig. Als Carl mit seinen Töchtern das nächste Mal den Supermarkt betrat, hatte man die Aufschrift in KLEINE HELFER FÜR ELTERN abgewandelt.

Rings um uns herum fördert die Gesellschaft Erwartungen, und ahnungslose (und, wie wir gern glauben, arglose) Menschen, Unternehmen und Organisationen richten sich danach. Gesellschaftliche Erwartungen erwachsen aus der Art und Weise, wie unser Geschlecht, unser Alter, Beruf, Gesundheitszustand, unsere Nachbarschaft, größere Gemeinde, ethnische und religiöse Zugehörigkeit, sozioökonomische Schicht, sexuelle Präferenz und familiäre Herkunft von uns selbst und anderen betrachtet werden. Manche Erwartungen ergeben ganz allgemein Sinn – zum Beispiel die Annahme, dass Menschen mit Diabetes darauf achten sollten, was sie essen –, doch viele sind auch völlig unangebracht. Vor allem Familien kommen in so vielfältigen Formen und Größen daher, dass es zu allem Möglichen führen kann, wenn man sie über einen Kamm schert – von leichter Belustigung über Enttäuschung bis hin zum Schaden für diejenigen, die anders sind als die »Norm«.

Das besonders Ärgerliche an gesellschaftlichen Erwartungen ist, dass sie oftmals als bleibende Wahrheiten missverstanden werden. So sind beispielsweise Geschlechterrollen Thema ungezählter Bücher, Forschungsartikel und

Vorlesungen zu Frauenstudien, dennoch fällen wir alle jeden Tag gedankenlos Urteile darüber, was »typisch Mann« oder »typisch Frau« ist. Aber wer hat eigentlich gesagt, dass Männer niemals Röcke tragen sollten, und warum sind sie nicht frei, sich anders zu entscheiden? Warum haben wir in einer Zeit, in der Männer durchaus Glatze tragen dürfen, in unserem Denken nur dann Raum für glatzköpfige Frauen, wenn sie an Krebs erkrankt sind? Wie viele von uns würden annehmen, dass, wenn sie nur den Namen des Vaters auf der schulischen Kontaktliste unserer Kinder lesen, die Mutter des armen Kindes von irgendeiner schrecklichen Krankheit befallen ist? Das Problem liegt nicht darin, dass ein Männerkörper keine Röcke tragen kann, ein Rasierapparat die Haut einer Frau verletzt oder Männer in den Schulen ihrer Kinder nicht als der Verbindungselternteil fungieren können. Sondern dass wir nach sozialen Regeln handeln, die scheinbar so mächtig sind wie physikalische Gesetze.

Im Kleinen wie im sehr Großen bedeutet die Entscheidung für ein Leben des gemeinsamen Elternseins, dass wir viele gesellschaftlichen Erwartungen und Annahmen enttäuschen müssen. Das partnerschaftliche Eltersein ist noch immer weitgehend unsichtbar in der Gesellschaft. Normalerweise leben wir nicht da draußen, um Aufmerksamkeit auf unsere Unterschiede zu lenken oder wie verrückt Röcke in Herrengrößen zu nähen, doch ungeachtet unseres Alters, unserer ethnischen Zugehörigkeit oder sozialen Gruppe ragen wir höchstwahrscheinlich ein wenig heraus, sobald andere Eltern, Kollegen oder selbst unsere Geschwister und Eltern erfahren, wie es in unseren Familien Tag für Tag zugeht.

Einem Paar, das sich vage wünscht, in die Richtung egalitärer Rollenverteilung zu gehen, kann es schwierig vorkommen, soziale Normen zu überwinden. Und mitunter ist es das wirklich. Aber die gute Nachricht lautet: Für etablierte ESP-Paare sind soziale Barrieren mitunter ein schlichtes Ärgernis, dann wieder ein Grund zum Lachen, vielleicht die Gelegenheit zur Fürsprache, ein zu lösendes Rätsel oder schlimmstenfalls ein Rückschlag, den es anzugehen gilt. Einkaufswagen, deren Beschriftung sich an die Mehrzahl der Eltern wendet, die in einem bestimmten Supermarkt einkaufen, stellen wohl kaum ein Affront gegen die Realität des partnerschaftlichen Elternseins dar; wir wissen, dass ESP-Paare, die entschlossen sind, ihr Leben auf Gleichheit und Ausgewogenheit auszurichten, sich nicht durch eine Aufschrift aufhalten lassen, die ihren Grundüberzeugungen zuwiderläuft. Doch wenn die kleine Aufschrift für die Haltung der ganzen Gesellschaft steht, die sagt, dass ausschließlich Frauen die Einkäufe erledigen, verwandelt sie sich in ein unaufdringliches, aber machtvolles Abschreckungsmittel, ein Familiengefüge zu errichten, das zum gleichberechtigten Zugang zum Supermarkt ermutigt.

Soziale Barrieren, die dem partnerschaftlichen Elternsein entgegenstehen, sind also, ebenso wie die finanziellen Barrieren, die wir im vorhergehenden Kapitel erörtert haben, eine Art Fata Morgana. Sie scheinen real und können, wenn sie für bare Münze genommen werden, Ihr Streben nach einer gleichberechtigten Partnerschaft unterminieren. Doch wenn Sie bereit sind, diese Hemmnisse anzugehen, können Sie sie zum Verschwinden bringen. Vor allem neigen soziale Barrieren dazu, sich bei unachtsamen Paaren einzuschleichen und langsam ihre Pläne für eine ausgewogenere Arbeitsteilung auszuhöhlen. Deshalb haben wir uns diese Erörterung bis zum Schluss aufgehoben, als letzten Schritt, der am besten erst dann getan wird, *nachdem* Sie verstanden haben, wie gemeinsames Elternsein im Rahmen *Ihrer* Familie wirklich funktioniert.

In diesem Kapitel wollen wir einige der Arten untersuchen, mit denen die Gesellschaft uns dieses Leben, das wir so sehr schätzen, zu erschweren sucht. Sie wissen bereits, dass zum Bekenntnis zum partnerschaftlichen Elternsein die Bereitschaft und der Mut gehören, kulturelle Fallen zu umgehen, und deshalb konzentrieren wir uns hier darauf, Ihnen konkrete Handlungsschritte vorzustellen, wie sie dies tun können. Am Anfang steht die Wahrnehmung, dass unsere Gesellschaft auf die traditionelle Mutterschaft ausgerichtet ist, anschließend befassen wir uns mit der Vaterschaft; dabei zeigen wir Ihnen, wie Sie in solch einer Welt harmonisch leben und gleichzeitig an Gleichberechtigung und Ausgewogenheit festhalten können.

Der Mama-Club

Den meisten von uns gefällt das Gefühl der Erdung, das die Zugehörigkeit zu einer Gruppe mit sich bringt. Die Mitgliedschaft in einer exklusiven Gruppe kann in uns das Gefühl wecken, »angekommen« zu sein, und uns die Möglichkeit geben, dass wir uns mit anderen aufgrund gleicher Herausforderungen verbünden – worauf diese plötzlich bewältigbar oder einfach normal erscheinen. Wir sind nicht mehr allein, wenn wir uns mit Gleichgesinnten verbinden. Dies ist der Fall, wenn eine Frau ein Kind zur

Welt bringt (oder adoptiert) und in die Welt der größten exklusiven Vereinigung überhaupt eintritt – die wir Mama-Club nennen.

So wie jede Gruppe von Gleichgesinnten verfolgt auch der Mama-Club hoch gesteckte Ziele – zum Beispiel anderen Frauen bei der Bewältigung der zahlreichen Schwierigkeiten während der Mutterschaft zu helfen –, doch ist er auch für viele der kulturellen Barrieren gegen ESP verantwortlich. Mütter verbinden sich mit anderen Müttern auf vielerlei Weise, sowohl formell in neuen Müttergruppen und Mama & Ich-Kursen, als auch informell, in Gesprächen in der Schule, wenn sie ihre Kinder abholen, bei Spielenachmittagen der Kinder oder in der öffentlichen Bücherei. In den Gesprächen von Mutter zu Mutter kommunizieren diese Frauen oft unbewusst (mitunter auch ganz offen), so als seien sie *der* Elternteil im Leben ihrer Kinder – die Mutter, die es richtig kann, die alle Entscheidungen trifft, die versteht, warum das Baby schreit, die sich an den schweren Tagen die Haare rauft und sich mit den unzulänglichen elterlichen Fähigkeiten ihres Partners herumschlägt.

Anstatt sich in den kuscheligen Kokon des Mama-Clubs einzuhüllen, müssen ESP-Mütter lernen, sich in gleichem Maße mit den Eltern beiderlei Geschlechts zusammenzutun. Ja, wir bleiben Mütter, und unsere Ehemänner bleiben Väter (auch wenn Soziologen den Ausdruck »Bemuttern« mitunter auf beide Elternteile beziehen), und wir genießen es auch, mit anderen Müttern zusammenzukommen, genauso wie jede traditionell lebende Mutter. Aber wir haben die klare Aufgabe, das Cliquenartige der Mutterschaft zu umgehen. Außer wenn wir uns auf echte biologische Unterschiede wie zum Beispiel Schwangerschaft, Geburt und Stillen beziehen, müssen wir lernen, im alltäglichen Sprachgebrauch das Wort »Mutter« durch den Begriff »Elternteil« zu ersetzen.

Wo taucht »Mutter« auf und beschädigt das partnerschaftliche Elternsein? Überall! Mutterzentrierte Vorurteile kommen im ganz normalen Alltag in Gestalt von körperlichen, geistigen und Einstellungs-Barrieren gegenüber der Kindererziehung und Hausarbeit durch den Mann daher. Und diese Hemmnisse zu überwinden erfordert von ESP-Paaren drei Arten zusätzlicher Arbeit:

1. *Informationen* zurück an die Väter *übermitteln*,
2. *sich über das Urteil der anderen erheben und*
3. *der Versuchung widerstehen, zu Rollenklischees beizutragen.*

Betrachten wir nun einmal genauer jede dieser Taktiken.

Väter informiert halten

Von Pflegekräften und Eltern über Berater und Therapeuten bis hin zum Lehrer-Eltern-Ausschuss nehmen Außenstehende überwiegend mit den Müttern Kontakt auf. Der Kinderarzt spricht bei Visiten, bei denen Sie beide zugegen sind, möglicherweise nur mit Ihnen, oder, schlimmer noch, beugt sich bis auf Augenhöhe zu Ihrem Kleinen hinunter und sagte etwas wie: »Nun sagst du Mami, dass du die Medizin zweimal täglich einnehmen musst, ja?«, obwohl nur der Vater bei der Visite anwesend ist. Es kann nur die Mama sein, die den Termin zum Spielen festsetzt, selbst wenn Papa ans Telefon geht. Oder die Mama wird – wieder – gebeten, den Kuchenverkauf in der Schule zu organisieren, die Plakate für die Fußballmannschaft herzustellen oder die Snacks mitzubringen, wohingegen Papa zweimal anrufen muss, damit er mithelfen darf. Und dann gibt es da noch die Mutter der besten Freundin Ihres Kindes, die sich ausschließlich an Mama wendet, um sie in einem Eiltelefonat über die Anmeldefrist für dieses immer stark ausgebuchte Sommerlager in Kenntnis zu setzen.

In den Schulen unserer Kinder werden Mütter auf die E-Mail-Listen gesetzt und benachrichtigt, wenn ihre Kinder zu spät kommen oder der Unterricht wegen schlechten Wetters später beginnt. Selbst wenn beide Eltern ihre Kontaktinformationen angeben oder wenn der Vater von zu Hause aus arbeitet und der Arbeitsplatz der Mutter eine Fahrstunde entfernt liegt, sind Mütter viel häufiger als Väter Teil der Informationskette. Und deswegen fällt es Müttern auch leichter als Vätern, über die Termine und Lernfortschritte ihrer Kinder »auf dem Laufenden« zu bleiben – und über all die kleinen Regeln, Bestimmungen und Termine der Schule, die es möglich machen, auf hilfreiche und sinnvolle Weise teilzuhaben.

Unternehmen, die Waren und Dienstleistungen für Kinder verkaufen, vertreiben ihre Produkte an Mütter, Elternzeitschriften könnte man wegen des Mangels an Inhalt, der sich an Väter wendet, in »Mama«-Zeitschriften umbenennen, und Haushaltsreinigungsmittel und Haushaltsdienste werden mit der gleichen Werbephilosophie verkauft. Ohne großen Aufwand und mitunter auch ohne ihre Zustimmung werden ESP-Mütter mit Informationen überschüttet; ESP-Väter hingegen müssen diese oft erst ausfindig machen. Die Maßnahmen der Unternehmen ergeben Sinn; Firmen wollen schließlich ihre primäre Käuferschicht ansprechen – Mütter (oder Frauen im Allgemeinen). Und wenn traditionelle Mütter – und die Betreuungspersonen, die es gewohnt sind, mit ihnen zu sprechen – uns mit ihnen verwechseln, dann können wir es ihnen nicht verdenken. Wie sollten sie es besser wissen? Es hat daher kaum Sinn, die Vermarkter, ja nicht einmal die Schulen, Ärzte oder anderen Eltern ernsthaft aufzufordern, Väter und Mütter in gleichem Umfang anzusprechen.

Als ESP-Mütter und -Väter können wir jedoch einfache Schritte unternehmen, die uns davor schützen, dass unsere eigenen Beziehungen durch die »Mütter«-Informationsautobahn in Schieflage geraten. Und schützen müssen wir uns. Denn je mehr Mütter die Details für die Mittagessen-Abläufe der Schule oder die Termine für die Schutzimpfung beim Kinderarzt erhalten, desto mehr Mütter haben die Entscheidungsfindung für derlei Dinge am Hals. »Soll ich für morgen ein Lunchpaket machen, oder gibt es Pizza?« »Für wann muss ich den nächsten Arzttermin vereinbaren?« »Wann, hat der Lehrer gesagt, müssen wir die Antragsformulare für die Klassenfahrt einreichen?« Wenn »Mama« automatisch alle Details erhält oder ganz mühelos darauf stößt, kann ein Paar durchaus dazu verleitet werden, sie als Hauptquelle für alle Informationen aus der Familie zu benennen. Dann kann es passieren, dass selbst engagierte ESP-Väter sich bei der Haus- und Familienarbeit allmählich und ohne Vorsatz fügen und ihre bestens informierten Partnerinnen schrittweise die Führung übernehmen.

Manchmal bekämpfen ESP-Paare das System, indem sie E-Mail-Listen so korrigieren, dass beide Eltern darauf stehen, oder indem sie höflich das Telefon an Papa zurückgeben, damit er die Einzelheiten einer Spielverabredung bespricht, die in seine Schicht fällt. Mitunter bauen diese Paare auch selbst entwickelte Schutzmaßnahmen ein, beispielsweise indem sie dafür sorgen, dass alle Unterlagen, die von der Schule nach Hause gelangen, an einen im Voraus festgelegten Ort gelegt und von beiden Eltern durchgesehen werden. Oder Mama gibt die Informationen einfach an »Papa« weiter – achtet dabei jedoch darauf, nicht auf ihr eigenes Wissen zu pochen und die Information nicht an sich zu reißen; zum Beispiel leitet sie eine E-Mail, die er vielleicht benötigt, einfach weiter, ohne dass sie ihn instruiert, welche Details wichtig sind und warum. Und schließlich könnte eine ESP-Mama nachgeben und die Verantwortung für einige der Aufgaben beibehalten, die das Leben ihr ohnehin zuweist, solange die Arbeitsbelastung durch Kindererziehung und Hausarbeit insgesamt weiterhin gleich verteilt wird.

Auch Väter können das Informationsproblem proaktiv angehen. Wenn sie feststellen, dass ihnen wichtige Schlüsselinformationen vorenthalten werden, müssen ESP-Väter, die sich in das Mütter-Territorium vorwagen, oftmals die Verantwortung übernehmen nachzufragen, und die Last der zusätzlichen Arbeit tragen, die mit dieser Verantwortung einhergeht. Häufig kann bereits die einfache Frage: »Gibt es da etwas, was ich wissen muss?« Sie auf den neuesten Stand bringen, wenn Sie sich bereit erklärt haben, die Valentin-Törtchen für die Klasse zu liefern. Dann, und nur dann, wird Ihnen möglicherweise mitgeteilt, dass zwei Kinder allergisch auf Weizen reagieren, eines auf Erdnüsse und eines keine Milcherzeugnisse verträgt – und wie die Eltern, die bisher die Törtchen gebacken haben, damit umgegangen sind (höchstwahrscheinlich wurden diese Fakten über den »Nur für Mütter«-Törtchen-Kanal kommuniziert). Lesen Sie also alle nützlichen Informationen, die Sie in die Hände bekommen können, und erfragen Sie den Rest von der Schule, vom Kinderarzt, von Ihrem Partner, Ihren Kindern!

Sich über das Urteil der anderen erheben

Wir sind uns zweifellos alle bewusst, dass in unserer Gesellschaft die Aufgaben der Hausarbeit und der Kindererziehung zum großen Teil als Visitenkarten der Mütter gelten. Ist das Zuhause unordentlich, schmutzig oder unsicher, fühlt sich die Mutter der – eingebildeten oder tatsächlichen – Missbilligung all jener ausgesetzt, die diese Unzulänglichkeiten bemerken. Wenn die Kinder Kleidung tragen, die nicht ordentlich sitzt, oder sich weigern, im Winter den Mantel anzuziehen, können wir uns wohl alle gut vorstellen, dass Mutter als Erste die Schuld bekommt (und selbst wenn die Angelegenheit während Papas Aufsicht bemerkt wird, wird möglicherweise »Mama« kritisiert, weil sie die Aufgabe unpassenderweise an ihren Ehemann delegiert hat). Natürlich wissen wir auch, dass wir als ESP-Eltern diese Urteile ignorieren, ja, uns über sie erheben, sie beiseitewischen und mit unserer fairen Aufgabenteilung fortfahren sollten.

Doch wie können wir die Wucht der gesellschaftlichen Kritik, die wir ertragen müssen, abmildern? Und noch wichtiger: Wie können wir unsere Beziehungen davor schützen, dass sich in ihnen, einfach als Vermeidungsmechanismus, Ungleichheit breitmacht? Kein Elternteil ist ein Heiliger. Wenn sie genug Zeit hat, entweder den Rasen zu mähen oder die Kinder zu baden, wird sich wohl auch die engagierteste ESP-Mutter dafür entscheiden, das Badewasser einlaufen zu lassen; der ungemähte Rasen wird eher auf den Vater zurückfallen als auf sie, doch müffelnde, schmuddelige Kinder … Desgleichen könnte ein ESP-Vater versucht sein, den Rasenmäher aus der Garage zu holen und das Baden der Kinder auf den morgigen Tag zu verschieben. Mit der Zeit kann dieses verständliche Verhalten eine ansonsten gleichberechtigte Beziehung in eine Schieflage bringen, so dass das Paar in traditionelle Rollen zurückfällt, selbst wenn es das nicht will. Es spricht nichts dagegen, das Rasenmähen den Männern und das Baden den Frauen zuzuweisen, problematisch wird es aber dann, wenn wir sozialen Druck – nicht unsere eigenen Präferenzen – diese Zuweisung vornehmen lassen.

Im Kampf gegen die Auswirkungen des gesellschaftlichen Urteilens finden es ESP-Paare hilfreich, sich bewusst zu machen, wann dies geschehen könnte. Wenn Sie, zum Beispiel, wissen, dass Sie eine Aufgabe übernehmen, die traditionellerweise dem anderen Geschlecht zugewiesen wird, könnten Sie dieser Aufgabe mit besonderer Sorgfalt nachkommen. Wenn sich ein ESP-Vater, beispielsweise, bereit erklärt, den Truthahn zum Thanksgiving-Dinner mit den Schwiegereltern zu braten, sollte er sich darüber im Klaren sein, dass die Erwartungen ein wenig höher sein könnten als bei der Übernahme der Aufgabe, am nächsten Donnerstag die Lunchpakete mit Sandwiches für die Kinder zusammenzustellen. ESP-Paare können zudem einem großen Teil der gesellschaftlichen Blicke ausweichen, indem sie sich einfach zurückziehen, so wie eine Mutter, die »an Tagen, an denen meine Schwiegermutter zu Besuch kommt«, passenderweise nicht da ist, »damit ich mir nicht die Vorwürfe wegen des Zustands des Hauses oder der Sachen, die die Kinder anhaben, anhören muss«.

Natürlich sollte keine ESP-Familie ihr Leben danach ausrichten, wie andere möglicherweise über sie urteilen. Die ESP-Mutter Helena rät, einfach »einzuüben, gegen die gesellschaftlichen Erwartungen anzugehen, und zu lernen, uns weniger um Dinge zu kümmern, die nicht wirklich wichtig sind«. Die ESP-Mutter Mary Ellen, deren Ehemann Halloween-Kostüme selber schneidert und alljährlich die Geburtstagspartys für ihre vier Kinder organisiert, rät Müttern, sich zu freuen, wenn der Mann bestimmte Aufgaben übernimmt, von denen die Gesellschaft behauptet, sie zeichneten eine gute Mutter aus. Selbst ein misslungener Thanksgiving-Truthahn oder ein unordentliches Zuhause kann Anlass für eine lustige Anekdote bieten und dazu beitragen, sich mit anderen darüber auszutauschen, wie die eigene Familie tickt. Tatsächlich mühen sich die ESP-Paare meistens ab, ihr Unbehagen abzulegen, bis es ihnen schließlich zur zweiten Natur wird, gesellschaftliche Urteile zu ignorieren.

Es gibt jedoch eine wichtige Einschränkung. Sich über das Urteil anderer zu erheben sollte nicht damit verwechselt werden, dass man sich mit dem unakzeptablen Ergebnis einer Aufgabenerledigung im Hause oder bei der Kindererziehung zufriedengibt. Wenn es Ihnen wirklich wichtig ist, wie der Truthahn gebraten wird oder was die Kinder zur Hochzeit ihres Cousins tragen, dann haben Sie ein Recht (und die Verantwortung), den Mund aufzumachen, wenn Ihr Partner die Grenze überschreitet. Ausschlaggebend ist hier, zu verstehen, ob Ihre Ängste aus einem gesellschaftlich bedingten Unbehagen resultieren oder weil sie wirklich Freude daran haben, etwas nach einem anderen Standard zu tun.

Wichtig ist auch, wie Sie das Thema ansprechen; wenn Sie es angehen, indem Sie Ihr gewünschtes Ergebnis beschreiben, und einen annehmbaren Standard mit Ihrem Partner aushandeln, klappt das sehr viel besser, als wenn

ARBEITSTEILUNG UNTER DEN BLICKEN DER ANDEREN: EINE BOTSCHAFT VON AMY

Gesellschaftlichen Erwartungen auszuweichen kann eine besonders unangenehme und zudem öffentliche Lektion im Loslassen darstellen. So wie viele Frauen neige ich beispielsweise dazu, das Menü zusammenzustellen, die Lebensmittel einzukaufen, zu kochen und ganz allgemein einen Abend zu planen, wenn wir Gäste erwarten. Und Marc hilft dabei, so wie die meisten Männer, unter meiner Anleitung. Doch eines Tages sprachen wir darüber, dass uns dies zu traditionell erscheint, und nahmen uns vor, wenn wir beim nächsten Mal einen Freund zum Abendessen einladen, die Arbeitsteilung umzukehren. Resultat: Reste vom Vortag. Nicht Reste im Sinne von einer fast vollen Auflaufform mit selbstgemachter Lasagne. Sondern Reste im Sinne von: »Ich mache den Kühlschrank leer und serviere, was wir haben.« Die einen aßen dann den gebackenen Kürbis vom Vorabend, während die anderen die übriggebliebene Pasta verputzten. Dessert bestand aus dem Rest der Kekse aus dem Supermarkt.

Also wirklich – das ist *nicht* meine Art. Ich gebe sofort zu, dass ich zusammenzuckte, als ich von Marcs Plänen erfuhr. Aber mir war klar, dass Marc nicht aus bösem Willen Reste serviert hatte oder um mir eine »Lektion« zu erteilen. Er hat sich so entschieden, weil dies die Art ist, wie er ein Menü für

Sie dem Partner vorwerfen, er sei in sozialen Belangen ein Analphabet.

Stereotypen widerstehen

Die Gesellschaft ist voller Bilder von tollpatschigen Vätern, wie sie in Situationskomödien und Kinofilmen präsentiert werden – Männern, die man keinesfalls mit einem

einen Gast zusammenstellen würde, wenn er Junggeselle wäre.

Durch diesen Abend habe ich gelernt, dass es auch einen Raum für Marcs Art gibt und dass es *meine* Aufgabe ist – meine ESP-Last, wenn man so will –, mein gesellschaftlich bedingtes Unbehagen zu überwinden. In Marcs Welt bedeutet, einem guten Freund (wie es dieser Gast war) Reste zu servieren, das Gleiche, wie zu sagen: »Du gehörst zur Familie.« Für ihn ist das eine Ehre. Im Endeffekt, als ich das Gefühl abschütteln konnte, dass ich kritisiert werden würde oder dass meine Art den *einzig möglichen* Weg darstellt, einen Gast gut zu behandeln, stellte ich fest, dass ich mich entspannte, die Gesellschaft unseres Freundes genießen und Marc das Lob (oder die Schuld) für die Details überlassen konnte.

Es erfordert zwei Personen, damit eine ausgewogenere Aufgabenteilung funktioniert, wobei die sozialen Barrieren häufig subtil sind. In diesem Beispiel hätten wir ziemlich problemlos für immer mit unserer gewohnten ungleichen Arbeitsteilung weitermachen können; doch sich Herausforderungen wie dieser zu stellen bestätigt aufs Neue, dass das partnerschaftliche Elternsein uns mehr bedeutet als das Urteil (das wirkliche oder wahrgenommene) der anderen. Auch Marc lernte – wie schwach auch immer – die Ängste eines Gastgebers kennen, und ich erfuhr ein wenig darüber, wie es ist, die Helferrolle einzunehmen.

Baby allein zu Hause lassen darf und die keinen blassen Schimmer haben, wie sie mit einem Staubsauger umgehen sollen. Und Szenen von hohlköpfigen Frauen, die unfähig sind, einen Nagel in die Wand zu schlagen oder eine Steuerrückzahlung zu verstehen. Das sind offenkundig Klischees – die vermutlich immer noch bestehen, aber sicherlich nicht in den meisten Familien. Doch ein weni-

DEN MUND HALTEN

»Es ist ein schönes Gefühl, mit jemandem über das alles sprechen zu können! Aber wir können im Alltag einfach nicht so reden. Wir würden allzu moralisierend klingen, zu rechthaberisch. Wir würden merkwürdig erscheinen.« Dies sagen Melissa und Richard, als wir sie bitten, uns von ihrem Leben zu erzählen. Ähnliche Sätze haben wir von nicht wenigen anderen ESP-Paaren gehört, die wir kennenlernten. »Mein Mutterschaftsurlaub war eine traumhafte Zeit; meine Freundinnen beklagten sich bitterlich über ihren.« »Immer wenn ich mich mit meinen Freundinnen treffe, geht es als Erstes darum, wie schwer es ihnen fällt, aus dem Haus zu gehen und die Kinder mit ihrem Mann allein zu lassen.« »Wenn wir anderen erzählen, wie viel Zeit wir zusammen verbringen, finden wir selbst, dass es sich ein bisschen so anhört, wie wenn Leute erzählen, wie viel Geld sie haben – es ist ein Segen, den wir in die Welt hinausrufen möchten, aber es kommt uns auch vor wie Prahlerei.« Solche und ähnliche Sätze hören wir immer wieder.

Das partnerschaftliche Elternsein ist durch viele Merkmale gekennzeichnet, die unserer Gesellschaft zuwiderlaufen – berufstätige Männer, die sich an der Kindererziehung beteiligen, Männer, die sich mit Gusto um das Zuhause kümmern, obwohl sie wegen ihres Geschlechts von dieser Aufgabe befreit sein könnten, Frauen, sich nicht daran festklam-

ger offensichtliches Stereotypisieren vollzieht sich ständig in Gesprächen und den Erwartungen der Gesellschaft an das Handeln von Männern und Frauen. Diese Klischees enthalten ein Körnchen Wahrheit, weil sie auf viele traditionelle Paare nach wie vor zutreffen; auf ESP-Familien treffen sie dagegen einfach nicht mehr zu, und zu verstehen, inwiefern diese Stereotype für unsere Gleichheit

mern, dass sie den Haushalt und die Kindererziehung mit lockerer Hand managen. Fügt man noch die Antikonsumhaltung vieler ESP-Familien und ihre Neudefinition von Erfolg in Richtung Ausgewogenheit statt dem Besitz weltlicher Güter hinzu, so ergibt dies ein explosives Gemisch – eine Einstellung, die vielen Menschen als »päpstlicher als der Papst« erscheint.

Zwar hoffen ESP-Eltern, dass jedes Paar sein Leben so einrichten kann, dass beide Partner zufrieden sind, und sie behaupten auch nicht, die definitive Glücksformel gefunden zu haben. Dennoch betrachten die meisten es als gewisses Risiko, anderen von ihrer abweichenden Einstellung zu erzählen. Möglicherweise fühlen Sie sich ähnlich bei der Bewältigung Ihres Alltags, aber wir hegen die Hoffnung, dass dieses Gefühl der Isolierung allmählich verschwindet. In den drei Jahren, seit wir begonnen haben, uns vernehmlich über das partnerschaftliche Elternsein zu äußern, haben wir festgestellt, dass es zunehmend normal wurde, darüber zu reden. Wenn Sie den Eindruck haben, es droht keine Gefahr, empfehlen wir Ihnen, nicht den Mund zu halten. Wenn Sie anderen von den guten und den schwierigen Seiten Ihres partnerschaftlichen Lebens erzählen, finden Sie möglicherweise Unterstützung und Anschluss – und können anderen vielleicht dabei helfen, dass sie ihre eigenen Träume verwirklichen, und das an ganz überraschenden Orten.

schädlich sein können, ist ein wichtiger Schritt, um sie loszulassen.

Nehmen Sie zum Beispiel diese kitschigen Kettenbriefe, die in den E-Mail-Posteingangsordnern der meisten Frauen kursieren. Wenn Sie Mutter sind, wissen Sie vermutlich sofort, wovon wir sprechen – von diesen Oden an die Mutterschaft, die wohlmeinende Freundinnen verschicken, um zu zeigen, wie hart Mütter arbeiten und wie wenig unsere Ehemänner von unseren Opfern wissen. Alle Mütter, so suggerieren die Briefe, sind Säulen der Kraft und Klugheit, weil sie ihren Kindern jeden Wunsch von den Lippen ablesen, während ihre Ehemänner weiter in seliger Ahnungslosigkeit verharren und nicht wissen, dass ihre Kinder überhaupt Bedürfnisse haben. Mütter haben alles im Griff, Väter lassen alles laufen! Ein Riesenlob an alle Mütter – diese Fabelwesen, diese Märtyrerseelen –, die alles allein machen *und* sich mit ihren unfähigen Ehemännern abquälen müssen. Am Ende einer solchen E-Mail werden wir dann dazu ermutigt, sie an alle unsere Freundinnen weiterzuleiten, damit wir ihnen ihren Alltag aufheitern können, so wie auch unser Alltag dadurch bereichert wurde.

Wir bezweifeln, dass irgendjemand diese Gelegenheit auslässt, sich, aktiv oder passiv, an solch einer kleinen Partner-Beschimpfung zu beteiligen – ob diese nun verdient ist oder nicht.

Wir wollen keineswegs die Schwierigkeiten von Elternteilen kleinreden, die die Last allein tragen müssen, weil sie keinen kompetenten Partner an der Seite haben (das Leben ist manchmal weiß Gott für jeden von uns schwer), doch ESP-Eltern müssen ganz besonders darauf achten, dem vorherrschenden sozialen Anpassungsdruck nicht nachzugeben. So könnten Mütter diese Märtyrer-E-Mails, wie gewünscht, weiterleiten. Sie könnten ins Lachen der Sitcoms einstimmen oder der McDonald's-Werbung Glauben schenken, in der die Produkte als die naheliegende Antwort auf das Abendessen an einem der seltenen Tage gezeigt werden, an denen Papa kochen soll. Väter könnten versucht sein, in das Lachen des Kollegen einzustimmen, der seine Frau ständig »Klotz am Bein« und seine Kinder nur »Blagen« nennt. Was macht das schon? ESP-Eltern sind der Auffassung, dass diese Art von Humor am Ziel vorbeischießt – er ist einfach weder interessant noch witzig. Und auch wenn wir nicht gleich vor Empörung aufspringen und den Raum verlassen oder eine Gardinenpredigt halten, wenn die »Dummer-Ehemann«- oder »Törichte-Ehefrau«-Witze erzählt werden, verstehen wir doch tief im Inneren, dass Mitmachen bedeutete, an den Wurzeln dessen zu knabbern, was wir sorgsam aufgebaut haben.

Der Papa-Pass

Als Doreas Ehefrau Angela ihre Tochter zur Welt brachte, war Dorea entschlossen, als vollwertiges Co-Elternteil zu fungieren – als Mutter mit den gleichen Rechten, die die Gesellschaft ihrer Partnerin zusprach. So ging Dorea zum Beispiel zur örtlichen Müttergruppe und setzte sich zwischen die biologischen jungen Mütter, die sich über ihre ständige Müdigkeit unterhielten. Dabei hörte sie interessiert und einfühlsam zu, vernahm aber etwas ziemlich Beunruhigendes. Denn mehr als eine dieser Mütter hatte ihren Mann von einem großen Teil der Routinearbeit der Kinderbetreuung befreit – zum Beispiel von jeder Mitarbeit an den nächtlichen Aufgaben –, und zwar mit der Begründung, dass er studiere. Studenten und insbesondere Doktoranden, so schienen diese Mütter zu glauben, brauchten ganz besonders viel Schlaf und freie Zeit.

Dorea lauschte den Ausführungen der Mütter – und stellte sie infrage. »Ich studiere auch«, erklärte sie. Dann erläuterte sie, dass ihr Studium, anstatt die ausgewogene Aufteilung der Arbeitsbelastung zu behindern, der Grund sei, weshalb sie als Co-Elternteil zur Verfügung stand. »Es ist schon erstaunlich, dass für diese Familien der Mythos vom männlichen Studenten nahezu unantastbar war«, äußerte sie später uns gegenüber. »Wären diese Familien auch ganz automatisch davon ausgegangen, dass der Mann entlastet werden muss, wenn die Mütter studiert hätten?«

Auch dann, wenn wir den Vätern guten Willen unterstellen – annehmen, dass nicht *sie* sich dem Windelwechseln vehement widersetzen –, lässt sich erkennen, dass beide Eltern möglicherweise die kulturelle Erwartung verinnerlicht haben, nach der die Mutter derjenige Elternteil ist, der die Hauptlast des Schlafentzugs und der Baby-Aufgaben zu tragen habe. Selbst die »neuen« Väter, die sich ins Elternsein »voll einbringen«, könnten leicht auf den Gedanken verfallen, dass sie an anderer Stelle mehr gebraucht werden – seien sie Studenten, Doktoranden, Assistenzärzte, Programmierer oder Angestellte in irgendeinem anderen Beruf, der einen ausgeschlafenen Menschen verlangt. Wenn diese Idee aus der Familie selbst heraus entsteht, verweisen wir Sie zurück auf Kapitel 4, um sie zu widerlegen. Doch wenn der Gedanke von außen einsickert –

daraus, wie unsere Kultur Vätern mitteilt, sie besäßen einen Freifahrtschein aus der »realen« Elternschaft heraus –, dann sollten wir lieber lernen, ihn an dieser Stelle zurückzuweisen.

Wir haben der Akzeptanz in unserer Gesellschaft, dass sich ein Vater aus der ausgewogenen Teilhabe an der Kindererziehung und häuslichen Arbeit ausklinkt, einen Namen gegeben: der Papa-Pass. Auch wenn ein ESP-Vater nicht die Absicht – oder den Wunsch – hat, ihn zu benutzen, wird unsere Kultur ihm diesen hin und wieder vorlegen. Er wird ihm wie eine Karotte hingehalten werden, und wenn das Baby seit zwei Stunden schreit und das Geschirr sich in der Spüle stapelt, kann sie ziemlich verlockend sein. Er *und* seine Frau könnten zur Annahme verleitet werden – so wie die Familien, von denen Dorea sprach –, dass er vom Haken sei und seine Frau die größere Verantwortung trägt. So wie im Fall mütterzentrierter Vorurteile kann der Papa-Pass daher körperliche, geistige oder Einstellungs-Hemmnisse zur fairen Aufgabenverteilung und all der Reichtümer darstellen, die aus einem ausgewogenen Leben erwachsen. Betrachten wir nun die drei Wege, wie Männer und Frauen es vermeiden können, den Papa-Pass einzulösen:

1. *In die Kindererziehung Neuerungen einführen*, damit Väter bekommen, was sie brauchen,
2. *das Lob* von anderen *umleiten*,
3. und die *selbstgesteuerten Verhaltensweisen etablieren*, die das partnerschaftliche Elternsein stützen.

In die Kindererziehung Neuerungen einführen

Befragen Sie einen engagierten Vater zu den Abenteuern des Wickelns außerhalb der eigenen vier Wände, und Sie bekommen vermutlich eine lustige Geschichte zu hören. Zwar kann es für die Mutter schwierig genug sein, einen sauberen, sicheren Ort zu finden, wo sie ihr Baby windeln kann, doch ist es oft geradezu komisch, was Väter alles anstellen müssen, um in einer Herrentoilette eine Windel zu wechseln (abgesehen von einigen großartigen Ausnahmen). Die Welt ist – manchmal – so eingerichtet, dass sie den Müttern entgegenkommt, aber das Solo-Elternsein von Papa kann sich durchaus als Dauerübung in Innovations- und Erfindungsgabe erweisen.

ESP-Väter wurden von neu gegründeten Müttergruppen als Mitglieder abgelehnt und bewusst nicht zu Spielgruppen eingeladen. Sie wurden von anderen Eltern auf dem Spielplatz ignoriert. Elternratgeber (und Zeitschriften, wie wir erwähnten), werden für Frauen geschrieben, oft mit kümmerlichen Abschnitten für Väter, in denen es überwiegend darum geht, wie sie ihren Frauen assistieren können. Selbst bei gesellschaftlichen Anlässen, auf denen Väter willkommen sind, befinden sie sich meist noch immer in der Minderheit (abgesehen vom gelegentlichen Vater-Tochter-Tanz oder dem Vater-Sohn-Zeltausflug): Ein ESP-Vater entwickelt mit der Zeit die Erwartung, dass er, wenn er die Kinder zur Singstunde in den Buchladen mitnimmt, der einzige männliche Erwachsene dort ist. Vermutlich wird er anderen Männern begegnen, die hin und wieder mit ihren Kindern im Park spielen, doch die statistische Wahrscheinlichkeit, dass er sich mit ihnen anfreundet, ist weitaus niedriger als die, dass die durchschnittliche Mutter eine neue Freundin kennenlernt. Und dass sie dauerhafte Freundschaften mit anderen Müttern schmieden, dies dürfte für die meisten Männer eher nicht zutreffen.

Die meisten ESP-Väter (so wie Hausmänner) dürften deshalb versuchen, sich um diese Themen herumzudrücken, weil ihnen die Alternative nicht gefällt: zunehmend isoliert zu sein oder in der Zeit, die sie mit den Kindern verbringen, auf eine eher private Sphäre beschränkt zu sein, während ihre Frauen eine ganz und gar öffentliche, gesellschaftlich unterstützte Mutterschaft genießen. Indem unsere Gesellschaft es den Männern ein wenig erschwert, sich in der Öffentlichkeit um ihre Kinder zu kümmern und sich mit unterstützenden anderen zu umgeben, zeigt sie Vätern die Rote Karte. Anstatt sich damit abzufinden, werden ESP-Väter innovativ.

Jonathan ist ein ESP-Vater, der Wege gefunden hat, die mamifokussierte Welt des Elternseins zu umgehen. Liebevoll erinnert er sich, wie ihn die Schule seiner ältesten Tochter Emily freundlich aufnahm, als er sich bereit erklärte, ihre vierte Klasse in einem einführenden Computerkurs zu unterrichten. Weil sich der alte Lehrer im Umgang mit Computern nicht wohlfühlte, konnte Jonathan seine Verfügbarkeit und Bereitschaft in einen wöchentlichen Auftritt in der Schule umwandeln. Und Jahre zuvor, als er feststellte, dass er zur Spiele-Stunde in der Bücherei der einzige Mann war, tat er sich mit einigen anderen Männern zusammen – damals überwiegend Akademiker –, um sich darüber zu unterhalten, »wie man Vaterschaft anders regeln kann«. Am Ende traf sich die Gruppe 18 Jahre lang einmal im Monat!

Carl, der Vater der kleinen Rebecca, ging ähnlich vor, um in der Babysitting-Gruppe akzeptiert zu werden. Zunächst trat er einfach der Gruppe bei und erklärte sich bereit, bei diversen Aufgaben mitzuhelfen: Listen tippen, die Karten herstellen, die als Währung dienten, eine Kaffeestunde veranstalten, um ein neues Mitglied vorzustellen. Dann, als die Gruppenkoordinatorin fortzog, hob er die Hand und wurde zum neuen Gruppenleiter gewählt. »Es fiel mir leicht, die Leitung zu übernehmen, weil mich alle kannten und wussten, dass man sich auf mich verlassen kann«, sagt Carl. »Dass ich ein Mann war, war zu der Zeit nicht mehr so relevant.«

MÄNNER BEI DER ARBEIT

Zwar liegt das Hauptaugenmerk in diesem Kapitel auf den sozialen Barrieren, die gegen partnerschaftliche Kindererziehung und arbeitsteilige Tätigkeit zu Hause errichtet sind, doch sind wir uns alle bewusst, dass der Druck, der am *Arbeitsplatz* gegen ESP ausgeübt wird, genauso stark sein kann. Dieser Druck lastet besonders schwer auf Männern, die fürchten, der Lächerlichkeit preisgegeben zu werden oder sogar den Job zu verlieren, wenn sie Vaterschaftsurlaub nehmen oder einen Antrag auf reduzierte oder flexible Stundenzahl stellen, um zu Hause bei den Kindern sein zu können. Wie bereits an früherer Stelle erörtert, überwiegen für die meisten von uns die Chancen dieser Entscheidungen bei weitem die Risiken. Doch mitunter können sich die beruflichen Anforderungen an Männer in die Beziehung einschleichen – zum Beispiel, wenn ein ESP-Vater sein Vorhaben verheimlicht, wenn er früh den Arbeitsplatz verlässt, um sein krankes Kind aus der Vorschule abzuholen. Oder dann, wenn

Bruce, ein weiterer ESP-Dad, stieg in den Spielverabredungs-Kreis ein, indem er zunächst anbot, die Gastgeberrolle zu übernehmen – und sofort viele kleine Freunde einlud, um so den größten Eindruck zu machen. »Dann kennen sie mich und sind mir zu Dank verpflichtet«, sagt Bruce. Und tatsächlich ist er voll integriert in die Gruppe der Mütter.

Jonathan, Carl und Bruce und viele andere ESP-Väter befürworten, sich in Bereichen zu engagieren, in denen herkömmlicherweise ausschließlich Mütter die Erziehungsaufgaben übernehmen, indem sie schrittweise beweisen,

er diese Verantwortung häufig an die Ehefrau delegiert, und zwar nur deshalb, weil die Gesellschaft dieses Verhalten bei Frauen eher toleriert.

Es gibt keine bequeme Antwort auf diesen leider bestehenden sozialen Druck. Es ist sicherlich nicht fair, wenn wir vorschlagen, dass Sie angesichts echter Risiken, was den Arbeitsplatz betrifft, stets an Ihren ESP-Überzeugungen festhalten. Aber je öfter Sie das können, dann, wenn die Einsätze nicht ganz so hoch sind, desto leichter wird es Ihnen beim nächsten Mal fallen. Entschuldigen Sie sich nicht für Ihre Werte, und weichen Sie auch nicht davor zurück, diese mit Leben zu erfüllen, nur um eine veraltete Arbeitskultur zufriedenzustellen. Doch selbstverständlich sollen Sie auch nicht mit Ihrem ausgewogenen Leben prahlen, sondern nach Gelegenheiten Ausschau halten, es ganz unerschrocken als normal zu betrachten. Und seien Sie ein Rollenvorbild, wenn Sie es können – es ist ein tolles Gefühl, einem anderen Mann dabei zu helfen, dafür einzustehen, was er wirklich vom Leben haben möchte.

dass sie vertrauenswürdig, proaktiv und hilfsbereit sind, anstatt einen »Frontalangriff« zu starten. Aber manchmal muss ein Mann tun, was er tun muss. Wenn der einzige Wickelraum im Freizeitpark die Aufschrift »Mamas Haus«, trägt, wird es mit der Bank direkt davor auch klappen.

Lob umleiten

Der Anblick eines Mannes, der einen Kinderwagen schiebt, gilt zwar nicht mehr als eine Art Wunder, doch herrscht immer noch eine wohlbekannte Kluft zwischen der Art, wie Männer und Frauen von Fremden betrachtet werden, wenn sie in der Öffentlichkeit ein Kind betreuen. Bei Frauen wird die Kinderbetreuung als naturgegebene Pflicht und natürliches Vorrecht angesehen. Bei Männern wird sie oft als Tätigkeit angesehen, die unter dem Motto steht: Ist das nicht süß? Oder: Ich babysitte nur, um meiner Frau eine Pause zu gönnen. Traditionellerweise gibt diese Trennung einem Vater enorm viel Spielraum, mit seiner Zeit als Solo-Elternteil umzugehen, ohne viel Verantwortung zu übernehmen oder sich Sorgen zu machen, dass er auf andere wie ein schlechter Vater wirkt. Die Latte des Erfolgs hängt sehr niedrig! Außerdem kann sich das Lob, das jede anständige Zurschaustellung väterlicher Fähigkeiten auslöst, toll anfühlen.

Das Gleiche lässt sich über die Hausarbeit sagen, zumindest wenn wir die Tätigkeiten im Haushalt betrachten, die in der Regel von Frauen erledigt werden. In unserer Gesellschaft gilt ein Mann, der routinemäßig wäscht, kocht, putzt und bügelt immer noch als toller Fang, und eine Frau, die das »Glück« hat, sich einen solchen Mann zu angeln, sollte am besten auf ewig dafür dankbar sein. Es ist längst nicht so verbreitet, dass ein Mann sein Glück darüber zum Ausdruck bringt, eine Frau gefunden zu haben, die ihren Teil dieser Aufgaben übernimmt.

Doch Vorsicht! Wenn ein ESP-Vater mit Komplimenten für die gleichen Aufgaben überschüttet wird, deren Erledigung von einer ESP-Mutter erwartet wird, kann sich Unausgewogenheit in die Partnerschaft einschleichen. Diese Unausgewogenheit ist bei engagierten Paaren zwar nicht unbedingt das Ende der fairen Aufgabenteilung, aber es ist wichtig, das Problem zu erkennen und diese Ungleichheit als das zu benennen, was sie ist: falsch. Die Überbleibsel der traditionellen Geschlechterrollen nicht zu bemerken – schlimmer noch: das Lob willkommen zu heißen und ihm Glauben zu schenken – ist ein Schachzug wie aus dem Papa-Pass, der besagt: »Für Männer sind Elternaufgaben und Hausarbeit lediglich optional.« Es ist nur ein kleiner Schritt von dort bis zu dem Punkt, an dem wir diesen Satz für richtig halten, und sei es nur ein bisschen.

Auch wenn sie vielleicht nicht versuchen, unter ihren Freunden Unruhe zu stiften, finden ESP-Väter doch coole und mitunter humorvolle Wege, das Lob umzuleiten, das ihnen gespendet wird, nur weil sie ihren Anteil an der gemeinsamen Arbeit leisten. So hat sich Sam, der mit seinem Vierjährigen am Singen in der öffentlichen Bücherei teilnimmt, eine Standardantwort zurechtgelegt, wenn Mütter ihn wegen seines Erscheinens in höchsten Tönen loben und ihm sogar für die Teilnahme danken. »Und ich danke Ihnen, dass *Sie* gekommen sind«, antwortet er dann meist und fügt hinzu: »Mir macht das hier wirklich Freude – und ich schätze mich glücklich, hier sein zu dürfen.« Oder nehmen Sie den Neid, gemischt mit Verwirrung, der der ESP-Mutter Megan entgegenschlug, als sie bei ihrem Buchclub-Treffen mit selbstgebackenem Maisbrot erschien – das ihr Ehemann Marco am Morgen eigenhändig gebacken hatte. »Als es bei dem Treffen damit losging, Komplimente zu hageln, musste ich zugeben, dass nicht *ich* das Brot gebacken hatte. Die Anwesenden staunten nicht schlecht, dass Marco bereit war, etwas zu backen, das ich mitbringen konnte, zumal er ja derjenige war, der zu Hause geblieben war und die Kinder ins Bett brachte, während ich mit meinen Freundinnen bei einem Glas Wein zusammensaß.« Marco war zwar nicht zugegen, um die ehrfürchtigen Blicke entgegenzunehmen oder zurückzuweisen, doch Megan nahm die Komplimente taktvoll entgegen und erzählte ihm nach dem Nachhausekommen davon. Beide lachten über das Erstaunen, das etwas so Simples hervorgerufen hatte, und darüber, wie niedrig die Standards für die Beteiligung der Männer an der Mitarbeit sein können. Megan wusste: Wenn ein Mann auf einer Party mit dem Nudelsalat seiner Frau erscheint, würde niemand auch nur ein Wort darüber verlieren. Sie hoffte, dass ihre Buchclub-Freundinnen das Maisbrot mit der Zeit ebenfalls so betrachten würden.

ESP-Eltern leiten Lob um, indem sie handeln, als sei das, was sie tun, ganz normal – was der Fall ist. Weder verinnerlichen sie die ungleiche Dankbarkeit (»Ich habe das große Glück, einen Mann zu haben, der sehr viel im Haushalt erledigt«), noch erwarten sie Anerkennung für das, was Ihnen ein Leben voll Freude ermöglicht (»Du solltest dankbar sein, dass ich nicht so bin wie 99 Prozent der anderen Männer!«). Anerkennung spielt eine riesengroße Rolle in

MITARBEITER DES MONATS

Nicht nur beim Chorsingen oder in der Küche passt Lob nicht unbedingt gut zu einem ESP-Leben. Auch im Beruf werden oft jene Mitarbeiter am höchsten gelobt, die ein Vorbild für eine unausgewogene Lebensweise abgeben, wobei den meisten Menschen gar nicht auffällt, wie aberwitzig diese Denkweise ist. »Dieses Zertifikat geht an Joe Smith, der nie vor 19 Uhr das Büro verlässt und im letzten Quartal sogar jedes Wochenende ins Büro kam, um das XY-Projekt vorzeitig fertigzustellen«, könnte ein Manager auf einer dieser typischen alljährlichen Betriebsfeiern schwärmen. Vergessen Sie Sally oder Dave, die es nicht für notwendig hielten, ihr Familienleben oder ihre individuelle freie Zeit zu gefährden, sondern stattdessen einfach effizienter arbeiteten.

Wir hoffen, dass im Laufe der Zeit mehr Unternehmen hervorragende Arbeit höher schätzen als bloße Überstunden, doch bis dahin können wir uns alle bemühen, dem Sirenenlied dieser Art Belobigung zu widerstehen. Wenn Sie im Management tätig sind, folgen Sie bei der Auswahl würdiger Empfänger nicht dem Beispiel. Wenn Sie nicht leitend tätig sind, verlieren Sie nicht den Kopf, und bleiben Sie weiterhin ein wirklich fantastischer Mitarbeiter. Und ganz ehrlich: Brauchen Sie wirklich so ein albernes Zertifikat?

ihrer Beziehung, aber nicht als Weg, das Ego des Partners zu streicheln, oder als Druckmittel, das dafür sorgt, dass sich beide daran halten, ihren Teil zu leisten.

Selbstgesteuerte Gleichheit

Wegen der vielen gesellschaftlichen Erwartungen, die Väter dazu verleiten, den leichten Weg aus der niederen, schmutzigen Kindererziehung, der Hausarbeit und den anderen Aufgaben zu akzeptieren, die traditionell Frauen überlassen werden, finden es manche ESP-Paare schwierig, wachsam zu bleiben und sich diesen Erwartungen zu widersetzen. An den meisten Tagen kommen sie zwar ganz gut zurecht, doch hin und wieder blicken sie auf und sehen, dass sie, ohne bewusste Zustimmung, in die Richtung der üblichen Geschlechterrollen abgedriftet sind. Wie bereits gesagt, sind nicht die bewussten Entscheidungen problematisch, sich nach der traditionellen Arbeitsteilung zwischen Mann und Frau zu richten; bei uns zum

DAS PROBLEM DER NACHNAMEN

Zu den Themen, bei denen es ESP-Paaren schwerfällt, sich von einer Tradition zu lösen, gehört, welchen Nachnamen sie für ihre Kinder auswählen sollen. Die traditionelle Praxis verlangt, dass es der Nachname des Mannes zu sein hat, der Feminismus sagt: »Nicht so schnell.« Manchmal funktionieren Bindestriche, aber es ist schwierig, sie in die nächsten Generationen zu übertragen. Den Namen der Mutter zu wählen ist eine Möglichkeit, aber dann haben wir das Problem umgekehrt, nur um den Erwartungen der Gesellschaft auszuweichen. Den Kindern unterschiedliche Namen geben? Könnte verwirrend sein. Sich einen ganz neuen Namen für die Familie ausdenken? Dann verlieren Sie einige der schönen Teile der Tradition – wenn Sie denn auf eine konkrete Verbindung zu ihren Vorfahren Wert legen. Es gibt, davon sind wir überzeugt, keine Ideallösung.

Vielen ESP-Paare gelingt es jedoch, die Tradition zu überwinden, zugunsten einer Lösung, die für sie am besten funktioniert. Da ist das Paar, das seinen Nachnamen (Hopper) mit ihrem (Smith) kombinierte und so einen einzigartigen Nach-

Beispiel mäht Marc zu 90 Prozent den Rasen, und Amy plant meistens unsere Dinnerpartys (von einigen Umkehrungen einmal abgesehen). Doch für ein Paar, das eindeutig wünscht, eine Arbeit gleichmäßiger zu verteilen oder sie demjenigen Partner zuzuweisen, der von seiner traditionellen Geschlechterrolle her nicht dafür bestimmt ist, ist das Scheitern dieses Plans aufgrund gesellschaftlichen Drucks eine große Enttäuschung.

Um ein langsames Abgleiten in das traditionelle Ehe- und Partnermodell zu bekämpfen und dennoch eine dau-

namen: Hoppersmith, für ihre Kinder kreierte. Da ist das Paar, bei dem jeder Partner nach der Heirat den Nachnamen des anderen (Zobal oder Dent) als Mittelnamen annahm und das Gleiche bei jedem seiner beiden Kinder tat (was bedeutet, dass es jetzt zwei Mitglieder der Zobal-Dent-Familie gibt und zwei, die Dent-Zobal heißen). Und dann sind da noch Carl und Debby. Carls Nachname ist schwer zu buchstabieren und auszusprechen und enthält ein »von«. Debbys Nachname dagegen ist ganz einfach. So kamen sie sofort überein, ihren Nachnamen für ihre Kinder zu nehmen. Was sich jedoch als ziemliche Herausforderung erwies, da sie in der Provinz Kanadas lebten, die damals als Letzte verlangte, dass die Kinder den Nachnamen des Ehemannes trugen. Carl und Debby wehrten sich und verbündeten sich mit getrennt lebenden Müttern, die ebenfalls mit dem Gesetz nicht einverstanden waren, und brachten den Fall vor die Menschenrechtskommission in ihrer Provinz. Vier Jahre lang wurde ihr Fall vor verschiedenen Gerichten verhandelt, doch schließlich erreichten Carl und Debby, dass das Gesetz geändert wurde. Ihre beiden Töchter tragen jetzt den Nachnamen »Lake«.

ernde misstrauische Wachsamkeit zu vermeiden, entwickeln viele ESP-Paare konkrete Verhaltensweisen für ihre Familie, in denen ihr Wunsch nach Gleichheit und Ausgewogenheit zum Ausdruck kommt. So ist Helena und Domenico zum Beispiel aufgefallen, dass sich, wenn ein Paar gemeinsam irgendwo hinfährt, meist der Mann ans Steuer setzt. Also kreierten sie einen eigenen, übergeordneten Brauch: Wenn sie wegfahren, sitzt Helen hinterm Steuer, und wenn sie *nach Hause* fahren, übernimmt Domenico. Seither dient diese einfache persönliche Tradition des gemeinsamen Autofahrens dazu, dass der eine oder andere ohne viel Mühe den automatischen Sog der automobilen Privilegierung des Mannes unterbrechen kann.

Auch andere ESP-Paare finden lustige und interessante Wege, um eine eigene Tradition zu erschaffen. Wir haben Paare kennengelernt, die beim Spazierengehen abwechselnd den Kinderwagen schieben, die Plätze am Esstisch tauschen, damit beide Partner abwechselnd das Baby füttern können, das Einkaufen an den Partner übertragen, der nicht die Einkaufsliste zusammengestellt hat, oder sich abwechseln, wer mit den Kindern aufsteht und wer ausschlafen kann. Unser eigenes Alltagsleben ist voll von selbstgemachten Bräuchen, die uns erlauben, die ausgewogene Aufgabenteilung zu automatisieren, wie zum Beispiel unsere feste Absprache beim Zubettgehen unserer Kinder (meistens übernimmt jeder ein Kind, und wir wechseln uns täglich ab; sonntags dürfen die Kinder wählen), oder unsere nicht mehr bestehende Verabredung, welcher Elternteil um 2 Uhr morgens nach dem weinenden Baby sieht.

Die Idee hinter der Etablierung eigener ESP-Bräuche beziehungsweise -Traditionen besteht darin, es so leicht wie möglich zu machen, den Kurs der fairen Aufgabenverteilung zu steuern, ohne darüber nachzudenken. Warum sich das Leben schwer machen?

Aktivismus: die soziale Barriere überschreiten

Die Gesellschaft gibt uns allen eine ganze Reihe von Regeln und Rollen vor, die wir übernehmen sollen. Ich werde der Ernährer sein und die Hosen anhaben; du ziehst die Kinder groß und trägst den Rock. Ich gehe zur Ballettaufführung der Kinder und trainiere sie im Basketball; du besuchst ihre Basketballspiele und bringst sie zum wöchentlichen Ballettunterricht. Diese überlieferten Regeln und Rollen verlangen sehr wenig Widerstand, weil unsere Kultur sie vorbehaltlos unterstützt, und werden oftmals nahezu unbewusst übernommen.

ESP fordert Paare jedoch dazu auf, in einem größeren Zusammenhang zu denken. Wegen des doppelten Lohns der Gleichberechtigung und der Balance und all der Reichtümer, die diese für Ihre Elternschaft, Ihren Beruf, Ihr Zuhause, Ihre Beziehung und Sie selbst bringen, sind die Anstrengungen, die es Sie kostet, wenn Sie über soziale Normen hinausdenken, gut investiert. Und zwar so gut, dass Sie – so wie viele ESP-Partner – zu einer Art Aktivist werden. Manche Paare beginnen, natürlich, auf diese Weise, indem sie sich für eine gleichberechtigte Elternschaft als natürliche Erweiterung ihrer profeministischen Wertvorstellungen und Handlungen entscheiden oder aus einem generellen Unbehagen heraus, nicht so sein zu wollen wie alle anderen. Doch andere wenden sich später dem sozialen Aktivismus zu, weil sie von der Schönheit des partnerschaftlichen Elternseins zutiefst überzeugt sind.

ESP-DATING

Unsere Antigleichheitskultur bearbeitet uns lange bevor wir den Gedanken hegen, uns niederzulassen und eine Familie zu gründen. Haben Sie jemals darüber nachgedacht, dass es irgendwie verrückt ist, sich dort draußen in der Dating-Welt zu tummeln, auf der Suche nach einem gleichberechtigten Partner, und sich trotzdem nach sozialen Regeln zu richten, die zur Ungleichheit ermutigen? Männer erobern, Frauen geben sich hin. Männer bezahlen, Frauen »bedanken sich« (auf ganz unterschiedliche Weise). Männer blähen ihr machohaftes, finanziell erfolgreiches Ernährer-Selbst auf, um Frauen anzuziehen, Frauen polieren ihr Image als liebevolle Freundinnen und zielen darauf ab, durch ihre körperliche Erscheinung zu gefallen. Wir werden je nach Geschlecht ermutigt, gesellschaftlich »nach oben« oder »nach unten« zu heiraten; Trophäen-Ehemänner sind reich (und halten möglicherweise wenig davon, die Ernährerrolle gleichberechtigt zu teilen), Trophäen-Ehefrauen sind jung, sexy und fähig, ein schönes Zuhause zu schaffen. Sicher, das sind Verallgemeinerungen, doch ist es nicht verwunderlich, dass die Botschaften des Dating-Spiels Verwirrung stiften, wenn wir von unserem eindeutig anders gelagerten Mann anschließend erwarten, dass er nach der Hochzeit und dem Kinderkriegen zum gleichberechtigten Partner mutiert!

Es kann schwierig sein, sich den Traditionen des Kennenlernens zu widersetzen, und wir öffnen uns allen möglichen unterschwelligen Urteilen, wenn wir versuchen, anders zu handeln – »zu« schwächlich oder »zu« aggressiv für unser

Aktivismus kann viele Formen annehmen. Für uns bedeutet er, unsere Website zu starten und dieses Buch zu schreiben – unsere freie Zeit der Aufgabe zu widmen, ESP ans Licht der Öffentlichkeit zu bringen. Für andere kann

Geschlecht. Aber eine Voraussetzung, damit ESP sich entfalten kann, ist, dass beide Partner dazu bereit sind. Wenn Sie ein Leben der Gleichheit und Ausgewogenheit wertschätzen, dann hängt Ihr Glück im Kern davon ab, wenigstens diese Traditionen zu unterlaufen, um auf diese Weise künftige Verwirrung zu vermeiden. Und davon, den Lebenspartner klug auszuwählen.

Die meisten ESP-Paare berichten, dass sie in der Zeit ihres Liebeswerbens relativ traditionell lebten, raten aber jedem in der Dating-Szene, der sich eine ESP-Zukunft wünscht, auf Folgendes hinzuarbeiten:

- **Gleiche finanzielle Verantwortung.** Okay, er kann das Essen beim ersten Date bezahlen – oder auch nicht –, aber das muss später nicht so bleiben.
- **Gleiche berufliche Werte.** Achten Sie darauf, mit Gleichstehenden auszugehen – die einen ähnlich wichtigen und herausfordernden Beruf ausüben –, damit sie zu einem späteren Zeitpunkt weniger gefährdet sind, den Beruf des einen über den des anderen zu stellen.
- **Eine gemeinsame Vision des guten Lebens.** Geraten Sie nicht ins Schwärmen, weil Sie und Ihr Partner ein gemeinsames Interesse an Kochen oder Shakespeare haben! Für das partnerschaftliche Elternsein ist wichtig, dass Sie beide sich diese Art Leben mehr wünschen als alles andere; diese gemeinsame Vision wird verhindern, dass einer den widerstrebenden anderen mitschleppen muss, wenn die Zeiten schwierig werden.

er bedeuten, Freunde sanft darauf hinzuweisen, dass bestimmte kulturelle Normen nicht in Stein gehauen sind – und zum Beispiel einer Kollegin und Mutter, die sich beklagt, immer diejenige zu sein, die den Arbeitsplatz verlässt und nach Hause fährt, wenn ihre Kinder früher aus der Schule kommen, eine Alternative vorzuschlagen. Für viele bedeutet Aktivismus, sich bei Firmen und Unternehmen, die das Elternsein des Mannes erschweren, für Veränderungen einzusetzen, zum Beispiel durch die formelle Anfrage, einen Wickeltisch in der Herrentoilette in ihrem Lieblingslokal aufzustellen. Oder dadurch, dass sie sich beim Personal einer Catering-Firma beschweren, die ihre Schaufensterauslage mit »lustigen« abfälligen Zitaten über Männer in der Küche dekoriert.

Man kann aber auch einfach dadurch aktiv werden, dass man öffentlich als ESP-Mutter oder -Vater lebt, wie zum Beispiel David, der Arzt, der bei seinem Eintritt in eine Nephrologie-Praxis eine reduzierte Stundenzahl vereinbarte und mittlerweile mehr als die Hälfte seiner Kollegen passiv beeinflusst, das Gleiche zu tun. Oder es kann bedeuten, in ihrer erweiterten Familie stolz als ESP-gesinnte Person zu leben. Viele ESP-Paare können Geschichten erzählen, wie die Eltern auf ihre Entscheidung reagiert haben, sich die Kindererziehung zu teilen und hierfür im Beruf zurückzustecken. »Was willst du denn mit der vielen freien Zeit anfangen?«, fragte ein karriereorientierter Vater, als er von den Plänen seines Sohnes erfuhr, zwei Tage pro Woche bei seinem Neugeborenen zu Hause zu sein.

Und schließlich gibt es da noch die Kinder-Aktivisten. Wie im Fall der kleinen Rebecca im Supermarkt, weiß man auch von anderen ESP-Kindern, dass sie von Zeit zu Zeit

Partei ergreifen. Wir hatten die Ehre, einige der älteren Kinder von ESP-Familien zu treffen, und sind beeindruckt von ihren Einsichten über die Hemmnisse zur Herstellung von Gleichheit in ihren eigenen gesellschaftlichen Kreisen. Möglicherweise beschließen sie in ihrer Jugend (eine sehr schwierige Zeit für Experimente!), sich an die »sichereren Geschlechterrollen« zu halten, doch sie wissen, dass die eigene Familie für etwas anderes eintritt. Wenn sie etwas älter geworden sind, scheinen sie sich dieser Fragen stärker bewusst zu sein als der durchschnittliche Erwachsene, und wir kennen mehr als einen jungen Erwachsenen, der im Erwachsenenleben einer Berufslaufbahn im sozialen Aktivismus zuneigt oder sorgfältig einen künftigen Partner auswählt, der sich ebenfalls dem Kampf für Gleichberechtigung verschreibt.

Jedes öffentliche Äußern eines Standpunkts, zu beinahe jedem Thema, kann Kritik, ja sogar Hass hervorrufen. Wird es so vorgetragen, dass die freie Entscheidung eines anderen herabgesetzt wird, ist eine Gegenreaktion angebracht. Doch wenn es in der Absicht geschieht, die gesellschaftlichen Möglichkeiten zu erweitern, um den unterschiedlichen Lebensformen der Familien in der Gemeinschaft besser Rechnung zu tragen, und ohne unvernünftige Forderungen zu erheben, ist es ganz und gar positiv und ein Dienst an der Gemeinschaft. Ein ESP-Aktivist, so wie jeder, der sich in die Gesellschaft begibt, um die Gleichberechtigung zu fördern und die Geschlechterstereotypen anzuprangern, dient der Allgemeinheit.

Die Stärke der vielen

Zum Glück ist es lange her, dass es gesellschaftlich tabu war, dass Frauen arbeiten und Männer einen größeren Teil ihrer Zeit mit Kindererziehung oder Hausputz verbringen. Doch Überbleibsel dieser sozialen Erwartungen bestehen immer noch, im Mami-Club, der Männer vom gemeinsamen Elternsein ausschließt, und im Papa-Pass, der Männer erlaubt, sich daraus auszuklinken. Sie lauern in unserer äußeren, ausschließlich vom Beruf bestimmten Identität, zum Beispiel wenn Erwachsene ein Kind fragen: »Und was möchtest du mal werden, wenn du groß bist?« und (zumal von einem Jungen) keine Antwort erwarten, die irgendetwas mit Elternschaft zu tun hat, oder wenn wir, als Erwachsene, bei jedem Klassentreffen, auf jeder Party die Frage beantworten müssen: »Und was machen Sie beruflich?« Sie finden sich im Sitzungssaal, der immer noch männliche Führerschaft favorisiert. Auf dem Golfplatz, wo Väter unbeschwert aufspielen und Mütter nur dann spielen, wenn sie deswegen kein schlechtes Gewissen haben. Und sie bestehen fort in den hartnäckigen und engen Definitionen von Weiblichkeit und insbesondere Männlichkeit in unserer Kultur.

Manche Situationen eignen sich besser als andere, die sozialen Barrieren zu überwinden. Bruce, der Hausarzt, wurde von seinen Kollegen nicht weniger geschätzt, nur weil er Teilzeit arbeitete; sein Beruf war ja bereits kindfokussiert, und sein Wunsch, sich um die eigenen Kinder zu kümmern, galt keinesfalls als anstößig. Auch Brian, der zur Zeit der Geburt seines Sohnes als PR-Chef für einen Kunstverein arbeitete, spürte keinerlei kritische Blicke, als er es einer Kollegin gleichtat und ebenfalls sein Kind mit an den Arbeitsplatz brachte. ESP-Mütter berichten, dass die Wahl eines Partners, der bereits ein bekennender Feminist ist, den Weg zur Gleichberechtigung ebnet. Und ESP-Väter, die von den Eltern dazu erzogen wurden, im Haus mitzuhelfen, finden es ganz normal, damit fortzufahren, wenn sie eine eigene Familie haben – und geradezu undenkbar, das nicht zu tun.

Doch vor anderen Familien liegt ein beschwerlicherer Weg, so dass die Eheleute im Beruf oder zu Hause oftmals Pioniere sind. In solchen Fällen hilft es, Freunde oder Kollegen zu haben, die sich ebenfalls bis zu einem gewissen Grad Ausgewogenheit und Gleichberechtigung wünschen, wenn nicht sogar ein echtes partnerschaftliches Elternsein. Und deshalb lautet der letzte Rat, den ESP-Paare uns mit auf den Weg geben: Halten Sie nach Gleichgesinnten Ausschau. Sprechen Sie den anderen Vater vor der Vorlesestunde an, gehen Sie auf die Mutter zu, die mit ihrem Mann in die Praxis des Kinderarztes kommt, beginnen Sie bei der Geigenaufführung Ihrer Tochter ein Gespräch mit dem Paar, das neben Ihnen sitzt. Andere ESP-Paare zu finden ist zwar nicht immer leicht (wir wünschten uns oft, sie trügen alle T-Shirts, auf denen ihr Familienmodell verkündet wird), doch bei unserer eigenen Suche wurden wir mit den wahrhaft gleichgesinnten Paaren belohnt, die nur einige Straßen weiter wohnen – in beiden Richtungen. Es kann gut sein, dass Sie ähnliches Glück haben.

Aber ob Sie sich nun mit einer Kolonie ähnlich gesinnter ESP-Paare umgeben können oder nicht: Sie haben stets den Partner, auf den Sie sich stützen können, sobald soziale Barrieren entstehen. Ihren Mut – die Regeln so zu ändern, dass Sie Ihr Glück finden. Und natürlich Ihre Klugheit – überhaupt erst die Regeln zu erkennen. Jede Barriere, die Sie durchbrechen, stellt einen Sieg dar – und eine, die für die Paare, die Ihrem Beispiel folgen werden, nicht mehr ganz so unüberwindlich ist.

SCHLUSS

Die Freude, etwas ganz anzunehmen

HALB SO VIEL ARBEIT/DOPPELT SO VIEL SPASS

In den vorhergehenden Kapiteln hatten wir das Vergnügen, Ihnen das Familienmodell des wirklich gemeinsamen Elternseins oder Equally Shared Parenting (ESP) vorzustellen. Wir haben die beiden Grundlagen dieses Modells beschrieben: *Gleichheit* und *Ausgewogenheit*, auf denen die gemeinsame Bewältigung der vier Bereiche des Zusammenlebens eines Paares – *Kindererziehung, Geldverdienen*, *Hausarbeit* und das *Selbst* – aufbaut. Wir haben veranschaulicht, wie das Engagement für diese beiden Fundamente die Entschlossenheit eines Paares stärken kann, wenn Pseudobarrieren wie zum Beispiel *finanzielle* Bedenken oder *gesellschaftliche* Erwartungen auftauchen.

Und wir haben Ihnen einige Beispiele vorgestellt, wie einzelne ESP-Paare dieses Familienmodell aufgebaut haben und jetzt aufrechterhalten. Dabei haben wir Ideen und Auffassungen vorgestellt, die Ihnen beim Aufbau Ihres ganz eigenen partnerschaftlichen Elternseins helfen können, sowie einige Gründe, warum Sie vielleicht damit beginnen sollten.

Manchmal werden die Sterne günstig stehen, so dass es Ihnen leichtfällt, Ihre gleichberechtigte Partnerschaft und ein Leben der Ausgewogenheit zu verwirklichen, und dann wieder wird es Ihnen so vorkommen, als gehe nichts nach Plan. Doch das gemeinsame Elternsein ist nicht einfach eine Art Schönwetter-Lifestyle. Wir hoffen zudem, Ihnen gezeigt zu haben, dass die vielfältigen Arten des Lohns es wert sind, während einiger Stürme daran festzuhalten. Die Fähigkeit eines Paares, mit den unvermeidlichen Schwierigkeiten zurechtzukommen und den Kurs seiner Träume beizubehalten, speist sich aus ihrer tiefen Inspiration, auf diese Weise zu leben. Sie stehen zu ihrem Traum und übernehmen die innere Verantwortung dafür, ihn wahr zu machen, was wir als *volle Annahme* bezeichnen.

In den vorhergehenden Kapiteln haben wir diese Übernahme innerer Verantwortung im Zusammenhang damit erwähnt, dass wir zu unserem Anteil der Berufsarbeit, der Zuständigkeit und der Macht in unserer Partnerschaft stehen; uns die notwendige Kompetenz in jedem Bereich aneignen; oder uns zu der Aufgabe bekennen, Beruf und Freizeit in Übereinstimmung mit dem Partner so zu gestalten, dass bei beiden ein ausgewogenes Verhältnis der Lebensbereiche entsteht. Doch die volle Annahme, die wir in diesem Schlusskapitel erkunden, ist der Funke, der das künstliche Modell des partnerschaftlichen Elternseins mit Leben erfüllt und zu einer glücklichen Existenz macht. Das gemeinsame Elternsein wirklich anzunehmen heißt, dass wir es verinnerlichen – dass wir nicht die Einzelheiten, sondern das Wesen dieses Ansatzes in uns aufnehmen und es zu einem Teil unserer selbst und unserer Lebensweise machen.

Partnerschaftliches Elternsein im Inneren

Selbst bei besten Absichten kann die externe Logistik des partnerschaftlichen Elternseins im Leben eines jeden Paares phasenweise mit quietschenden Reifen zum Stillstand kommen. »Unsere Kindertagesstätte schließt!« »Mein Job ist momentan irre; ich bin nur noch unterwegs, seit meine Firma mit einer anderen fusioniert hat.« »Ich spiele nebenbei in einer Band, aber aus diesem kleinen Hobby ist viel mehr geworden, als ich es mir je erträumt hätte – ich bin im Moment jeden Abend für einen Gig gebucht.« »Das Buch zu schreiben stiehlt uns unsere ganze freie Zeit!« Das sind nur einige der unerwarteten Erkenntnisse, die das Leben für das sorgfältig abgestimmte ESP-Arrangement eines Paares bereithält (vermutlich haben Sie erraten, woher die letzte stammt). Wäre das partnerschaftliche Elternsein nur durch seine Logistik bestimmt, könnte jedes dieser Ereignisse Sie aus dem Rennen werfen. Oder vielleicht auch ein dauerhafteres Ende Ihrer Träume ankündigen. Zum Glück aber reicht der Kern von ESP viel tiefer.

Als Eltern und als Partner wissen wir, dass das Leben jeden von uns in der einen oder anderen Phase in schwierige Situationen bringt; ESP-Paare bilden da keine Ausnehme. Mehr noch: Wir halten ESP-Paare für eine außergewöhnliche Gruppe ganz gewöhnlicher Menschen. Wir haben bei den in diesem Buch vorgestellten ESP-Paaren nicht immer erwähnt, mit welchen Schwierigkeiten sie sich herumschlagen, doch zu diesen Paaren gehören solche, die sich durch eine schwere postnatale Depression gekämpft haben; sich um ein Kind mit einer besonders schweren neurologischen Krankheit, einem im Hause lebenden alten Elternteil oder um Zwillinge kümmern müssen; die durch doppelte Adoptionen, Entlassungen und andere finanzielle Stresssituationen gegangen sind; ethnische und rassische Barrieren überwunden haben; und weit auseinandergehende Vorstellungen haben, was Sauberkeit im Haushalt angeht – um nur einige der Herausforderungen des Lebens zu nennen. Nichts Ungewöhnliches also. Doch das Besondere an diesen Paaren ist, dass wir bislang kein einziges kennengelernt haben, das dem Ideal des partnerschaftlichen Elternseins nicht langfristig treu geblieben wäre, das nicht überzeugt war, durch diese Lebensweise besser durch besonders schwere Zeiten oder einfach nur Phasen der Ungleichheit zu kommen, oder das sich eine bessere Art zu leben vorstellen konnte. Alle diese Personen haben ihren individuellen, mitunter schwierigen Weg ganz angenommen, um ihr selbst gewähltes Leben führen und behalten zu können.

Mit jeder Barriere, die Sie überwinden können, hat Ihre Annahme des partnerschaftlichen Elternseins eine Chance zu wachsen. Jeder kleine Schritt gründet auf dem vorhergehenden und kann Ihr Selbstvertrauen stärken, damit Sie die nächste Herausforderung angehen können. Wenn Sie wissen, wie sich Gleichberechtigung und Ausgewogenheit anfühlen – und Sie das partnerschaftliche Elternsein auf einer tieferen Ebene annehmen –, dann finden Sie den Mut und die Überzeugung, Entscheidungen zu treffen, die Sie wieder aufs rechte Gleis führen, sobald dies möglich ist. Und Sie werden in der Lage sein, während der schweren Zeiten die wichtigsten Teile Ihres gewählten Lebens zu bewahren. Eine schwierige Phase ist für ein ESP-Paar kein Weltuntergang; sie wissen, wohin sie gehen, und ihre Hoffnung bleibt am Leben, komme, was wolle.

Die kommende Generation

Welches Erbe hinterlassen wir unseren Kindern? Wird die kommende Generation eines Tages dieses Leben als das ihre annehmen? Werden unsere Kinder kollektiv die Arbeit an der Gleichberechtigung der Geschlechter, die wir begonnen haben, zu Ende bringen? Wir können dies nicht auf wissenschaftliche Weise beantworten, weil es darüber noch keine Forschungen gibt. Wir wissen nur ein wenig mehr über die kurzfristigen Auswirkungen unseres frei gewählten Lebens auf unsere Kinder. Wir wissen, aufgrund seriöser und vielfältiger Untersuchungen, dass engagierte Väter gut für die Kinder sind.[9] Wir wissen, dass sich Eltern für das partnerschaftliche Elternsein entscheiden, die, im Großen und Ganzen, wirklich auf diese Weise leben wollen; wir könnten deshalb den Schluss ziehen, dass diese Eltern im Allgemeinen mit ihrer Entscheidung zufrieden sind und so für ihre Kinder ein glückliches Zuhause erschaffen. Wir können auch noch weitere Annahmen aufstellen: dass Kinder durch das doppelte Engagement der Eltern gedeihen und eine solide Sicht der Dinge entwickeln, weil sie ganz aus der Nähe zwei Arten des Umgangs mit dem Leben lernen. Oder dass sie am Ende Kindererziehung, Hausarbeit und bezahlte Lohnarbeit als gleichermaßen wichtige Betätigungen wertschätzen, ungeachtet ihres Geschlechts. Oder vielleicht, dass sie das Schöne des partnerschaftlichen Elternseins im Glück ihrer Eltern erkennen und besser gerüstet sind als die meisten jungen Leute, um rein traditionellen Rollen für sich selbst zu entfliehen.

Etliche der ESP-Paare, die wir befragt haben, waren so freundlich, Interviews mit ihren jugendlichen oder erwachsenen Kindern für uns zu arrangieren. Wie wir feststellten, sprachen ihre Kinder voll Freude über ihre Kindheit und Jugend. Sie mögen die Nähe und Intimität ihrer Beziehungen zu beiden Eltern und haben das Gefühl, dass sie »beide Eltern als Person gut kennen« und sie »eine echte Freundschaft mit ihnen« verbindet. Diese erwachsenen ESP-Kinder hoffen, ein Familienmodell des partnerschaftlichen Elternseins zu erschaffen, sobald sie selbst Kinder haben, während sie gleichzeitig sehen, wie einige ihrer Freunde in ein traditionelles Rollenverständnis zurückfallen. Aber ihre Pläne gehen über das bloße Träumen hinaus. »ESP ist für mich nicht nur ein Ideal – ich habe es gelebt. Es ist keine Fantasievorstellung. Ich habe alle wesentlichen Details der Strategie mitbekommen. Und ich habe zwei Eltern, die mich daran erinnern können, wie es funktioniert – ich muss nur zum Telefonhörer greifen.«

Und wie steht's mit den negativen Seiten einer solchen Kindheit? Einer unserer jungen Interviewpartner hat es so zusammengefasst: »Ich würde sagen, dass es nur ein Problem gibt: Wenn ich meine Eltern besuche, wird mir zweimal gesagt, dass der geräucherte Truthahn im Kühlschrank ist.« Wir nennen das »Doppelsprech«, und es stellt eine Gefahr für ESP dar. Eine, die wir jedoch bereitwillig akzeptieren!

Weil die Auswirkungen des partnerschaftlichen Elternseins auf unsere Kinder noch weitgehend unerforscht sind, können wir nur weiterhin tun, um was alle Eltern bestrebt sind – ihnen jeden Tag unser unvollkommenes Bestes zu geben und offen zu bleiben für neue Wege. Zweifellos beeinflussen wir unsere Kinder durch unsere Entscheidung, sie gemeinsam zu erziehen, beide aktiv in unseren mittleren Karrieren zu bleiben, uns zusammen ums Haus zu kümmern und uns Zeit für uns selbst und füreinander zu nehmen. Was unsere Kinder mit dieser Erfahrung anfangen – wie sie sie annehmen –, liegt an ihnen. Doch es ist wahrscheinlich, dass sie auf ihre Kindheit zurückblicken, wenn sie damit beginnen, ihr eigenes Erwachsenenleben aufzubauen.

Volle Annahme

Jedes Mal, wenn wir einem neuen ESP-Paar begegnen, lernen wir einen neuen Grund kennen, sich leidenschaftlich für diese Lebensweise zu engagieren, sowie eine neue Art des Verstehens für die Beweggründe der anderen, sie so sorgsam zu pflegen. Jedes Paar hat einen einzigartigen

»Dreh«, wie sie ihr Leben teilen, kennt seine ganz eigenen Herausforderungen und Triumphe. Manche Paare fokussieren sich darauf, zu gleichen Teilen möglichst viel Zeit mit den Kindern zu verbringen, andere konzentrieren sich auf die Gleichheit der Karriere oder darauf, die Freiheit aufrechtzuerhalten, die ESP für ihre Berufswege eröffnet, während bei wieder anderen ein unbeschwertes, abwechslungsreiches Leben für jeden Partner im Mittelpunkt steht.

Unter den Paaren, die Ihnen in diesem Buch vorgestellt wurden, gibt es diejenigen, die für ein bindungsorientiertes Elternsein schwärmen, und jene, die diese Vorstellung mit Skepsis betrachten, diejenigen, die sehr von den Vorteilen des möglichst langen Stillens überzeugt sind, und jene, die darauf beharren, dass es nicht vom Stillen abhängt, ob man sein Baby liebevoll nährt, diejenigen, für die keine Form von externer Betreuung infrage kommt, und andere, die fabelhafte Arrangements mit einer Teil- oder Vollzeit-Tagesbetreuung gefunden haben, manche, die ihre Kinder zu Hause unterrichten, und andere, die so etwas keinesfalls in Betracht ziehen würden. So wie jedes Paar in diesem Buch sein einzigartiges Leben geschaffen hat, wird auch Ihr ESP-Leben ein weiteres Beispiel für diese fabelhafte Vielfalt darstellen. Ihre Herausforderung besteht nun darin, Ihre eigene einzigartige Spielart des partnerschaftlichen Elternseins zu erschaffen.

Am Ende vieler unserer Interviews haben wir Paare gefragt, was ESP für sie bedeutet. Lassen wir zum Schluss nur einige jener Menschen zu Wort kommen, die das partnerschaftliche Elternsein für sich voll angenommen haben.

Den Grundpfeiler unserer Ehe bilden die nächtlichen Gespräche, die wir führen, nachdem die Kinder zu Bett gegangen sind – über unser Leben, die Kinder. Wir können über alles reden, weil wir beide alles machen. Dass wir uns über alles austauschen können – das ist ESP für uns. *Melissa*

ESP verleiht unserer Familie eine klare Identität – und nicht nur eine, die die Gesellschaft uns zuschreibt.
Catherine

Wir glauben, dass wir nunmehr die Urheber unseres eigenen Lebens sind. Und dies bewerkstelligen wir mit Hilfe von ESP. *Michelle*

ESP ist, wie wenn man das Konzept der Demokratie in die Familie einführte. *David*

Für mich geht es dabei in erster Linie um die Kinder. Ich fange gleich an zu weinen, aber die Veränderung bei unserem Sohn mitzuerleben, von der Zeit, als er als Baby von mir abhängig war, bis heute, nur einige Jahre später, und eine solche Kraft aus der Beziehung zu seinem Dad zieht – allein darum geht's doch im Grunde.
Kitt

Die Freude und die guten Gefühle, die einem erfüllten Leben entspringen – Familie, Reisen, Beruf, Kollegen, unser Sohn – das ist schon ziemlich erstaunlich. ESP gibt uns *beiden* diese Chance. *Corinna*

> Beim partnerschaftlichen Elternsein geht es darum, Entscheidungen zu treffen, die auf die eigene persönliche höchste Lebensqualität zurückstrahlen. Und es ist unsere Art, miteinander zu kommunizieren. *Brian*

> ESP gibt uns die Möglichkeit, eine legitimere Form unserer selbst zu sein. *Annie*

> ESP gibt mir das Gefühl, das Richtige zu tun. Für uns käme nichts anderes infrage. *Liz*

> Alles, was ich im Moment tue und fühle, ist möglich, weil wir Partner sind. ESP bringt meine Lebensphilosophie zum Ausdruck – dass ich mein Leben damit in Einklang bringe, wie ich mich fühlen möchte. *Imari*

> ESP ist der Inbegriff der Gleichberechtigung zweier Menschen, die einander lieben. Ich denke, ich werde meinen Kindern diese großartige Geschichte über unser gemeinsames Elternsein erzählen, sobald sie erwachsen sind, und dann werden wir die Geschlechterrollen für sie total entmystifizieren. ESP ist die in die Kindererziehung eingebrachte Gerechtigkeit. *Cynthia*

Für uns persönlich begann ESP als Weg, um die Intimität und Nähe und die geteilte Arbeitslast einer gleichberechtigten Partnerschaft sicherzustellen (was Amy sehr wichtig war) und um unser Leben als Erwachsene und Eltern unbeschwert und ausgewogen zu gestalten. Doch mit jedem Interview haben wir noch einen Grund hinzugefügt, warum wir den Kurs beibehalten wollen.

Ein ausgewogenes Zusammenleben als gleichberechtigte Partner ist ein ziemlich hoch gestecktes Ziel. In der Theorie klingt es traumhaft – doch in der Praxis, nun ja, gewisse Gefühle und Äußerlichkeiten halten viele davon ab, allzu genau über diese Idee nachzudenken, vom langfristigen Anstreben oder Aufrechterhalten gar nicht zu reden. Aber Sie wissen ja, wie es in Wahrheit ist. Partnerschaftliches Elternsein ist nicht leicht; die meisten Dinge, die sich anzustreben lohnen, sind es nicht. Doch ein Leben aufzubauen und zu führen, in dem wir uns die Arbeit teilen, ist ganz und gar möglich – und es macht enorm viel Spaß. Unser eigener Weg zu der Entdeckung, dass dieses Lebensmodell funktioniert, war zutiefst erfüllend, und das partnerschaftliche Elternsein war das größte Geschenk, das wir uns gegenseitig und uns selbst gemacht haben. Wir machen es auch unseren Kindern, in der Hoffnung, dass sie durch unsere gemeinsame Beteiligung an der Kindererziehung gedeihen. Wir machen es Ihnen zum Geschenk, mit unseren größten Wünschen für Ihr Glück. Und wir laden Sie ein, sich uns anzuschließen, während wir die gute Nachricht an alle verbreiten, die sie hören möchten.

Weiterführende Literatur

Es gibt noch *so viel mehr* zu sagen! In diesem Buch haben wir uns auf die Prinzipien und die Praxis des wirklich gemeinsamen Elternseins (Equally Shared Parenting – ESP) konzentriert – und unser Augenmerk insbesondere darauf gerichtet, dem Leser die notwendigen Informationen zu vermitteln, damit er dieses Modell für sich selbst in Betracht ziehen, die Vor- und Nachteile abwägen, es aufbauen und bewahren kann. Dabei kommt vieles andere natürlich zu kurz – die Geschichte und die Forschungstradition, die sich hinter egalitären Familienmodellen verbergen ebenso wie damit zusammenhängende Themen wie Feminismus, Ausgewogenheit von Arbeit und übrigem Leben (Work-Life-Balance) und Finanzmanagement, die allesamt für viele Anhänger dieser Lebensweise von großer Bedeutung sind. Glücklicherweise stehen zahlreiche exzellente Bücher und Online-Ressourcen als Ergänzung zu unserem praktischen Ansatz zur Verfügung. Wir haben hier die Quellen aufgelistet, die wir besonders nützlich fanden, angefangen mit jenen, die unserer Ansicht nach direkt auf die Lebensweise des wirklich gemeinsamen Elternseins eingehen. Außerdem laden wir Sie herzlich ein, die Diskussion über ESP auf unserer Website mit uns fortzusetzen (equallysharedparenting.com). Dort finden Sie weitere Erfahrungsberichte von Paaren, neueste Meldungen und unseren Blog und Sie können sich über weitere Instrumente zum Aufbau dieser Lebensweise informieren.

Literatur mit direktem Bezug zum wirklich gemeinsamen Elternsein

Bem, Sandra Lipsitz: *An Unconventional Family*. New Haven, CT: Yale University Press, 1998. Faszinierende persönliche Geschichte eines ESP-Paares, das sich außerdem dem Feminismus und der Geschlechterneutralität verschrieben hat.

Coltrane, Scott: *Family Man. Fatherhood, Housework and Gender Equity*. New York: Oxford University Press, 1996. Soziologische Erörterung partnerschaftlichen Elternseins aus der Perspektive des Vaters.

Deutsch, Francine: *Halving it All. How Equally Shared Parenting Works*. Cambridge, MA: Harvard University Press, 1999. Die umfassendste Studie über ESP, basierend auf Interviews mit Eltern und einer Erläuterung der Philosophie und praktischen Umsetzung.

Ehrensaft, Diane: *Parenting Together: Men and Women Sharing the Care of Their Children*. Chicago: University of Illinois Press, 1990. Faszinierende Erörterung, gestützt auf Interviews mit ESP-Paaren über die emotionalen Auswirkungen dieses Lebensstils auf Eltern und Kinder.

Frank, Robert, und Livingston, Kathryn E.: *Parenting Partners: How to Encourage Dads to Participate in the Daily Lives of their Children*. New York: St. Martin's Griffin, 1999. Tipps für jede Phase im Leben des Kindes, verfasst von zwei Autoren mit Erfahrungen in der Familientherapie und der wissenschaftlichen Erforschung der Vaterrolle bei der Kindererziehung.

Gerson, Kathleen: *The Unfinished Revolution: How a New Generation is Reshaping Family, Work and Gender in America.* New York: Oxford University Press, 2009. Soziologische Untersuchung der Träume junger Männer und Frauen, die beschreibt, dass sie sich ein egalitäres Modell wünschen, aber nicht wissen, wie sie es erreichen können.

Greenspan, Stanley und Salmon, Jacqueline: *The Four-Thirds Solution: Solving the Child-Care Crisis in America Today.* Cambridge, MA: Perseus, 2002. Ein Buch, das für ein ESP-Modell wirbt, bei dem jeder Elternteil Zwei-Drittel-Zeit arbeitet, um das Familienleben in der Balance zu halten und eine gute Kindererziehung zu ermöglichen.

Knudson-Martin, Carmen und Rankin Mahoney, Anne (Hrsg.): *Couples, Gender, and Power: Creating Change in Intimate Relationships.* New York: Springer, 2009. Aktuelle wissenschaftliche Untersuchung zu Geschlecht und Beziehungen, die Machtunterschiede als Krux der Ungleichheit betrachtet.

Mahoney, Rhona: *Kidding Ourselves: Breadwinning, Babys, and Bargaining Power.* New York: Basic Books, 1995. Detaillierte, praktische Beschreibung der Gründe, aus denen Frauen in unserer Gesellschaft letztlich den Großteil der Haus- und Familienarbeit leisten, und was man dagegen tun kann.

Maschka, Kristin: *This Is Not How I Thought It Would Be: Remodeling Motherhood To Get the Lives We Want Today.* New York: Berkeley, 2009. Leidenschaftliche Geschichte über die Reise eines Paares von einem traditionellen Modell zu ESP.

Meers, Sharon und Strober, Joanna: *Getting to 50/50: How Working Couples Can Have It All By Sharing It All, and Why It's Great for Your Marriage, Your Career, Your Kids ... And You.* New York: Bantam, 2009. Gut recherchierter Ratgeber für Vollzeit-Doppelverdiener.

Richards, Amy: *Opting In. Having a Child Without Losing Yourself.* New York: Farrar, Strauss & Giroux, 2008. Appell an Männer (und Frauen), Verantwortung für Ihr angestrebtes Leben zu übernehmen. Erörtert werden außerdem einige der persönlichen Barrieren, die einer fairen Arbeitsteilung im Weg stehen.

Risman, Barbara J.: *Gender Vertigo: American Families in Transition*. New Haven, CT: Yale University Press, 1998. Ein feministischer Ausblick auf das soziale Geschlecht und wie es unser gesamtes Handeln beeinflusst, gefolgt von einer gründlichen Analyse von partnerschaftlichen Eltern und ihren Kindern.

Schwartz, Pepper. *Love Between Equals: How Peer Marriage Really Works*. New York: Free Press, 1994. (Dt.: *Peer-Partner: Das ideale Paar. Was Gleichheit im Zusammenleben wirklich bedeutet*. Hamburg: Kabel, 1996.) Wunderschöne Ode an ESP! Das Buch untersucht Daten zu den Vorteilen und Problemen dieser Lebensform verglichen mit traditionellen und »fast gleichgestellten« Beziehungen. Falls Sie die Möglichkeit des wirklich gemeinsamen Elternseins in Betracht ziehen, gibt dieses Buch Ihnen alle Gründe, die Sie brauchen, um den Traum wahr zu machen.

Shields, Julie: *How to Avoid the Mommy-Trap. A Roadmap for Sharing Parenting and Making It Work*. Sterling, VA: Capital Books, 2002. Exzellenter praktischer Ratgeber für den Aufbau von ESP, primär aus weiblicher Perspektive.

Bücher zu verwandten Themen

Amato, Paul R., Alan Booth, David R. Johnson und Stacey R. Rogers: *Alone Together: How Marriage in America Is Changing*. Cambridge, MA: Harvard University Press, 2007.

Benko, Cathleen und Ann Weisberg: *Mass Career Customization: Aligning the Workplace with Today's Nontraditional Workforce*. Cambridge, MA: Harvard Business School Press, 2007. (Dt.: *Individualisierte Karriereplanung: Nur so können Unternehmen gewinnen*. Frankfurt a. M.: Campus, 2008.)

Bort, Julie, Aviva Pflock und Devra Renner: *Mommy Guilt: Learn to Worry Less, Focus on What Matters Most and Raise Happier Kids*. New York: Amacom, 2005.

Cowan, Carolyn Pape und Philip A. Cowan: *When Partners Become Parents: The Big Life Change for Couples*. New York: Lawrence Erlbaum Associates, 1999. (Dt.: *Wenn Partner Eltern werden: Der große Umbruch im Leben des Paares*. München: Piper, 1994.)

Dacyczin, Amy: *The Complete Tightwad Gazette*. New York: Villard Books, 1998.

De Graaf, John (Hrsg.): *Take Back Your Time: Fighting Overwork and Time Poverty in America*. San Francisco: Berret-Koehler, 2003.

Drago, Robert: *Striking a Balance: Work. Family, Life*. Boston: Dollars & Sense, 2007.

Fisher, Roger, William L. Ury und Bruce Patton: *Getting to Yes: Negotiating Agreement Without Giving In*. New York: Penguin, 1991. (Dt.: *Das Harvard-Konzept*. Frankfurt a. M.: Campus, 2004.)

Friedan, Betty: *The Feminine Mystique*. New York: W. W. Norton, 1963. (Dt.: *Der Weiblichkeitswahn oder die Selbstbefreiung der Frau*. Reinbek: Rowohlt, 1982 [1966].)

Gilbert, Daniel: *Stumbling on Happiness*. New York: Knopf, 2006. (Dt.: *Ins Glück stolpern: Über die Unvorhersehbarkeit dessen, was wir uns am meisten wünschen*. München: Riemann, 2006.)

Hochschild, Arlie und Anne Machung: *The Second Shift*. New York: Penguin, 2003. (Dt.: *Der 48-Stunden-Tag. Wege aus dem Dilemma berufstätiger Eltern*. Wien: Zsolnay, 1990.)

Honoré, Carl: *In Praise of Slowness. Challenging the Cult of Speed*. New York: HarperOne, 2004. (Dt.: *Slow Life. Neue Kreativität und Lebensqualität durch die Verwirklichung von Eigenzeit*. München: Riemann, 2004.)

Kossek, Ellen Ernst und Brenda A. Lautsch: *CEO of Me: Creating a Life That Works in the Flexible Job Age*. Upper Saddle River, NJ: Wharton School Publishing, 2008.

Levine, James A. und Todd L. Pittinsky: *Working Fathers: New Strategies for Balancing Work and Family*. New York: Harcourt Brace, 1997.

Levine, Suzanne Braun: *Father Courage. What Happens When Men Put Family First*. New York: Harcourt, 2000. (Dt.: *Papa ist Spitze: Wie aus Männern tolle Väter werden.* München: Mosaik, 2001.)

Robin, Vicki, Joe Dominguez und Monique Tilford: *Your Money On Your Life: 9 Steps to Transforming Your Relationship With Money and Achieving Financial Independence.* New York: Penguin, 2008.

Sennet, Richard: *The Craftsman.* New Haven, CT: Yale University Press, 2008. (Dt.: *Handwerk*. Berlin: Berliner TB-Verlag, 2009.)

Smith, Jeremy Adam: *The Daddy-Shift: How Stay-at-Home Dads, Breadwinning Moms and Shared Parenting Are Transforming the American Family*. Boston: Beacon Press, 2009.

Warren, Elizabeth und Amelia W. Tyagi: *The Two Income Trap: Why Middle-Class Mothers and Fathers Are Going Broke*. New York: Basic Books, 2003.

Anmerkungen

1 Eine hervorragende Beschreibung der Wünsche und Befürchtungen, die junge Männer und Frauen mit Beruf und Familie verbinden, bietet Kathleen Gerson, *The Unfinished Revolution: How a New Generation Is Reshaping Family, Work and Gender in America.* New York: Oxford University Press, 2009.

2 Der Begriff »idealer Mitarbeiter«, bedeutet, dass jemand das ganze Jahr hindurch mindestens 40 Stunden die Woche arbeitet, und wurde erstmals von Joan Williams in ihrem Buch *Unbending Gender: Why Family und Work Conflict und What to Do About It* (New York: Oxford University Press, 2000) beschrieben. Als Elternteil ist diese Art von Erwerbstätigem per definitionem auf andere angewiesen (typischerweise eine Ehefrau, die zu Hause bleibt oder einer geringfügigen Beschäftigung nachgeht), die sich um seine Kinder kümmern, wenn sie krank sind, früher Schulschluss haben etc.

3 Kinderlose Frauen verdienen im Durchschnitt etwa 15 Prozent mehr als Frauen mit Kindern, auch bei vergleichbarer Ausbildung und Berufserfahrung. Für weitere Informationen siehe Jane Waldfogel, »Understanding the ›Family Gap‹ in Pay for Women with Children«, *Journal of Economic Perspective* 12 (1) (1998): S. 137–156. Siehe auch die Websites von Moms

Rising (www.momsrising.org) oder des Families and Work Institute (www.familiesandwork.org).

4 Laut Wasting Time at Work Survey, einer jährlich von Salary.com durchgeführten Erhebung bei Tausenden von Werktätigen, 2005–2008. Weitere interessante statistische Daten über Zeitvergeudung bei der Arbeit finden sich in den Erläuterungen zu diesen Erhebungen auf www.salary.com.

5 Ein Beispiel für eine derartige Datenquelle ist der National Survey of Families and Households (University of Wisconsin Center for Demography and Ecology): www.ssc.wisc.edu/wsfh.

6 Siehe Neil Chethik, *VoiceMail: What Husbands Really Think About Their Marriage, Their Wives, Sex, Housework and Commitment*. New York: Simon & Schuster, 2008.

7 Wenn Sie mehr über Insolvenzen in Doppelverdiener-Familien lesen möchten: Elizabeth Warren und Amelia W. Tyagi, *The Two-Income Trap: Why Middle-Class Mothers and Fathers Are Going Broke.* New York: Basic Books, 2003.

8 Weitere Statistiken über an Kinder gerichtetes Marketing finden sich auf der Website der Judge Baker's Children's Center Campaign for a Commerical-Free Childhood: www.commercialexploitation.org.

9 Einen Überblick über den Einfluss des väterlichen Engagements auf die Entwicklung der Kinder findet sich in Anna Sarkadi et al., »Father's Involvment and Children's Outcomes: A Systematic Review of Longitudinal Studies.« *Acta Paediatrica* 97 (2) (2008): S. 153–158.

Danksagung

Dankbarkeit. So lautete die Antwort, die wir von der überwältigenden Mehrheit der Paare, die sich ihr Elternsein partnerschaftlich teilen, erhielten, als wir sie in unseren Interviews fragten: »Was empfinden Sie in Bezug auf Ihr Leben?« Das Wort gibt perfekt wieder, was auch wir empfinden, weil wir die Chance bekamen, ein solches Leben in Buchform zu beschreiben. Dankbarkeit im Übermaß.

Als wir selbst frischgebackene Eltern waren und anfingen, uns ein Leben aufzubauen, das an Gleichberechtigung und Ausgewogenheit orientiert sein sollte, hätten wir nicht im Traum gedacht, dass wir je ein Buch verfassen würden. Doch wie das Leben so spielt, lenkt es uns in kleinen Schritten, die über die Länge der Reise hinwegtäuschen, auf unser Schicksal zu. Am Anfang stand unser Erstaunen darüber, wie wenig Informationen es über das Thema einer gleichberechtigten Ehe mit Kindern gab, dann der Entschluss, eine Website zu starten, und schließlich entstanden immer mehr Kontakte zu anderen

Eltern, die ebenso sehr von ESP überzeugt waren wie wir.

Im Laufe der Zeit hat unser leidenschaftliches Bestreben, Gleichberechtigung und Ausgewogenheit ins Familienleben zu bringen, seine Gestalt verändert. Was als unsere eigene Philosophie begann, wurde zum ersehnten Leitbild für viele andere – und wir fühlten uns dafür verantwortlich, dem Leben von so vielen weiteren Pionieren Gerechtigkeit widerfahren zu lassen und jenen Hoffnung zu machen, die sich eine gleichberechtigte Partnerschaft wünschten. Das ist nicht mehr unsere »Show«. Und für diese Veränderung sind wir ewig dankbar.

Zu enormem Dank verpflichtet sind wir insbesondere Jennifer Caye, unserer Agentin, die von Anfang an an ESP glaubte und uns bei jedem Schritt in die seltsame neue Welt des Verlagswesens beruhigte. Sie kam genau zum richtigen Zeitpunkt des Weges, und wir möchten gern glauben, dass wir uns ein klein wenig revanchieren konnten, als sie, während wir an dem Buch schrieben, den Sprung in die Mutterschaft wagte. »Partnerschaftliches Elternsein, dass ich nicht lache!«, hat sie zu ihrem Mann irgendwann in den ersten Monaten nach der Geburt gesagt – aber hey, wir können für uns beanspruchen, ihr die Sprache verliehen zu haben, um ihrem Ärger Luft zu machen.

Dank auch an unsere Lektorin Maria Gagliano, für ihren genauen Blick und dafür, dass sie unsere Absichten in die richtigen Worte kleidete, als wir dies am meisten brauchten. Sie verstand von Anfang an, dass es in diesem Buch in Wirklichkeit darum geht, das Leben zu lieben – als Elternteil, als Partner, als Mensch –, und sorgte dafür, dass dies auch zum Ausdruck kommt. Wir sind ihr zutiefst dankbar für ihre sanfte und substanzielle Anleitung, ihre Begeisterungsfähigkeit und ihre Beteiligung, die es möglicht machten, dass das partnerschaftliche Elternsein auf diesen Seiten lebendig wird.

Unsere tiefste Bewunderung gilt den 40 ESP-Paaren, die formell zu diesem Buch beigetragen haben, sowie den vielen weiteren, die dies in informellen Gesprächen taten, ob sie nun ausdrücklich erwähnt werden oder nicht. Die meisten der beschriebenen Paare werden mit ihren wahren Namen und Wohnorten genannt, auch wenn einige Namen auf Wunsch geändert wurden. Viele sind liebe Freunde geworden und haben uns durch ihr Beispiel vieles gelehrt, was wir in unserem täglichen Leben anstreben; ihnen ist es zu verdanken, dass unsere Prioritäten besser mit unseren Wahrheiten übereinstimmen. Ein besonderer Dank gebührt für ihre Lektüre und Anleitung Angela und Dorea Vierling-Clausen, Michelle und Jim Franco und Judy Kaye und Bruce Philipps.

Dank auch an unsere Familien, die uns während unseres Projekts und immer geliebt haben. Amy sagt: Ich danke meiner Mama Rachel, die bedingungslose Liebe verkörpert und mich gelehrt hat, keine Angst zu haben, mein eigenes Leben zu leben, und meiner Schwester Kathy (alias Snake – was wir auf die liebevollste Weise meinen) – *siskos rakas* für immer. Marc sagt: Ich danke meinen Eltern, Doris und Chanel, und meiner großen, liebenden Familie – vor allem Deb, Susan, Paula, Scott und Kristen. Ihr habt mich gelehrt, dass ich alles kann – und am lautesten meinen bescheidenen Erfolg bejubelt. Danke, dass ihr das Glück und die Sicherheit unserer Kinder während dieses langen Schreibprozesses bewahrt habt.

Ein großes Dankeschön auch an Lisa Belkin, die uns eine Stimme gab – und das Selbstvertrauen, sie auch einzusetzen. Danke, dass du an uns geglaubt hast und dafür, dass du die Bedeutung unserer Botschaft erkannt hast. Danke, dass du darauf bestanden hast, dass wir unsere Geschichte erzählen, und uns geraten hast, einfach mit dem Schreiben zu beginnen, als wir nicht wussten, wo wir anfangen sollten.

Dank auch an unsere Mentoren und die Giganten in der Erforschung des partnerschaftlichen Elternseins – insbesondere Francine Deutsch, Kathleen Gerson, Barbara Risman und Pepper Schwartz. Wir verneigen uns vor euch, als bescheidene Reporter »von der Front«, während ihr forschend unsere Lebensform legitimiert. Zu ewiger Dankbarkeit sind wir Francine Deutsch für die sorgfältige und ehrliche Durchsicht unseres Textes verpflichtet: Deine Ermutigung ist Gold wert.

Und vor allem danken wir unseren lieben und wundervollen Kindern Maia und Theo – die Gründe, warum wir uns überhaupt in dieses Leben hineingewagt haben. Wir haben uns eure wunderbare Gegenwart nur geborgt, und keine Dankbarkeit kann auch nur ansatzweise ausdrücken, wie tief unserer Liebe ist.

Ach, und ja … Dank auch an dich, Liebling.

Hinweis auf unseren Online-Service

Auf unsere Website finden Sie fünf hilfreiche Werkzeuge, die Amy und Marc Vachon entwickelt haben: ein Online-Arbeitsblatt, mit dessen Hilfe Sie ganz einfach Berechnungen für Ihre zukünftige finanzielle Situation anstellen können, sowie vier Checklisten. Nutzen Sie
www.kreuz-verlag.de/vachon_checklisten